実践・
Elementary Social Studies
小学校社会科指導法

澤井陽介
中田正弘 ｜ 編著

石井正広
小倉勝登
加藤寿朗
千守泰貴
藤原良平
溝口和宏
宮﨑沙織
横田富信
吉村　潔
和田倫寛

学文社

執　筆　者

＊澤井陽介　大妻女子大学教授（1章，3章，13章，15章 15.3）

　加藤寿朗　島根大学教授（2章 2.1，15章 15.1）

　宮﨑沙織　群馬大学准教授（2章 2.2，9章）

　溝口和宏　鹿児島大学教授（2章 2.3，8章，14章）

＊中田正弘　白百合女子大学教授（2章 2.4，7章，15章 15.2）

　小倉勝登　国立教育政策研究所教育課程研究センター教育課程調査官（4章）

　吉村　潔　東京女子体育大学・東京女子体育短期大学教授（5章，11章）

　和田倫寛　島根県松江市立竹矢小学校教諭（6章）

　横田富信　東京都世田谷区立代沢小学校指導教諭（10章，15章 15.2）

　石井正広　東京都新宿区立四谷小学校校長（12章）

　藤原良平　島根県松江市立乃木小学校教諭（15章 15.1）

　千守泰貴　静岡県東伊豆町立稲取小学校教諭（15章 15.3）

（＊は編者，執筆順，所属は 2023 年 1 月現在）

はじめに

　社会科は戦後に誕生した教科です。昭和22年の学習指導要領試案では，新設される社会科の任務を「青少年に社会生活を理解させ，その進展に力を致す態度や能力を養成することである。そして，そのために青少年の社会的経験を，今までよりも，もっと豊かにもっと深いものに発展させて行こうとすることがたいせつなのである。」と述べています。ここからは，社会科という教科の性質や現在につながる基本的な考え方を捉えることができます。グローバル化の進展や絶え間ない技術革新は，子どもたちが生きる近未来の社会も大きく変化させるでしょう。その中で，一人ひとりが持続可能な社会の担い手として成長していけるように指導・支援することは，学校教育に課せられた大切な役割です。社会生活を理解し，その進展に力を発揮する態度や能力を育てていこうとする社会科教育の重要性や意義をあらためて感じます。

　さて，本書は，教師を目指し，大学で社会科指導法を学ぶ学生のためのテキストとして，また，日々の社会科授業を一層充実させたいという現職の先生方の参考書として活用できる"ハイブリッド版"を意図して執筆・編集を進めました。そのため，社会科教育の研究や学生への指導を担当している大学教員，社会科教育を実践的に研究している小学校の校長・教員で執筆を進めました。

　全体を3部15章で構成しました。第Ⅰ部は，社会科教育の意義や特性，目標や内容など，社会科を指導する教師として知っておきたい基本的な内容を取り上げました。第Ⅱ部では，問題解決的な学習過程や学習評価，学習指導案の作成など，社会科の授業づくり・実践に向けて必要な内容を取り上げました。そして第Ⅲ部では，学習活動や発問・指示，資料や地図・地図帳・地球儀の使い方，さらにはICTの活用など，よりよい社会科の授業実践に必要な指導技術につながる内容を取り上げました。

　「社会生活」を学習の対象とする社会科は，社会の変化に伴って，その内容も変化してきます。例えば，2017年に改訂された学習指導要領では，ビッグデータやAI等の活用と産業・国民生活との関わりについて学ぶ内容が加わりました。社会の変化に伴う学習内容の改善です。しかし，社会科は，教師が学習内容を知識として一方的に教える教科ではありません。児童が社会生活の中から課題を見出し，自ら追究・解決を図る問題解決的な学習過程・学習活動を大切にする教科です。このような児童が主体となって問題解決に向かう社会科授業を実現するには，教師として理解し身に付けておかなければならないことがあります。本書が，社会科の授業づくりを進めるうえで少しでもお役に立てれば望外の喜びです。

　結びに，本書の出版にあたり，学文社の落合絵理さんには大変お世話になりました。心より感謝申し上げます。

　2021年1月

編者　澤井陽介・中田正弘

目　次

III部　よりよい社会科授業実践の追究

6章　社会科の学習活動 ………………………………………………………… 62

7章　発問と指示 ………………………………………………………………… 70

8章　資料の活用 ………………………………………………………………… 78

9章　地図，地図帳，地球儀の使い方 ………………………………………… 87

10章　ICTの活用 ……………………………………………………………… 98

IV部　社会科における学びの質保証

I部

社会科教育の意義と特性

社会科が目指すもの

1.1 社会科を学ぶ意義

(1) 公民としての資質・能力の基礎が育成されること

＊公民としての資質・能力の基礎
昭和43 (1968) 年告示から平成20 (2008) 年告示までの学習指導要領においては「公民的資質の基礎」と表現され，国民としての資質と市民的な資質を併せもつものという主旨で説明されてきた。
平成29 (2017) 年の学習指導要領改訂において「資質・能力」という文言で各教科等の目標が統一される際に，社会科においても「公民としての資質・能力の基礎」と変更されたが，その主旨は変わっていない。

　社会科の究極的な目標は「公民としての資質・能力の基礎[＊]」を育成することであり，それが社会科を学ぶ一義的な意義である。

　「公民としての資質・能力の基礎」は，「平和で民主的な国家・社会の形成者としての自覚，自他の人格を互いに尊重し合うこと，社会的義務や責任を果たそうとすること，社会生活の様々な場面で多面的に考えたり，公正に判断したりすること」などの能力や態度であると説明されており（文部科学省，2017c），いわば社会に適応し他者との関わりの中で問題解決しながらよりよく生きていくための資質・能力を育成することを求めていると捉えることができる。

　平成29 (2017) 年告示の小学校学習指導要領（以下，2017年版学習指導要領）からは，教育課程全体を通して，育成していくべき資質・能力として，(1) 知識及び技能，(2) 思考力，判断力，表現力等，(3) 学びに向かう力，人間性等，が示された。社会科に関しても，この三つの柱に沿った目標構成が示された。これは，第2章第1節で詳述する。

　このような，公民としての資質・能力の基礎をふまえながら，社会科を学ぶ意義をもう少し詳しく，三つに分けて説明する。

(2) 今ある社会の仕組みを理解できること

　私たちはさまざまな集団に属しながら生きている。家族，仲良しグループ，学級，学校，町会，会社，団体，機関などの集団である。大学生であれば，大学，学部，学科，サークルなどもそれぞれ集団の一つである。

　そうした集団には，それを形成したり維持・向上したりするための仕組みが存在する。例えば一般的には，会社なら企業活動の理念や目的（何のためか），目標（何を目指すか），勤務上の待遇などに共感したり同意したりした人が試験を受け合格した人が入社する。入社してすぐにリーダーや経営者になることはほぼ無く，徐々にその集団に慣れる中で立場が変わっていく。社員から係長，課長，部長などといった具合である。また，一つの部署ですべての仕事を遂行することはなく，部や課などに分かれ分業する形で運営されている。本社と支社や営業所に分かれ業務や担当する地域を分担する形をとる会社も多い。これ

らは，会社の売り上げ向上などの目標の実現や国民生活の向上や顧客満足などの会社としての目的達成のための仕組みといえる。また，集団にはルールが存在する。例えば一般的には，会社では出勤時刻や勤務時間，給与体系，経費の使い方や接客の仕方などさまざまなルールがある。学校や学級にもそれぞれのルールがあったことは記憶に新しいことであろう。

　つまり，集団にはそれ自体を存続・維持したり，集団としての目標を実現したり目的を達成したりするための仕組みやルールが存在し，人々はそれを守り生かしながら活動しているわけである。守り生かしながら活動するためには，集団を構成している人々の個々の努力が大切であるが，それ以上に互いに協力したり連携したりすることが必要になる。人々の「つながり」である。集団が成熟し目的を効果的・効率的に達成しようとすればするほど個々の力を越えた集団としてのつながりが大切になる。目標や目的を共有するならば集団同士のつながりも必要になる。また目的が異なっても社会においてともに生きていくためには合意を形成したり折り合いを付けたりする必要も出てくる。集団相互の協力や連携である。

　このように，さまざまな集団が混在し，それらが相互に複雑に結び付ている世の中を「(現代) 社会*」と呼ぶ。したがって"社会は様々な人々のつながりで成り立っている"と説明することができる。

　実際の呼び名は，範囲の決め方により，国際社会，日本社会，地域社会などさまざまである。社会科を学ぶ意義の第一は，これからを生きていく子どもたちが，今ある社会の仕組みを理解し，それらに適応しながら社会生活を送ることができるようになることである。小学校社会科で「日本の歴史」を学ぶ意義は，我が国の歴史に対する関心や愛情をもつようにすることであるが，今ある社会の仕組みを理解することにつながるという側面からも見いだすことができる。

(3) 問題解決の力が養われること

　社会科を学ぶ意義の第二は，問題解決の力が養われることである。

　私たちは，日々の社会生活において，さまざまな問題に直面し，その解決に向けて考えたり努力を重ねたりして生きている。社会に生きる人々は皆そうである。社会科における学習対象は「社会的事象」である。社会的事象とは社会における物事や出来事を指す言葉であり，目の前にある「事実」のことである。さらにいえば，地震は自然事象であるが，地震被害，地震対策となると社会的事象になる。つまり社会的事象は事実のうち，「人々（人間）が関与した事象（事実）」であるといえる。そのため，小学校社会科では，学習内容や教材に「人々」が多く登場する。

* (現代) 社会
歴史の学習において，狩猟・採集の時代などでは，社会の仕組みや集団相互の協力や連携が現代のように複雑化していたわけではないため，それらと区別する趣旨から社会科の学習において，今日の社会を「現代社会」と呼ぶ場合がある。
小学校社会科では歴史学習を含めて「社会」とし，中学校社会科の公民的分野では，「現代社会」としている。
なお，教科名としての「社会」と区別する趣旨で，現実の社会を「実社会」と表現することも多く，本稿でも使用している。

社会科学習では次の二つの側面から問題解決の力を養うことが意図されている。

> ・学習対象としての教材や内容を通して実社会の人々の問題解決の様子を学ぶ。
> ・学習者である子どもたちが，学習の問題（以後「学習問題」という）の解決に向けて調べたり考えたりして学ぶ。

　実際の授業では，社会的事象に関わる学習問題をつかみ，その解決に向けて社会的事象を調べて，「どのような特色のある地域と言えるか」「その仕組みに人々はどのように関与しているか」「その取組は社会（人々の）生活にどのように役立ってきたか」などと，社会的事象の特色や相互の関連，意味などを考え，学習問題に立ち返って自分（たち）の結論をまとめるといった学習を繰り返し，問題解決の力を身に付けていくようにする。

　社会的事象について調べるためには，情報を集め，読み取り，まとめる力（技能）が必要である。社会科学習では，教科用図書（教科書）や教師が提示する資料の他に見学や観察，聞き取り調査，インターネットなどを活用した情報収集などを基に「事実」を積み上げていく学び方が一般的であり，こうした情報収集を重ねながら技能を身に付けていくようにする。

　また，社会的事象の特色や相互の関連，意味を考えるためには，どのように考えるかという思考の仕方が大切になる。

　「社会的事象の特色」については，事象を他の事象と比較・分類したり総合したりすることにより，その社会的事象の特徴や傾向，そこから見いだすことのできるよさなどを考えるようにする。例えば，仕事や活動の特色，生産の特色，地理的環境の特色などを考えることである。

　「社会的事象の相互の関連」については，比較したり関連付けたりすることにより，事象と事象のつながりや関わりなどを考えるようにする。例えば，生産・販売する側の工夫と消費者の工夫との関連，関係機関の相互の連携や協力，国会・内閣・裁判所の相互の関連などを考えることである。

　「社会的事象の意味」については，社会的事象の仕組みや働きなどを地域の人々や国民の生活と関連付けることにより，その社会的事象の社会における働き，国民にとっての役割などを考えるようにする。例えば，産業が国民生活に果たす役割，情報化が国民生活に及ぼす影響，国民生活の安定と向上を図る政治の働きなどを考えることである。

　このような学習を通して，事実を集めて調べる力や，集めた事実という「見えるもの」から特色や相互の関連，意味という「見えないこと」を考える力が

＊教科用図書（教科書）
いわゆる教科書の正式名称は「教科用図書」である。学校教育法21条では，「文部科学省の検定を経た教科用図書又は文部科学省が著作の名義を有する教科用図書を使用しなければならない」と規定し，教科用図書を「教科の主たる教材」と位置づけている。

養われること，さらに実社会の人々の問題解決から学んだり学習問題に対する結論を考えたりする学習経験を通して社会生活における問題解決の力が養われることなどが社会科を学ぶ意義である。

(4) 社会に参画する力の基礎が養われること

　社会科では，従来から「地域社会に対する誇りと愛情」「地域社会の一員としての自覚」「我が国の国土と歴史に対する誇りと愛情」「世界の国々の人々と共に生きていくことの大切さの自覚」などを養うことが求められてきた。これらのことから，社会科では知識を詰め込むような「頭でっかちな」人間を育てようとしているわけではないことが分かる。

　さらに2017年版学習指導要領では，育成すべき資質・能力として次の三つの事項が目標に加えられた。

> ・社会に見られる課題を把握して，その解決に向けて社会への関わり方を選択・判断する力
> ・よりより社会を考え主体的に問題解決しようとする態度
> ・我が国の将来を担う国民としての自覚

　つまり社会科を学ぶ意義の第三は，これからの社会について考える力や考えようとする態度が養われることである。

　およそ10年前の調査になるが，日本青少年研究所が中学生と高校生を対象に行った国際比較調査※では，「私の参加により，変えてほしい社会現象が少し変えられるかもしれない」と考えるかという設問に対して，「全くそう思う・まあそう思う」と肯定的に回答した割合は，韓国や中国，アメリカが60〜70%であるのに対し，日本の子どもたちは30〜40%とその半数近くであった。また「私個人の力では，政府の決定に影響を与えられない」と考えるかという設問に対して「全くそう思う・まあそう思う」と回答した割合は，韓国や中国，アメリカが35〜50%であるのに対し，日本の子どもたちは70〜80%と倍近くであった。

　また，2016年から選挙権をもつ年齢が20歳から18歳に引き下げられ，高校生（3年生）が選挙権をもつようになったため，社会に見られる課題を把握して，解決策について考えたり，各政党のマニフェストを読んでよりよいものを選んだり判断したりすることが必要になった。そうした力や態度を小学校，中学校，高等学校と接続・発展させながら養うことが必要であり，小学校では基礎として「社会に見られる課題を把握して，その解決に向けて社会への関わり方を選択・判断すること」が求められた。

※日本青少年研究所「中学生・高校生の生活と意識　〜日本・アメリカ・中国・韓国の比較〜」(2009年2月)
健康意識や生活習慣，規範意識と行動，社会や学校への参加意欲などについて，中学生と高校生を対象に調査したもの。
日本では約800名の中学生と約1200名の高校生が参加（他国もほぼ同数）。左の本文中では，中学生と高校生を平均せず，○%〜○%と概数で表している。

こうした課題や背景を踏まえれば，これからの社会科では，今ある社会の仕組みの理解や問題解決の力の育成に加えて，これからの社会について考える力や考えようとする態度，いわば「社会に参画する力の基礎」が養われることについても，社会科を学ぶ意義として捉えることがますます大切になる。

1.2　社会科の誕生から今日まで～学習指導要領の変遷～

(1) 9回の改訂

学習指導要領における社会科は，試案（昭和22年，26年）も加えると以下のように9回の改訂が行われ変遷してきた。

- ・昭和22 (1947) 年　5月『学習指導要領一般編（試案）』が示される
　　　　　　　　　　（社会科編は5月（Ⅰ）と6月（Ⅱ））
　　　　　　　　　　9月から小・中学校で社会科の授業が始まる
- ・昭和26 (1951) 年　7月『小学校学習指導要領社会科編（試案）』が示される
　（これを1回目の改訂と捉える）
- ・昭和30 (1955) 年　12月『小学校学習指導要領社会編』が示される
　（ここからを「学習指導要領」と区切る捉え方もある。以下は改訂・告示年のみ記載）
- ・昭和33 (1958) 年　・昭和43 (1968) 年　・昭和52 (1977) 年
- ・平成元 (1989) 年　・平成10 (1998) 年　・平成20 (2008) 年
- ・平成29 (2017) 年（現行）

---

(2) 社会科のスタート～「学習指導要領（試案）」の時代

社会科の授業が公立の小・中学校で始まったのは，昭和22 (1947) 年9月のことである。我が国が第二次世界大戦の終戦を迎えて，およそ2年後のことである。この年の4月に6・3制の学校制度が発足 (4月) し，日本国憲法が施行 (5月) され，それに伴い『学習指導要領一般編（試案）』が文部省[*]から示された。これらを踏まえて，授業のスタートは9月になったのである。教科書[**]の配布が4月には間に合わず9月になったという説もある。

この試案では，新しく設けられた社会科では，「社会生活についての良識と性格を養うこと」を目的として，「これまでの修身・公民・地理・歴史などの教科の内容を融合して，一体として学ばれなくてはならない」とされた。

現行の学習指導要領にもつながる社会科の本質ともいえる事項が次のように述べられている（以下，筆者による抜粋，番号付けも筆者）。

＊文部省
文部省は，現在の文部科学省の前身である。現在の文部科学省は，2001（平成13）年の中央省庁再編によって，旧文部省と旧科学技術庁が統合されて誕生した。
現在の文部科学省は，教育，科学技術，学術，文化，および健常者スポーツの振興に関する事項をつかさどっている。

＊＊教科書
敗戦を受けて，GHQ（連合国最高司令官総司令部）は「日本教育制度ニ対スル管理政策」を提示し，軍国主義による教育という戦前の方針を日本の教育界から追放することを指令した。そのため戦前に行われていた「修身」「日本歴史（国史）」「地理」の授業を停止することが命じられ，関係する教科書が回収された。その後，文部省は，国民学校用の教科書作りに取り組むが，「神話」の扱いをめぐって，日本占領中にGHQに置かれた民間情報教育局（CIE）との意見対立が生じて中断した。CIEも新しい教科書づくりを行い発行するが，それも昭和22年9月に社会科が誕生するまでの使用にとどまった。

①従来のわが国民の生活を考えて見ると，各個人の人間としての自覚，あるいは人間らしい生活を営もうとするのぞみが，国家とか家庭とかの外面的な要求に抑えつけられたために，とげられて来なかったきらいがあった。(中略) 青少年の人間らしい生活を営もうという気持を育ててやることは，基本的な人権の主張にめざめさすことであると同時に，社会生活の基礎をなしている，他人への理解と他人への愛情とを育てることでもある。

②社会科の任務は，青少年に社会生活を理解させ，その進展に力を致す態度や能力を養成することである。そして，そのために青少年の社会的経験を，今までよりも，もっと豊かにもっと深いものに発展させて行こうとすることがたいせつなのである。

③社会生活を理解するには，その社会生活の中にある人と他の人との関係，人間と自然環境との関係，個人と社会制度や施設との関係を理解することが，最もたいせつである。

④社会科においては，青少年が社会生活を営んで行くのに必要な，各種の能力や態度を育成する必要がある。(中略) 抽象的なものではなく，青少年の社会的経験を発展させることによって，おのずから獲得され養成されるものなのである。それは，生徒たちの人間生活・社会生活に関する理解が進むにつれて，必然的に自分たちの社会生活を進展させようとする際に，必要になって来る態度や能力なのである。そして，それがそのまま将来の社会生活に必要な態度となり，能力となるのである。

⑤以上述べたような知識・考え方・態度・能力は，もちろん青少年の性格の中に統一されていなくてはならない。

また，この試案について補足説明するために示された『小学校社会科学習指導要領 補説』(昭和 23 年)において，社会科の目標について以下の記述がある。

⑥社会科の主要目標を一言でいえば，できるだけりっぱな公民的資質を発展させることであります。これをもう少し具体的にいうと，(中略) 児童たちにその住んでいる世界を理解させることであります。そして，そのような理解に達することは，結局社会的に目が開かれるということであるともいえましょう。

以上，やや長い引用になったが，これらの記述から，次のように現行の2017 年版学習指導要領にもつながる社会科の基本的な性格を読み取ることができる。

①第二次世界大戦等の反省，平和で民主的な国家・社会の形成者の育成
②問題解決的な学習
③地理的，歴史的，公民的な内容を通した社会生活についての理解

④⑤理解，能力，態度，三つの資質・能力の統一的な育成
⑥公民としての資質・能力と社会的事象の見方・考え方

　もちろん言葉のもつ意味が少しずつ変わってきた面はあるが，幾度の改訂を経ても，その本質は大きく変わることのないものであることが分かる。前項で述べた「社会科を学ぶ意義」にも通じるところである。
　一方で，この頃の社会科は「花形教科」といわれた。社会科は，経験学習[*]，単元学習[**]，問題解決学習といった子どもの個性や自発性を重視する学習を行い，社会科を教科の中心的な位置付けとして考えた「コア・カリキュラム[***]」が工夫された時代でもあった。
　昭和26 (1951) 年には，『学習指導要領一般編（試案）改訂版』が示された。花形教科と言われながらも一方では「はいまわる社会科」などと学力低下への懸念が指摘されていたため，分かりやすく説明するための改訂である。ここでは，昭和26年の試案と基本的な方向は変えずに，社会科の意義や目標，学習内容，単元のつくり方，評価などについて詳しく説明された。

(3) 児童中心主義から系統主義[****]へ

　「はいまわる経験主義」「学力低下」への指摘や批判が続くことや社会の変化への対応が求められ，その方向を変えていったのが昭和30年と，昭和33年の学習指導要領である。このうち昭和30 (1955) 年に関しては，社会科のみを対象とした改訂であった。戦後の復興が進み，基礎学力の向上や科学技術教育の向上などが求められたことを背景として，指導する内容の系統性を重視することが求められた。いわば，それまでの児童中心主義から系統主義への転換である。昭和30年の学習指導要領の改訂の要点は以下である。

> ・目標や学習内容に小・中学校の一貫性を図るようにした
> ・道徳的指導，あるいは地理，歴史，政治，経済，社会等の分野についての学習が各学年を通じて系統的に，またその学年の発達段階に即して行われるよう目標を整理した
> ・第6学年の修了までには，我が国の各時代の様子の理解がこれまで以上に児童の身につくようにした

　内容構成については，「学校や家庭の生活」(1年)，「近所の生活」(2年)，「町や村の生活」(3年)，「郷土の生活」(4年)，「産業の発達と人々の生活〜日本を中心として」「日本と世界」(6年) と整理された。それまで「くらしの歴史」として身近な地域を取り上げていた歴史学習についても，我が国の政治史を中心とした内容に構成し直された。

---

*経験学習
物事を理論よりも経験に基づいて考えようとする態度であり，人間のすべての知識は我々の経験に由来するとする哲学上または心理学上の立場に立つ。

**単元学習
ある主題について行われるひとまとまりの学習のこと。学習者の生活経験と興味の発展を重視する経験単元の学習についていうことが多い。

***コア・カリキュラム
教育課程の全体のうち，中心となる課程，または中心課程を核にして組織統一された教育課程の全体。1930年代のアメリカで社会連帯性を学習するためにとられた考え方であり，問題解決を中心とした総合学習を特色とする。

****児童中心主義と系統主義
児童中心主義とは，教育において，子どもの自発的な学びを重視する考え方，またはその実践のこと。教師による一方的な教え込みを批判して，子どもの個性，発達段階，置かれた環境などを適切に考慮することで，教育を子どもの自発性を尊重したものにすべきだという考え方。系統主義とは，経験主義に対する概念として，知識・理解や技能の系統性を重視する教育の立場のこと。

また，昭和 33（1958）年の学習指導要領では，教育課程が各教科，道徳，特別教育活動，学校行事の四つの枠組みに整理され，「道徳の時間」が新設された。それまで道徳教育においても大きな使命を担っていた社会科から，道徳の授業が独立した瞬間である。また，教科目標に「人々の生活様式や社会的な制度・文化などの持つ意味と，それらが通史的に形成されてきたことを考えさせ，先人の業績やすぐれた文化遺産を尊重する態度，正しい国民的自覚をもって国家や社会の発展に尽くそうとする態度などを養う。」と示され，「我が国の歴史」に関する学習の一層の充実が求められた。

(4) 時代の進展に対応

　昭和 43 年，52 年には，それぞれ時代の進展に対応する形で学習指導要領が改訂された。昭和 43（1968）年は，「教育内容の現代化」として教育内容の一層の充実が求められた。この年の改訂において教科目標に初めて「公民的（資質）」という文言が示された。また，「社会生活の意義を広い視野から考える能力」として歴史的なものの見方，観察力，表現力など能力の育成が求められた。その一方で，教育課程全体における学習内容の過多や高度化などを背景に一斉学習についていけない子どもたち，いわゆる「落ちこぼれ」などの課題とともに，知識の詰め込み型指導などの課題が指摘された時代でもあった。

　昭和 52（1977）年は，そうした課題に対応すべく「ゆとりある充実した学校生活の実現」「学習負担の適正化」が求められた時代であった。「ゆとりと充実」というキーワードが用いられ「ゆとりの時間*」と呼ばれた学校裁量の時間が設けられたのもこの頃である。

　その流れを受けて，各教科の学習指導要領で，学習内容の精選が求められた。小学校社会科においても，第 4・5・6 学年の授業時数がそれまでの年間 140時間（週当たり 4 時間）から年間 105 時間（週当たり 3 時間）に縮減された。また，第 6 学年の歴史学習においては，『小学校指導書社会編**』において，たくさんの人物や歴史事象を網羅的に取り上げるのではなく内容を重点化することを求め，重点的に取り上げる人物として，8 人（聖徳太子，聖武天皇，源頼朝など）の人物が例示された。

(5) 生きる力の育成へ

　平成元（1989）年には，「社会の変化に自ら対応できる心豊かな人間の育成」が求められ，共通する知識や技能を身に付けることを重視した指導から学ぶ意欲や思考力，判断力，表現力などの育成を重視した「新しい学力観に立つ教育」への転換が求められた。学校 5 日制への移行期でもあり，教育課程全体で授業日数や授業時数が縮減された。社会科においては，国際化の進展を踏まえ，教

*ゆとりの時間
受験準備教育や知識の詰め込み教育の弊害を踏まえて，教育の内容の時間が縮減され，新たに「ゆとりの時間」が導入された。「学校内での子どもの生活や学習をゆとりと潤いのあるものにする」趣旨で導入され活動や内容は学校に任される，いわば学校裁量の時間であった。しかし，教育現場ではどのように使えばよいかが不明であるとの声が多く，次の学習指導要領改訂で消滅した。

**小学校指導書
現行版でいう「解説」は，昭和43 年の学習指導要領を踏まえて，昭和 44 年に作成されたものまでは『小学校指導書 社会編』と称していた。その後，学校や教師の主体性や創意工夫が求められ，学習指導要領が「大綱的な基準」としての性格が強調され，現在の『小学校学習指導要領解説　社会編』となった。

科目標に「国際社会に生きる」という文言が加えられた。また，生活科の導入とともに，低学年社会科（と理科）が廃止された（第3〜6年の授業時数は変更なし）。また小学校社会科では，問題解決的な学習がこれまで以上に重視され，体験的な活動が取り入れられるようになった。

　平成10（1998）年には，「基礎・基本を確実に身に付けさせ，自ら学び自ら考える力などの［生きる力］の育成」が提唱され，教育内容の厳選が図られた。学校週5日制の完全実施に伴って，各教科において授業時数が縮減され，小学校社会科においても，第3学年（105→70），第4学年（105→85），第5学年（105→90），第6学年（105→100）と縮減された。その際，内容の大幅な縮減を避けるべく事例や事例地を選択する方法が採用され「内容の取扱い」に示された。また「調べて考える」を基本形とする内容の示し方に整えられた。第6学年の歴史学習においては，42人の人物が例示され「調べて分かる」を基本とする八つの内容が示された。また，この年の改訂で総合的な学習の時間が新設され，学習活動や学習内容についての社会科との棲み分けが議論された。

　平成20（2008）年には，「生きる力の育成」は引き継がれ，学校教育法に学力の三つの要素として示された「基礎的・基本的な知識及び技能，課題を解決するために必要な思考力・判断力・表現力等，主体的に学習に取り組む態度のバランスのよい育成」が求められるとともに，学力低下の指摘から授業時数が増加した。社会科においても第4学年（85→90），第5学年（90→100），第6学年（100→105）と多少ではあるが増加した。また，小学校に外国語活動が導入された。小学校社会科においては，「よりよい社会の形成に参画する資質や能力の基礎」を養うことが求められ，伝統や文化，防災，経済（価格や費用など），法やきまりなどに関する内容の充実が図られた。また，基礎・基本的な事項である都道府県の名称と位置，世界の主な大陸と海洋，主な国の名称と位置など（特に地理的な内容に関わる事項）が学習指導要領に示された。

　以上，ここまで述べてきたように，小学校社会科はその基本的な性格は維持しつつも戦後の社会の変化や時代の進展に伴い，目指す方向や指導する内容の重点を修正しつつ洗練され現在に至っている。

[澤井 陽介]

☞ 研究のポイント

教科等の特質を理解するためには，その教科等の目標を読み解くことが大切である。社会科の変遷を踏まえれば，道徳科（特別の教科 道徳），生活科，総合的な学習の時間のそれぞれの目標と社会科の目標を比較するとよい。2017年版学習指導要領の目標の比較をするだけでも特質や違いを読み解くヒントになるはずである。

2章 社会科の目標と内容

2.1 社会科学習指導要領に見る目標・内容の構造

(1) 小学校社会科の改訂のポイント

2020（令和2）年度より小学校学習指導要領（平成29年告示）（以下，2017年版学習指導要領）に基づく教育課程が全面実施された。中央教育審議会答申（2016）を踏まえて行われた社会科の改訂のポイント（趣旨）を以下の3点にまとめる。

① 社会科として育成すべき資質・能力の明確化

今回の改訂では「生きる力[*]」の理念を具体化する観点から，学校教育法第30条第2項[**]に示された学力の三要素に基づいて，教育課程全体を通して育成する資質及び能力を，「知識及び技能」「思考力，判断力，表現力等」「学びに向かう力，人間性等」の三つの柱に整理した。これを受けて，社会科における資質・能力を具体化する方向で教科目標や学年目標の改善が図られた。社会科における資質・能力の内容は以下の通りである。

・知識及び技能…社会的事象等に関する理解などを図るための知識と社会的事象等について調べまとめる技能

・思考力，判断力，表現力等…社会的事象等の意味や意義，特色や相互の関連を考察する力，社会に見られる課題を把握して，その解決に向けて構想する力や，考察したことや構想したことを説明する力，それらを基に議論する力

・学びに向かう力，人間性等…主体的に学習に取り組む態度と，多面的・多角的な考察や深い理解を通して涵養される自覚や愛情

②「社会的事象の見方・考え方」を働かせた学習の充実

資質・能力の再整理は，「何ができるようになるか」を明確にすることであるが，次に問われたのは，そのような資質・能力を身に付けるには「どのような学びが必要か」であった。そこで求められた授業改善の視点が「主体的・対話的で深い学び（いわゆるアクティブ・ラーニング）」であり，そのような学びを実現する鍵となるのが教科固有の「見方・考え方」である。小学校社会科では「社会的事象の見方・考え方」を資質・能力全体に関わるものとして位置付け，社会的事象の見方・考え方を働かせた学習の充実を求めている。

③ 社会との関わりを意識して学習問題を追究・解決する学習の充実

主権者として求められる資質・能力を育成する主権者教育の観点から，社会科においては，社会に見られる課題を把握して，その解決に向けて，自分たち

*生きる力
「生きる力」とは「変化が激しく，新しい未知の課題に試行錯誤しながらも対応することが求められる複雑で難しい次代を担う子どもたちにとって，将来の職業や生活を見通して，社会において自立的に生きるために必要とされる力」である（中央教育審議会答申（2008））。

**学校教育法第30条第2項
学校教育法第30条第2項では，「生涯にわたり学習する基盤が培われるよう，基礎的な知識及び技能を習得させるとともに，これらを活用して課題を解決するために必要な思考力，判断力，表現力その他の能力をはぐくみ，主体的に取り組む態度を養うことに，特に意を用いなければならない」とし，学校教育において重視すべき三要素が示されている。

の行動や生活の仕方，これからの社会の発展など，よりよい社会の在り方について構想する学習を重視している。また，構想したことを論理的に説明したり，それを基に議論したりする言語活動の充実も求められている。

このように現行学習指導要領においては，「生きる力」を資質・能力の三つの柱として具体化し，教育課程全体（学校種間の系統性と各教科間の相互的関係）を通じて，それらをいかに育成していくかについて示されている。

次に，このような改訂の趣旨が学習指導要領の目標・内容にどのように示されているのかを見ていきたい。

(2) 小学校社会科の目標

＊社会科の教科目標
前回改訂の小学校学習指導要領社会科 (2008) の教科目標は「社会生活についての理解を図り，我が国の国土と歴史に対する理解と愛情を育て，国際社会に生きる平和で民主的な国家・社会の形成者として必要な公民的資質の基礎を養う」である。

2017 年版学習指導要領の社会科の教科目標*は，以下に示すように総括的な目標である柱書と上述した資質・能力の三つの柱に対応した具体目標からなっている（【　】は筆者）。

社会的な見方・考え方を働かせ，課題を追究したり解決したりする活動を通して，グローバル化する国際社会に主体的に生きる平和で民主的な国家及び社会の形成者に必要な公民としての資質・能力の基礎を次のとおり育成することを目指す。　　　　　　　　　　　　　　　　　【総括目標】

(1) 地域や我が国の国土の地理的環境，現代社会の仕組みや働き，地域や我が国の歴史や伝統と文化を通して社会生活について理解するとともに，様々な資料や調査活動を通して情報を適切に調べまとめる技能を身に付けるようにする。　　　　　　　　　　　【知識及び技能に関する具体目標】

(2) 社会的事象の特色や相互の関連，意味を多角的に考えたり，社会に見られる課題を把握して，その解決に向けて社会への関わり方を選択・判断したりする力，考えたことや選択・判断したことを適切に表現する力を養う。　　　　　　　　　【思考力，判断力，表現力等に関する具体目標】

(3) 社会的事象について，よりよい社会を考え主体的に問題解決しようとする態度を養うとともに，多角的な思考や理解を通して，地域社会に対する誇りと愛情，地域社会の一員としての自覚，我が国の国土と歴史に対する愛情，我が国の将来を担う国民としての自覚，世界の国々の人々と共に生きていくことの大切さについての自覚などを養う。

【学びに向かう力，人間性等に関する具体目標】

総括目標を見ると，改訂の趣旨を踏まえて，「社会的な見方・考え方を働かせ，課題を追究したり解決したりする」という子どもの主体的な学びの過程を重視することが述べられている。また，社会科の究極的なねらいは公民としての資質・能力の基礎を育成することであることが分かる。

資質・能力の三つの柱に対応した具体目標では，次のような達成目標として

の資質・能力が示されている。「知識及び技能」の知識は，「社会生活についての理解に関する知識」，技能は「社会的事象について調べまとめる技能」を指している。また，「思考力，判断力，表現力等」の思考力は「社会的事象の特色や相互の関連，意味を多角的に考える力」，判断力は「社会への関わり方を選択・判断する力」，表現力は「説明する力，議論する力」を意味している。「学びに向かう力，人間性等」は「よりよい社会を考え主体的に問題解決しようとする態度」や「自覚や愛情など」を意味している。

　前述したように今回の改訂では，教育課程全体を通して育成すべき資質・能力が明確化されたが，社会科において育成すべき資質・能力が教科目標として具体的に示されている。なお，これらの資質・能力の三つの柱は，「評価の観点」として評価規準の作成においても用いることになる。

　学年目標も教科目標と同様に総括的な目標と資質・能力に対応した具体目標から示されており，社会的事象の見方・考え方を働かせ，問題解決的な学習を通して資質・能力を身に付けさせる学習の仕方が明記されている。一方，教科目標と異なって「社会的な見方・考え方」は「社会的事象の見方・考え方」に，「課題を追究したり解決したりする活動」は「学習の問題を追究・解決する活動」に言い換えて表記されている。今回の改訂では小・中・高等学校をつなぐという趣旨から，社会科及び社会系教科で統一した用語が用いられているため，「社会的事象の見方・考え方」のように小学校社会科の特質に応じて使い分けて表記される場合もある。

(3) 小学校社会科の内容

　小学校社会科の教科目標や学年目標を踏まえて各学年の内容がどのように示されているのかを見ていきたい。例示するのは，第3学年内容 (1) の記述である（下線は筆者）。

---

(1) 身近な地域や市区町村の様子について，学習の問題を追究・解決する活動を通して，次の事項を身に付けることができるよう指導する。
　ア　次のような知識及び技能を身に付けること。
　（ア）身近な地域や自分たちの市の様子を大まかに理解すること。
　（イ）観察・調査したり地図などの資料で調べたりして，白地図などにまとめること。
　イ　次のような思考力，判断力，表現力等を身に付けること。
　（ア）都道府県内における市の位置，市の地形や土地利用，交通の広がり，市役所など主な公共施設の場所と働き，古くから残る建造物の分布などに着目して，身近な地域や市の様子を捉え，場所による違いを考え，表現すること。

---

(1)　A（学習の主題）について，学習の問題を追究・解決する活動を通して，次の事項を身につけることができるよう指導する。
ア　次のような知識や技能を身に付けること
（ア）B（知識）を理解すること
（イ）C（調べる技能）などで調べて，D（まとめる技能）などにまとめること
イ　次のような思考力，判断力，表現力等を身に付けること
（ア）E（調べる視点）などに着目して，F（調べることによって見いだす事象）を捉え，G（見いだした事象を基に考えること）を考え，表現すること

図 2.1　小学校社会科の内容の示し方

（出所）国立教育政策研究所（2020）を参考に作成

内容の記述を見ると，習得する知識及び技能や思考力，判断力，表現力等の中身が扱う社会的事象を踏まえてより具体的に示されていることが分かる。このように，「育成すべき資質・能力の明確化」という改訂の趣旨を踏まえて，社会科の教科目標，学年目標，内容によって段階的により具体化され示されている。

内容の記述の仕方は**図 2.1** のようにまとめることができる。なお，例示した第 3 学年内容（1）は，アに示す理解事項が一つの場合であり，内容によっては理解事項が複数の場合もある。**図 2.1** を見ると，学習の主題について，何に着目して調べ，どのような社会的事象を見いだし，それを基にどのように考えるのか，また，そのような問題解決的な学習を通して何を理解できるようになればよいのかが説明されている。具体的に第 3 学年内容（1）で考えてみると，E（位置や地形，広がり）などに着目し，C（観察・調査，地図などの資料）などで調べて，D（白地図）などにまとめ，F（身近な地域や市の様子）を捉え，比較・分類したり関連付けたり，総合したりして，G（場所による違い）を考え，表現することを通して，思考力，判断力，表現力等を養うとともに，B（身近な地域や自分たちの市の大まかな様子）を理解できるように指導することである。このような内容の記述を手がかりにして，社会的事象の見方・考え方を働かせ，問題解決的な学習を通して資質・能力を身に付けさせるという学習の過程を想定することができる。

「小学校学習指導要領（平成 29 年告示）解説　社会編」（以下，『解説（社会）』（2017））では，小学校社会科の内容の枠組みとして，**「地理的環境と人々の生活」「歴史と人々の生活」「現代社会の仕組みや働きと人々の生活」**の三つの区分が示された。小学校社会科の教科課程の特質は，地理・歴史・公民などの分野・科目に分けることなく，社会的事象を総合的に学ぶ*ことにある。そのような統合された教科としての小学校社会科の性格を踏まえつつ，中学校を含めた各学年の内容のつながりや発展を意識した見通しをもった指導が求められるであろう。

［加藤 寿朗］

☞ **研究のポイント**
社会的事象を総合的に学ぶ
中学校や高等学校のように地理，歴史，公民などの分野・科目に分けることなく，「社会的事象を総合的に学ぶ」ことが小学校社会科の特質の一つである。「なぜ社会的事象を総合的に学ぶのか」について，戦後社会科の成立，公民としての資質・能力の基礎を養う社会科の性格，小学校段階の子どもの認識や思考の発達等を観点に考えてみたい。

2.2 「地理的環境と人々の生活」に関する内容とその指導

(1) 人々の生活の舞台としての地理的環境を学ぶ意義

私たちが生活する（暮らす）地域には，どのような特色があるのか。

地理的環境を追究することは，自分や人々の生活の舞台を見つめ直し，また
その地域に対する自分や人々とのつながりを再構成していくことである。自分
が生活する場所は，どこなのか。自分や生活拠点の周囲には，何があるのか，
場所によってどのような違いがあるのか，なぜ違いがあるのか。地理的環境を
追究するには，位置や位置関係，分布，土地利用，社会的条件，自然的条件な
どの視点で，ある特定の範囲の地域の特色を考えることが重要である。そして，
比較・総合して考えることで，地域の特色や自分自身とのつながりを捉えてい
くことができるのである。

現在の日本には，地域コミュニティの希薄化，自然災害への対応，過疎・過
密など，多くの現代的な諸課題*があり，それらの課題は多様化し複雑化してい
る。例えば，身近な地域には，どこにどのような人々が暮らしているのだろう
か。登下校時の安全な場所と危険な場所はどこだろうか。ニュースで見聞きす
る自然災害は，どこでどうして起こったのだろうか。日本社会の抱える諸課題
を捉えるには，地域を構成する諸要素をつなぎあわせながら理解していくこと
が重要なのである。そうした地域分析の視点は，日本だけでなく世界を見る目
を養い，グローバルな諸課題も捉えていくことができる。

以上より，地理的環境と人々の生活の内容は，自分がどのような地域に暮ら
しているのかを追究し，さまざまな規模の地域社会の一員として，地域に潜む
問題に気付き対応していくための基礎的な内容なのである。

(2) 「地理的環境と人々の生活」の内容構成

2017年版学習指導要領において，主に「地理的環境と人々の生活」に区分
される内容は，表2.1の通りである。表に整理した内容項目に着目すると，
第3〜5学年の「内容（1）」がすべてこの「地理的環境と人々の生活」に該当
しており，各学年の社会科学習の導入的役割や基礎作りを行う役割を担ってい
ると考えられる。よって，内容（1）は，続く内容（2）以降の学習を意識しなが
ら，展開させたい。

第3学年は，身近な地域と自分の住む市区町村といった範囲の地域社会の学
習である。第4学年は都道府県，第5学年は日本と世界を主な範囲としている。
第6学年は，政治や歴史，国際関係を学習するため，関連するのは「外国の
人々の生活」のみと示されている。このような小学校社会科の内容構成は，身
近な地域→市区町村→都道府県→日本→世界と，徐々に学習対象空間の範囲を

＊現代的な諸課題
2017年版学習指導要領では，持
続可能な社会づくりの観点から，
人口減少や地域の活性化，国土
や防災安全に関する内容の充実
や情報化による生活や産業の変
化，産業における技術の向上に
関する内容の充実が図られてい
る。「持続可能な社会づくり」は，
もともと国連の取組を代表とす
る「Sustainable Development」
という用語を由来の一つとして
いる。現在は，2015年の国連
サミットで採択された持続可能
な開発目標（Sustainable De-
velopment Goals）（通称，国
連SDGs）の達成に向けて，世
界各国でさまざまな取組を行っ
ている。

表 2.1　学習指導要領における「地理的環境と人々の生活」の内容構成

	扱う主な地域	主な内容 （各学年の細字は一部関連する部分）	他の地域規模の内容例
3年	身近な地域と市（区町村）	(1) 身近な地域や市区町村の様子	【都道府県】都道府県の中での市区町村の位置
		(2) 地域に見られる生産や販売の仕事 イ（ア）「仕事の種類や産地の分布」	【都道府県，日本，世界】 商品の産地や仕入れ先
4年	県（都道府）	(1) 都道府県の様子 (5) 県内の特色ある地域の様子	【日本】47 都道府県の名称と位置 【世界】（国際交流に取り組んでいる地域）交流している外国の都市や地域
5年	日本（ただし，内容 (1) は世界も対象にしている）	(1) 我が国の国土の様子と国民生活 (5) 我が国の国土の自然環境と国民生活の関わり（「現代社会の仕組みや働き」にも該当）	【世界】世界の大陸と主な海洋，世界の主な国々
		(2) 我が国の農業や水産業における食料生産イ（ア）「生産物の種類や分布」	【市区町村，都道府県】 主な生産地の位置や地名
		(3) 我が国の工業生産イ（ア）「工業の盛んな地域の分布」	【市区町村，都道府県】 工業の盛んな地域の位置や地名
6年	日本（ただし，この関連内容については世界）	(3) グローバル化する世界と日本の役割　イ（ア）外国の人々の生活の様子	

（出所）『解説（社会）』（2017）を参考に作成

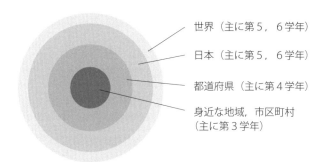

世界（主に第 5，6 学年）

日本（主に第 5，6 学年）

都道府県（主に第 4 学年）

身近な地域，市区町村
（主に第 3 学年）

図 2.2　小学校社会科で学習対象とする地域の範囲

＊同心円的拡大主義
学年段階が上がるにつれて，家庭・学校→身近な地域→市区町村→都道府県→国→世界というように学習対象や領域を同心的に広げていく内容構成の考え方。詳細は次の文献を参照。
・山根栄次（1982）「社会集団拡大法の論理─同心円的拡大論の再構成─」『社会科教育研究』第 48 号，pp.29-42.
・安藤輝次（1993）『同心円的拡大論の成立と批判的転回』風間書房.

広げていくことを原則に構成されている（図 2.2）。*とはいえ，グローバル化の進む昨今では，内容の中心となる地域規模の社会的事象を扱いながら，多様な地域規模（マルチスケール）の視点をもって，外国をはじめ他地域とのつながりを扱っていくことが大切である。例えば，表 2.1 の第 3 学年では，主な内容は市区町村であるが，当然ながら，「内容 (2) 販売に関わる仕事」であれば，商品の産地や仕入れ先などで，他市区町村や都道府県，外国の地名に触れることになる。よって，日本地図や世界地図，地球儀などを使いながら，市区町村の規模から日本や世界に目を向けることを意識したい。他の学年についても，中心となる地域規模はあるが，同様にスケールの変化に留意しながら地域を扱っていくことが必要である。

(3)「地理的環境と人々の生活」の内容とその指導

① 第3学年　学校周辺や市区町村を舞台とした学習

　小学校社会科は，身近な地域と市区町村の様子から社会科学習がスタートする。学習対象となる身近な地域や市区町村は，自分たちが通う学校の周辺や自分たちの住んでいる市区町村である。例えば，『解説（社会）』では，下記のように示されている。

> 例えば，都道府県内における市の位置，市の地形や土地利用，交通の広がり，市役所など主な公共施設の場所と働き，古くから残る建造物の分布などに着目して，観察・調査したり地図などの資料で調べたりして，白地図などにまとめ，身近な地域や市の様子を捉え，場所による違いを考え，表現することを通して，身近な地域や自分たちの市の様子を大まかに理解できるようにすることである。
> （『解説（社会）』(2017) p.34）

　では，第3学年では，具体的にどのような指導が考えられるのか，主に2点を中心とした指導を挙げたい。

　一つは，観察を重視した指導である。学校の周辺を歩いたり，小高い山や学校の屋上など高い所から，周辺の景観を見渡したりして，東西南北に見える地形や公共施設，古くから残る建造物，土地利用，交通の様子などを観察させたい。さらに，市区町村の様子では，日常的に利用している場所やルートに着目し，生活経験を振り返り，田畑の多いところ，川の近く，交通量が多いところなど，地理的特徴を見いだす観察を促していきたい。

　もう一つは，地図を使った指導である。今回の2017年の改訂から，教科用図書「地図」*が，第3学年から配布されるようになった。地図帳や市の地図を用いて，自分たちの暮らす都道府県と市区町村の位置を確認したい。そして，地図帳や市の地図で示された地図記号を参考に，子どもたち自身で，市区町村の地図を作成する活動などが考えられる。白地図に記入する活動では，何を目的とした地図なのか確認しながら活動をさせたい。市区町村の公共施設や主な交通など，他者に市区町村を紹介するような地図作成も考えられる。

　なお，2017年版学習指導要領では，身近な地域よりも自分たちの市に重点を置いた指導や第3学年からの教科用図書（地図帳）の利用が示された。

② 第4学年　都道府県を舞台とした学習

　第4学年では，地域の範囲を都道府県に広げ，内容(1)都道府県の様子や内容(5)都道府県内の特色ある地域の学習が主な地理的内容である。第4学年の社会科学習のはじめとおわりが，地理的環境と人々の生活に関する内容となっている。なお(1)では，都道府県全体を扱うのに対して，(5)では都道府県内の地域を選択して扱うことになる。まず，『解説（社会）』(2017)では，内容(1)

*地図帳
地図帳は，1955年より教科用図書「地図」として，検定教科書となった。新学習指導要領より第3学年より使用されるようになった。（詳細は，Ⅲ部9章を参照。）

について，下記のように示されている。

> 例えば，我が国における自分たちの県の位置，県全体の地形や主な産業の分布，交通網や主な都市の位置などに着目して，地図帳や各種の資料で調べ，白地図などにまとめ，県の様子を捉え，地理的環境の特色を考え，表現することを通して，自分たちの県の地理的環境の概要を理解するとともに，47都道府県の名称と位置を理解できるようにすることである。
>
> 　　　　　　　　　　　　　　　　　　　　　『解説（社会）』（2017）p.51）

　では，この内容については，どのような指導が考えられるのか。主に2点を挙げたい。

　一つは，地図や資料を活用した指導である。学習対象が都道府県の規模になると，直接見学することはなかなか難しい。例えば，県のパンフレットや観光ガイドなどを見てみることでもよい。その他，インターネットで紹介されている情報にふれてもよい。こうした地図や資料を通して，県内の様子を捉え，特色を考えていかなければならない。

　もう一つは，つながりを考える指導である。自分の住む地域にある大きな道路は県内のどこにつながっているのだろうか。どんな都市を通るのか，どんな山が見えるのか，地図にある道路や線路を指でなぞって探したい。地形・産業・交通網，主な都市と項目が挙げられているため，網羅的になりがちであるが，諸要素の関係性に着目して，総合的に県の特色を捉えさせたい。

　次に，内容（5）の県内の特色ある地域については，自分の住む地域との違いを意識させながら行いたい。そして，その地域の特色がどのように諸要素と関係するのか，まちづくりや産業の発展，つまり地域社会の活性化を視野に入れた地域を見る目を育てたい。

③第5学年　日本と世界を舞台とした学習

　第5学年では，さらに日本や世界に対象範囲を広げる。主な地理的内容は，日本の国土の様子と国民の生活に関する学習と，日本の自然環境と国民生活に関する学習である。

　まず，日本の国土の様子と国民の生活に関する学習では，世界や日本を対象にその様子を捉える学習が展開される。ここでは，大陸と海洋の位置関係，主な国の国旗など，限定的ではあるが世界の学習から始まる。そして，日本の国土の様子については，世界からみた日本の位置や国土の構成という空間的理解，地形や気候といった自然条件，自然条件を生かした人々の生活と産業といった学習を行う。

　特に，ここで重視される指導は，地図の読み取りを行いながら，地域の構成を捉えることである。また，自然条件との関わりについては，自然条件と人々

の生活や産業との結びつきを追究することである。

次に，日本の自然環境と国民生活に関する学習では，自然環境と人々の生活と産業の関係をさらに深めて学習することになる。

例えば，自然災害については*，国土で発生するさまざまな自然災害を取り上げて，自然条件との関連と都道府県や国の対策・事業を中心に扱うこととなる。したがって，一人の国民（市民）として，国土の自然環境の特色と日本の防災対策・事業の関連について考えることが想定される。

④第6学年　日本と世界のつながりを意識した学習

第6学年において，地理的環境と人々の生活に関わる内容として，明確に示されたのは，「外国の人々の生活の様子」のみである。『解説（社会）』（2017）では，「貿易や経済協力などの面，歴史や文化，スポーツの交流などの面でつながりが深い国の人々の衣服や料理，食事の習慣，住居，挨拶の仕方やマナー，子供たちの遊びや学校生活，気候や地形の特色に合わせたくらしの様子，娯楽，国民に親しまれている行事などの生活の様子について調べることである」と示されている。特に，指導としては，日本の文化や習慣と比較させながら，特色を考えさせることが想定される。

以上のように，地理的環境と人々の生活に関わる内容とその指導は，観察や地図・資料を通して，位置や位置関係，自然条件との関係を追究する学習を中心とし，学年段階によって，土地利用や産業，人口，文化や習慣などの要素を導入して，地域を捉えていくことが重要である。　　　　　　［宮﨑　沙織］

2.3　「歴史と人々の生活」に関する内容とその指導

(1) 小学校における歴史学習の特質

小学校における歴史学習は，2017年版学習指導要領社会科の教科目標にも記されている，「平和で民主的な国家・社会の形成を図る資質や能力を養う」うえで，極めて重要な役割をもっている。歴史の学習を通して過去の社会を理解することは，現在の社会や社会生活を理解することに繋がり，未来の社会の姿を構想するための礎ともなるからである。

小学校で求められる歴史学習は，古代から現代までの過去の出来事をただ時間の流れに沿って網羅的に学ぶものではない。社会的事象について歴史的な見方・考え方を働かせること，すなわち社会的事象を時期や時間の経過，変化や発展等の視点から捉え，事象のもつ特色や意味，事象相互の関連を考察したり，事象への自己の関わりを選択・判断することが求められている。

それは，過去における国家や社会の様子を理解するだけではなく，今日の社会が，過去のどのような事象や出来事の結果や影響のもとに築かれてきている

のかを理解することでもある。今日の私たちの社会生活が築かれてきた，その起源と来歴を知ることを通して，これからの社会のあるべき姿を構想し，その形成に関わっていくための基礎的な資質を養おうとするのである。

　また，2017 年版学習指導要領では，歴史の教育を通して，我が国の歴史や伝統を大切にして国を愛する心情を養うことや，我が国の将来を担う国民としての自覚を養うことが求められている。こうした誇り，愛情，自覚など子どもの価値観や態度を涵養することについては，「思考や理解を通して」「多角的な思考や理解を通して」という表現が付されているように，偏りのない歴史理解の上に，涵養を図ることが重要である。

(2) 「歴史と人々の生活」に関する内容の構成

　歴史と人々の生活に関する内容は，**表 2.2** に示すように，「地域」「日本」「世界」の三つに区分される。これらは，①内容項目全体で歴史と人々の生活を扱うもの《3 年生 (4)，4 年生 (4)，6 年生 (2)》，②項目の内容が「日本」「世界」双方にまたがるもの《6 年生ア (サ)》，③内容項目の一部が，歴史と人々の生活に関するもの《4 年生 (3) イ (ア)，5 年生 (2) イ (ア) やイ (イ)》，④

＊市の様子の移り変わり
市の様子の移り変わりは，今回の 2017 年の改訂で新たに設けられた事項である。3 年生の (1) ～ (3) の指導内容を歴史的変化という視点からさらに捉え直す学習となる。
市の様子の時間的変化を捉えるうえでは，年表の使用が不可欠であるが，学習に合わせて，元号の使用についても理解を図りたい。また，市の歴史地図や市内にある史跡についても調査を進めておきたい。

表 2.2　学習指導要領における「歴史と人々の生活」の内容構成

	地　域	日　本	世　界
3 年	(4) 市の様子の移り変わり＊		
4 年	(2) 人々の健康や生活環境を支える事業 内容の取扱い (1) イ「公衆衛生の向上」 (3) 自然災害から人々を守る活動 イ (ア)「過去に発生した地域の自然災害」 (4) 県内の伝統や文化，先人の働き		
5 年		(2) 我が国の農業や水産業における食料生産 イ (ア)「生産量の変化」 イ (イ)「技術の向上」 (3) 我が国の工業生産 イ (ア)「工業製品の改良」 (4) 我が国の情報と産業との関わり イ (イ)「情報を生かして発展する産業」	
6 年		(2) 我が国の歴史上の主な事象	(2) 我が国の歴史上の主な事象 ア (サ)「国際社会での重要な役割」 内容の取扱い (2) オ「当時の世界との関わり」

（出所）『解説（社会）』(2017) を参考に作成

内容の取扱いで，歴史的内容を扱うよう指示されているもの《4年生 (2)》，という四つの型に整理できる。地域や日本の歴史を直接的に扱う場合もあれば，特定の社会事象について時間的歴史的な視点から捉えさせる場合もある。いずれにせよ，社会生活を歴史的視点から考察することで，より深い理解を促すことが目指されているのである。

(3)「歴史と人々の生活」に関する内容とその指導

①「地域」の歴史に関する内容とその指導

　3年生と4年生では身近な地域の歴史に関する内容を扱う。

　[3年生] では，「(4) 市の様子の移り変わり」において，市や人々の生活の様子が時間の経過に伴い，移り変わってきたことを理解させる。その際，鉄道や駅，主要な道路などの交通網の整備，学校や中央図書館，公民館などの公共施設の建設，住宅団地の開発や工業団地の建設など土地利用の様子の変化，現在に至るまでの市の人口の増減，炊事・洗濯や灯りや暖をとる道具の改良などに着目させ，変化を具体的に理解させたい。また変化を捉えるには，整備や建設の前後での市や生活の様子の変化を具体的に捉えて，変化の傾向を考えたり，土地利用の変化と人口の変化，交通網の整備と市の様子の変化などを相互に結びつけ，事象間の関連を考えたりすることが重要である。調べる際は，市の様子の移り変わりを地図や写真で比較するだけでなく，関係機関や地域の人々への聞き取りなども実施し，話の内容を年表に位置付けたり，身近な生活と関連付けたりして学ばせたい。

　[4年生] では，「(2) 人々の健康や生活環境を支える事業」において，上水や下水処理の仕組みなどが，過去から現在に至るまで計画的に改善された結果，公衆衛生が向上し，環境に与える負荷も軽減してきたことを捉えさせる。「(3) 自然災害から人々を守る活動」では，地域における自然災害として，過去に県内で発生した「地震災害，津波災害，風水害，火山災害，雪害など」を選択して取り上げ，発生した自然災害の種類，場所，時期を調べるとともに，県庁や市役所，警察署や消防署，消防団や地域の自主防災組織などさまざまな機関や団体の人々が被害を減らすよう努力してきたことを捉えさせる。実際の被災地を取り上げる場合は，災害で被害を受けた人々がいることを念頭に，個人の状況やプライバシーに十分に配慮して実施する必要がある。

　「(4) 県内の伝統や文化，先人の働き」では，県内に古くから伝わる文化財や年中行事と地域の発展に尽くした先人の働きを扱う。県内の文化財や年中行事については，それらが県内のさまざまな場所で受け継がれ，地域の歴史を伝えるものであることや，そこに地域の人々の保存や継承のための努力や地域の発展への願いが込められていることをつかませたい。また地域の伝統や文化の

代表的な文化遺産
歴史学習における文化遺産については，「内容の取扱い」で，国宝，重要文化財に指定されているものや，世界文化遺産に登録されているものなどを取り上げ，我が国の代表的な文化遺産を通して，学習できるよう配慮することとされている。
このほか『解説（社会）』では「重要文化財」「国宝」「世界文化遺産」に加え，文化庁が指定する日本遺産についても扱うことが示されている。こうした地域における代表的文化遺産については，地域史に詳しい人材の活用やフィールドワークなどを通しての学習展開も考えられる。

継承や保存，さらには創造という観点から，自分たちにできることを考えたり選択・判断することにも取り組みたい。先人の働きについては，開発，教育，医療，文化，産業などで地域の発展に尽くした先人を選択して取り上げ，当時の人々の生活の課題や人々の願いを扱い，その解決や実現のためになされた先人の苦心や努力を関連付けて理解させることが重要である。

② 「日本」の歴史に関する内容とその指導

[5年生] では，我が国の産業の変化や発展という文脈で，産業の歴史的変化を取り扱う。農業や水産業における食料生産では生産量の変化や技術の向上を，工業生産では工業製品の改良を，情報と産業の関わりでは情報を生かして発展する産業を扱うようになっている。これらのうち，技術の向上や工業製品の改良などについては，改良の前後の変化を数値やグラフで示すなど改良による変化を具体的に理解できるよう工夫したい。また情報を生かして発展する産業については，情報を活用した産業の発展に伴う生活の利便性の向上を具体的な事例を扱いながら，それらが国民生活に果たす役割や影響を考えるなどの学習の工夫が必要である。

[6年生] では，我が国の歴史上の主な事象を手掛かりに，大まかな歴史を理解することが目指される。大まかな歴史とは，「政治の中心地や世の中の様子によって分けたいくつかの時期における世の中の動きを人物の業績や優れた文化遺産を通して捉え，我が国が歩んできた歴史を大まかに理解することである」とされる。つまり内容項目の（ア）〜（コ）は，政治の中心地や世の中の様子によって分けられたそれぞれの時期にあたり，これらの時期の世の中の動きを，その時期に活躍した人物の業績やその時期に生み出された文化遺産を手掛かりにして把握するわけである。またこうした学習を積み重ねることで，我が国が歩んできた歴史を大まかに捉えるようになっている。

表2.3 は「(2) 我が国の歴史上の主な事象」で身に付ける知識を，扱う時期ごとに，「手掛かりとする事象」と，その時期の世の中の様子について「理解する内容」とに整理したものである。これらの内容をつかむうえで重要なのは，扱う時期ごとに，「手掛りとする事象」と「理解する内容」との横のつながりを具体的に捉えることである。例えば（イ）は，大陸文化の摂取，大化の改新，大仏造営の様子といった事象を手掛かりにして，天皇を中心とした政治が確立されたことを理解させる項目である。この場合，「大陸文化の摂取」であれば，聖徳太子が法隆寺を建立したり，小野妹子らを遣隋使として隋（中国）に派遣し，大陸から政治の仕組みなど文化を積極的に摂取したこと，「大化の改新」であれば中大兄皇子や中臣鎌足らによる改革により政治の仕組みが整えられていったこと，「大仏造営」であれば，聖武天皇の発案のもと，行基らの協力によって国家的事業としての東大寺の大仏造営や全国各地での国分寺建立

表 2.3 「我が国の歴史上の主な事象」における知識内容の構成

手掛かりとする事象	理解する内容
（ア）狩猟採集や農耕の生活，古墳，大和朝廷（政権），神話・伝承	・むらからくにへと変化したこと ・国の形成に関する考え方（に関心をもつ）
（イ）大陸文化の摂取，大化の改新，大仏造営の様子	・天皇を中心とした政治が確立されたこと
（ウ）貴族の生活や文化	・日本風の文化が生まれたこと
（エ）源平の戦い，鎌倉幕府の始まり，元との戦い	・武士による政治が始まったこと
（オ）京都の室町に幕府が置かれた頃の代表的な建造物や絵画	・今日の生活文化につながる室町文化が生まれたこと
（カ）キリスト教の伝来，織田・豊臣の天下統一	・戦国の世が統一されたこと
（キ）江戸幕府の始まり，参勤交代や鎖国などの幕府の政策，身分制	・武士による政治が安定したこと
（ク）歌舞伎や浮世絵，国学や蘭学	・町人の文化が栄え新しい学問がおこったこと
（ケ）黒船の来航，廃藩置県や四民平等などの改革，文明開化	・我が国が明治維新を機に欧米の文化を取り入れつつ近代化を進めたこと
（キ）大日本帝国憲法の発布，日清・日露の戦争，条約改正，科学の発展	・我が国の国力が充実し国際的地位が向上したこと
（コ）日中戦争や我が国に関わる第二次世界大戦，日本国憲法の制定，オリンピック・パラリンピックの開催	・戦後我が国は民主的な国家として出発し，国民生活が向上し，国際社会の中で重要な役割を果たしてきたこと

（出所）『解説（社会）』（2017）を参考に作成

が成し遂げられたことを手掛かりに，この時期を通して天皇中心の政治が次第に確立していったことを理解する。つまり，手掛りとする事象を単に詳しく知るのではなく，事象の意味を考えたり関連付けたりして，当時の世の中の様子を理解することが重要なのである。

　次に，我が国の大まかな歴史の展開については，**表2.3**の「理解する内容」を縦に見ることで捉えることができる。二重線で区切られる部分は，政治を担う集団や階層が変化し，国家や社会の仕組みが大きく変化した時期を示している。また変化に伴って，その時期に特有の文化が生み出されていることが分かるだろう。

③「世界」の歴史に関わる内容とその指導

　小学校で世界の歴史を扱うのは，［6年生］「我が国の歴史上の主な事象」のア（サ）である。ここでは近現代の日本の歴史を振り返りながら，国際社会において果たしてきた役割を多角的な視点から考えることを大切にしたい。

　6年生の歴史学習は，事象を手掛かりにして，その時期の世の中の様子を理解する学習を繰り返しながらも，全体としては，我が国の歴史の展開を大まかに理解することが求められている。今日の私たちの社会へとつながる，こうした我が国の歴史の学習を基に，私たち一人ひとりが歴史を学ぶことの意味について考えさせることが重要である。　　　　　　　　［溝口 和宏］

歴史を学ぶ意味を考える
「歴史を学ぶ意味を考える」とは，歴史学習全体を通して，歴史を学ぶ意味や大切さについて考えることである。
例えば，長い歴史の中で育まれてきた我が国の伝統や文化と今日の自分たちの生活や社会とのつながりや関わりを考えたり，歴史から学んだことをどのように活かしていくかという観点から，国家や社会の発展を考えたりすることで，歴史への関心を高めるとともに，自分たちも歴史の担い手として平和で民主的な国家や社会を築き上げていくことについての考えを深めることができるよう指導することが重要である。

2.4 「現代社会の仕組みや働きと人々の生活」に関する内容とその指導

(1) 公民的な学習内容の重視

　小学校社会科は「公民としての資質・能力の基礎」を育成してくことを重視している。それは，広い視野に立ち，グローバル化する国際社会に主体的に生きる平和で民主的な国家及び社会の有為な形成者に必要な資質・能力である。このような目標をもつ社会科においては，公民的な内容の学習は，きわめて重要であり，そこでは地域社会や国土を舞台とした経済・産業活動，公共機関の働き，政治の役割，国際協力等に関する学習を通じて，現代社会の仕組みや働きを学び，社会の一員としての自覚を養い，社会参画への意欲を高めていくことをめざしている。それは，決して他人事ではなく，自分や人々の生活との関わりから，多角的に現代社会を捉え，考察し，社会認識を形成しようとするところに特徴があり，その指導の充実はますます期待されているのである。

　2017年版学習指導要領では，現代社会の仕組みや働きと人々の生活に関する内容を「経済・産業」「政治」「国際関係」の三つで構成している。これらは，中学校においては，主に公民的分野につながっていく内容である。

　我が国では，若者の政治離れが指摘されて久しい。平成27 (2015) 年の法改正によって選挙権年齢が18歳になり，若い世代が政治に関心をもち，より積極的に参加することが期待されている。こうした状況は，2017年版の学習指導要領においても具体的な改善事項として取り上げられ，小学校社会科においては，世界の国々との関わりや政治の働きへの関心を高めるよう教育内容を見直すこと，自然災害時における地方公共団体の働きや地域の人々の工夫・努力等に関する指導の充実，少子高齢化等による地域社会の変化や情報化に伴う生活や産業の変化に関する教育内容の見直しなどの改善が行われている。いずれも公民的な内容に関するものであり，小学校では，主に現代社会の仕組みや働きと人々の生活に関する区分の中で学習していくことになる。

(2)「現代社会の仕組みや働きと人々の生活」に関する内容の構成

　表2.4を基に，現代社会の仕組みや働きと人々の生活に関する内容の構成を見てみると次のような特徴があることが分かる。

①ひとつの内容項目で「経済・産業」「政治」「国際関係」のいずれかの内容を扱う（例：5年生「経済・産業」(4) 我が国の情報と産業との関わり）

②ひとつの内容項目で，例えば「経済・産業」と「政治」の内容を扱うもの（例：4年生「経済・産業」「政治」(2) 人々の健康や生活環境を支える事業）

主権者教育の推進
平成27 (2015) 年6月，公職選挙法等の一部を改正する法律が成立・公布され，平成28 (2016) 年6月19日の後に初めて行われる国政選挙の公示日以後に公示・告示される選挙から，選挙権年齢が「満20歳以上」から「満18歳以上」に引き下げられた。
これに伴い，学校教育においては，単に政治の仕組みについて必要な知識を習得させるにとどまらず，主権者として社会の中で自立し，他者と連携・協働しながら，社会を生き抜く力や地域の課題解決を社会の構成員の一人として主体的に担うことができる力を身に付けさせる主権者教育の推進が求められるようになった。2018年の学習指導要領では，高等学校の公民科に共通必履修科目「公共」が設置された。国家・社会の形成として，持続可能な社会づくりに参画するために必要な力を育むことは，社会科教育に課せられた大切な使命である。（参考「主権者教育の推進に関する検討チーム中間まとめ」文部科学省，平成28年3月）

表 2.4　学習指導要領における「現代社会の仕組みや働きと人々の生活」の内容構成

	経済・産業	政治	国際関係
3 年	(2) 地域にみられる生産や販売の仕事	(1) 身近な地域や市の様子イ（ア）市役所などの公共施設の場所と働き (3) 地域の安全を守る働き	(2) 地域にみられる生産や販売の仕事イ（イ）「外国との関わり」 (4) 市の様子の移り変わり（内容の取扱い (4) ウ「国際化」）
4 年	(2) 人々の健康や生活環境を支える事業 (4) 県内の伝統や文化，先人の働き（内容の取扱い (3) イ「開発，産業などの事例（選択）」）	(3) 自然環境から人々を守る活動	(5) 県内の特色ある地域の様子（内容の取扱い (4) ア「国際交流に取り組む地域」）
5 年	(1) 我が国の国土の様子と国民生活ア（イ）「自然環境に適応して生活していること」 (2) 我が国の農業や水産業における食料生産 (3) 我が国の工業生産 (4) 我が国の情報と産業との関わり (5) 我が国の国土の自然環境と国民生活との関連		(2) 我が国の農業や水産業における食料生産イ（ア）「輸入など外国との関わり」 (3) 我が国の工業生産イ（ウ）「貿易や運輸」
6 年		(1) 我が国の政治の働き (3) グローバル化する世界と日本の役割イ（イ）「我が国の国際協力」	(3) グローバル化する世界と日本の役割

（出所）『解説（社会）』（2017）を参考に作成

③内容項目の一部が，現代社会の仕組みや働きと人々の生活に関する内容を扱うもの（例：3 年生「政治」(1) イ（ア）「市役所などの公共施設の場所と働き」が政治に関する内容）

④内容の取扱いで指示されているもの（例：3 年生「国際社会」(4) は，主に歴史的な内容であるが，内容の取扱いで「国際化」を扱うことが示されている）

このように，現代社会の仕組みや働きと人々の生活に関する内容であっても，扱う社会的事象は，複合的な特色や意味をもっており，地理や歴史の視点からも考察を加えたほうが，いっそう理解が深まるものも少なくない。とはいえ，何でもかんでも多様な視点からアプローチしようとすると，子どもは混乱してしまう。まずは，学習指導要領を基に学習のねらいを理解し，子どもの発達段階や興味・関心を捉えつつ学習を組織していくことが大切である。

(3)「現代社会の仕組みや働きと人々の生活」に関する内容とその指導

① 経済・産業に関する内容とその指導

経済・産業に関する内容は，主に 3 年生と 5 年生で扱う。［3 年生］は，市の生産・販売を取り上げ，生産に関しては，市内の農家や工場の生産工程など仕事の様子を調べ，生産活動や生産物を，地域の自然条件や人々の生活との関係から捉えていく。また，販売に関しては，商店等が消費者の願いを捉え，人や商品を通じて他地域や外国ともつながりながら，売り上げを高める工夫をし

社会との関わりを選択・判断する学習

社会科では，調べ考え，社会的事象の特色や相互の関連，意味を捉えることはもちろん，社会への関わり方を選択・判断することが重視されている。これから社会はどのようになっていけばよいのか，自分たちは何ができるのかなど，社会への関わり方を選択・判断していくことである。
具体的には，3 年生の地域の安全を守る働き，4 年生の人々の健康や生活環境を支える事業，地域の伝統や文化の保存や継承，5 年生の国土の環境保全，6 年生の国際社会において果たすべき我が国の役割などの学習において選択・判断の場面を設けることが考えられる。いずれも現代社会の仕組みや働きと人々の生活に関連した学習内容である。

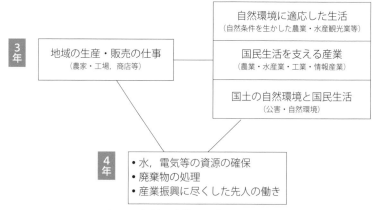

図2.3　経済・産業に関する学習内容の構成

価格や費用

経済・産業に関する学習を進めるうえで，価格や費用という視点からのアプローチも大切である。

価格や費用とは，生産や輸送，販売の過程で掛かる費用や販売される際の価格のことである。5年生の食料生産の学習において，生産に関わる人の工夫や努力を捉える視点として取り上げられている。例えば，価格や費用に着目し，食料生産に関わる人の工夫として，市場の情報を基に出荷する場所，量，種類，時期を判断していることなどを調べることが考えられる。

4年生が学ぶ法やきまり

4年生では，地域の人々の安全な生活の維持と向上を図るための法やきまりを扱う。

『解説（社会）』(2017) には，防火設備の設置や点検，消防訓練の義務など，火災の防止に関する法やきまりを，事故などについては，例えば，登下校などにおける交通事故の防止に関する法やきまりを取り上げることなどが例示されている。

ていることなどを学んでいく。いずれも，見学・調査などを実施しながら，身近な生活と関連付けて学ばせていきたい内容である。こうした学習は，[5年生]につながり，今度は，国民生活を支える産業として，食料生産，工業生産を取り上げる。それらの産業が盛んに行われている地域を俯瞰的に捉えるとともに，消費者のニーズを受け止めながら，自然条件や貿易・運輸を生かし，生産性向上に努めていることを理解させていく。情報産業は，新聞やテレビなどの産業の学習に加え，AIやビッグデータ等が，産業を発展させていることを国民生活向上との関係から理解させることになる。5年生は，導入で，国土を地理的な視点から捉え，人々が自然環境に適応して生活していることを具体的に学習し，最後には経済・産業活動や人々のくらしの結果としての公害や環境との関係を考えさせることになる。このように5年生は，経済・産業に関する学習の中心を担うといえよう。一方[4年生]には，直接的に経済・産業を扱う内容はない。しかし，水，電気，ガスなど，くらしを支える事業を学習する際，それらを大切な資源として捉えること，廃棄物の処理等については，産業や人々の日常生活と深く関わることを捉えさせることが，のちの5年生の経済・産業の学習に有効に働くことになる。さらに，県内の先人の働きを歴史的な視点から学習する中で，地域の産業振興に尽くした人の事例を取り上げ，生活向上との関係から考えさせることができる。

② 政治に関する内容とその指導

[3年生] では，身近な地域や市には，市役所をはじめ，学校や公園，図書館，児童館，消防署や警察署・交番などがあることを捉えるとともに，それらが多くの市民に利用されていることや多くは市役所によって運営されていることなどを理解させる。そのうえで，地域の安全を守る働きの学習では，消防署や警察署などの関係機関が協力して地域の安全を守っていることを捉えさせる。このように，協力や連携といった視点から社会的事象を捉えさせるには，子ど

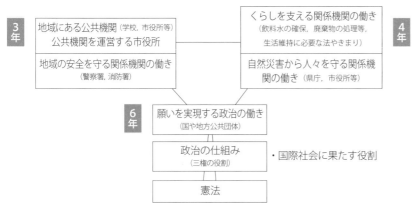

図 2.4　政治に関する学習内容の構成

もが直接地域を見学したり，当該施設で聞き取りを行ったりするなどの活動が必要になる。[4年生]では，飲料水の確保や廃棄物の処理など人々の健康や生活環境を支える事業が，関係機関等による県内外の人々と協力した組織的・計画的な活動として行われ，自分たちが生活を送れていることを理解させる。その際，人々が健康な生活を維持していくには法やきまりがあることを指導することも忘れてはならない。また，自然災害から人々を守る活動の学習では，県庁や市役所などの関係機関等が，協力して対処していることを理解させる。見学や聞き取り調査などを取り入れながら，日常生活と関連付けて理解を深めるように工夫したい。そして[6年生]では，まず日本国憲法が国家や国民生活の基本を定め，その下で立法，行政，司法（三権）がそれぞれ役割を果たしていることを学び，それを前提に，民主政治の考えに基づく国や地方公共団体の政治について具体的に学ぶ。くらしが政治によって支えられていることを理解する学習であり，語句の解説等にならないように留意したい。さらに，国際連合や我が国の国際協力，国際社会に果たす役割について，政治の働きと関連付けながら理解を図っていく。

③ 国際関係に関する内容とその指導

　[3年生]では，市の様子の移り変わりを，人口の変化に着目して調べ，外国人居住者の増加など，国際化が進んでいることに触れる。近年，それぞれの地域の実情は大きく変化してきており，子どもたちの生活経験を生かして進めていきたい学習である。そして[4年生]では，県内の特色ある地域の様子の学習で，姉妹都市提携を結んでいる地域や，国際都市を目指し外国との交流活動を盛んに行っている地域を取り上げて学習することができる。各自治体が進める国際交流事業の調査が重要な教材研究になる。そして，こうした国際交流に関する内容は，[6年生]のグローバル化する世界と日本の役割の学習へとつながる。まずは，つながりの深い国の人々の生活の様子を調べる学習で，文

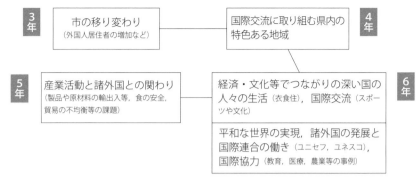

図 2.5　国際関係に関する学習内容の構成

化や生活は多様であるものの，自分たちの生活とさまざまな面でつながりがあることを学ぶ。そして，国際交流，国際連合，国際協力の学習では，異文化や習慣を尊重することの重要性を理解させるとともに，地球規模で発生している課題の解決に向けた連携・協力の重要性や，我が国が果たすべき役割を考えさせるようにする。地理学習の視点をも取り込みつつ，国際社会で活躍する人に出会うような機会も設定してくとよい。[5年生]では，国際社会に関する内容は，主に産業学習の中で扱われることになる。食料生産における生産物の輸入，工業生産における原材料の輸入や製品の輸出，海外生産など，外国とのつながりが生産活動に必要不可欠であることを学習する。しかし，産業と関連付けた学習では，例えば，食の安心・安全，原材料確保の困難，貿易の不均衡など，産業を持続・発展させていくうえでの課題としての扱いが大きくなる。産業は，自国だけで成り立つものではない。5年生なりに，経済・産業の面から現代社会の課題を捉え，国際関係の視点から，これからの経済・産業の在り方を考えさせるようにしていくことが大切である。　　　　　　　　　　　[中田　正弘]

☞ 研究のポイント

本章では，社会科の目標と内容の構造を学んできた。小学校社会科の学習内容（2017 年版学習指導要領）が，それぞれどこに区分されているかを理解することは，見方・考え方を働かせた授業づくりを進めるうえで，また中学校の社会科とのつながりを考えるうえで重要である。右の表を活用しながら整理してみよう。

	内容項目	地理的環境と人々の生活	歴史と人々の生活	現代社会の仕組みや働きと人々の生活
3年	(1) 身近な地域や市区町村の様子			
	(2) 地域に見られる生産や販売の仕事			
	(3) 地域の安全を守る働き			
	(4) 市の様子の移り変わり			
4年	(1) 都道府県の様子			
	(2) 人々の健康や生活環境を支える事業			
	(3) 自然災害から人々を守る活動			
	(4) 県内の伝統や文化，先人の働き			
	(5) 県内の特色ある地域の様子			
5年	(1) 我が国の国土の様子と国民生活			
	(2) 我が国の農業や水産業における食料生産			
	(3) 我が国の工業生産			
	(4) 我が国の産業と情報との関わり			
	(5) 我が国の国土の自然環境と国民生活の関わり			
6年	(1) 我が国の政治の働き			
	(2) 我が国の歴史上の主な事象			
	(3) グローバル化する世界と日本の役割			

II部

社会の授業づくり・実践に向けて

問題解決的な学習過程
～1 単元・1 時間～

3.1 問題解決的な学習過程の特徴

　小学校社会科においては，学習問題を追究・解決する活動，すなわち問題解決的な学習過程を充実させることが大切である。問題解決的な学習とは，単元などにおける学習問題を設定し，その問題の解決に向けて諸資料や調査活動などで調べ，社会的事象の特色や相互の関連，意味を考えたり，社会への関わり方を選択・判断したりして表現し，社会生活について理解したり，社会への関心を高めたりする学習などを指している。

(1) 社会科の学習過程の典型例

　社会科における問題解決的な学習過程の典型例としては，図 3.1 のように課題把握，課題追究，課題解決の三段階が多い。

　この学習過程の特徴としては，問題解決的な学習過程が「入れ子型」のような形になっている点である。つまり，1 時間（コマ）ごとの問題解決的な学習過程（つかむ，調べる，まとめる）の集合体として単元全体の問題解決的な学習過程（つかむ，調べる，まとめる）が構成されている形である。

＊「問題解決」と「課題解決」
小学校社会科では，学習原理を「問題解決的な学習」とし，「小学校学習指導要領（平成 29 年度）解説社会編」（以下，『解説（社会）』(2017)）においても左記の説明をしている。一方，中学校社会科では，「課題」「課題解決」などの文言を使用することが多い。
中央教育審議会答申 (2016) の小中社会科の資料において「課題把握」「課題追究」「課題解決」の学習過程が示されたこと（学校教育法 30 条 2 項「課題を解決するために」の文言を踏まえたものと推察する）も踏まえて，教科の目標は小中学校ともに「課題を追究したり解決したり」という文言を使用し統一を図っている。
その一方で，小学校社会科の学年の目標では，「学習の問題を追究・解決する」という文言（『解説』本文中では「学習問題」と言い換えている）を使用している。そのため，学校の教育現場では，単元の場合は「学習問題」とし，区別を図るために，1 時間（コマ）の場合は「本時のめあて（課題，問い）」などと言い分けている例が多い。

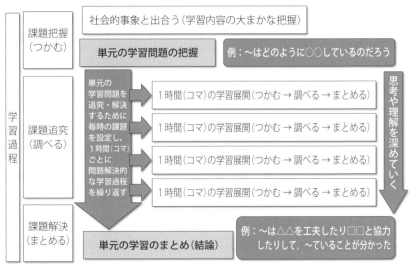

図 3.1　問題解決的な学習過程の典型例

単元の学習過程に沿って，実際の学習展開を考えると次のようになる。

①単元で扱う内容や取り上げる教材に子どもの目を向けるようにするために資料などを通して「社会的事象との出合い」の場を設定する。

②出合った社会的事象から単元の学習問題を設定する。

③単元の学習問題について，調べ方などを予想したり調べる計画（学習計画）を立てたりして，次時以降の学習への見通しをもつ。

④予想や学習計画などを基に，1時間（コマ）ごとの「めあて（問い，課題）」を設定し，調べ，まとめる学習を進める。

⑤調べまとめて分かったことを基に，単元の学習問題についての結論をまとめる。

当然ながら，実際の学習過程や学習展開は一様ではなく，例えば上記④においては，複数時間（コマ）続きで調べる（見学活動等），議論や討論に多くの時間を使う，作品（白地図，パンフレット等）づくりに終始する，「これらの工夫は何のためにしているのか」と調べたことを基に意味を考えることを重視する1時間（コマ）を設定する，予想や学習計画には無くても目標の実現を図る必要性から教師が「めあて（問い，課題）」を提示するなどの例もみられる。

(2) 新しい「典型例」になりつつある学習過程

上記のように「課題把握（つかむ），課題追究（調べる），課題解決（まとめる）」を基本としながらも，最近では新しい学習過程が多くみられる。

＊単元
単元という言葉の説明は，1951（昭和26）年の『学習指導要領（試案）』において，「学習活動が問題解決を中心として次々に発展していって形づくられるまとまりが，社会科の単元である。」と説明された。しかし，その後は単元についての説明は学習指導要領やその解説に示されることはなかった。
その後，単元とは「一定の目標や主題を中心として組織された学習内容の有機的な一まとまりのこと」という説明が「中央教育審議会答申」（2016）の脚注に書かれた。「小学校学習指導要領（平成29年告示）」（以下，2017年版学習指導要領）で「単元や題材など内容や時間のまとまりを見通し」という文言が盛んに使われたことと関係がある。

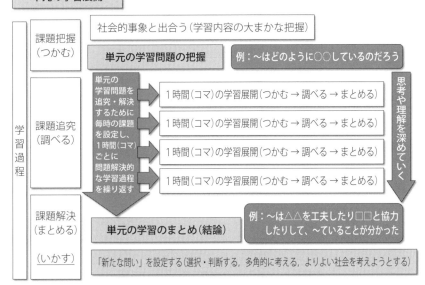

図3.2　問題解決的な学習過程の新しい典型例

2017 年版学習指導要領において，教科の目標に「多角的に考える力」「社会にみられる課題を把握して，その解決に向けて社会への関わり方を選択・判断する力」「よりよい社会を考え主体的に問題解決しようとする態度」などを養うことが求められたことを背景として，単元の学習問題についての結論をまとめることにとどまらない学習が広がりを見せているためである（図3.2）。

新しい典型例は，単元の後半や終末に特徴がある。従来から「学習活動が問題解決を中心として次々に発展していって形作られるまとまりが，社会科の単元である」といわれており，一つの学習問題で完結するという決まりはない。「多角的に考える力」「社会にみられる課題を把握して，その解決に向けて社会への関わり方を選択・判断する力」「よりよい社会を考え主体的に問題解決しようとする態度」など，いわゆる「社会に参画する力の基礎」を養うことを重視するならば，「〜であることが分かった」という終わり方ではなく，「私たちはどうすればよいか」「これからは何が大切か」「今は何を優先すべきか」などの問いを設定して，生活の在り方やこれからの社会の発展について各自で考える終わり方が大切であるという考え方である。

この考え方が広がり，単元の後半や終末に「まとめる」に加えて「いかす」といった学習過程を加えて，「新たな問い」を設定する学習展開が多く見られるようになった。「いかす」では，「共通理解する結論」ではなく，一人ひとりが自分なりの結論をもつことが重視される。それまでに学習したことを「生（活）かし」て自分の意見や考えをまとめるイメージである。ただし，すべての単元や内容に「いかす」過程が始めにありきではなく，「内容に応じて」と捉えることも必要である。その点については「3.5」で後述する。

新しい典型例は，各学年の目標に示されている「地域社会の一員としての自覚」「我が国の産業の発展（への）関心」「我が国の将来を担う国民としての自覚」などの資質・能力を養ううえでも効果的であると考えることができる。

3.2　つかむ段階の授業づくり
〜学習問題，学習計画のつくり方〜

問題解決的な学習は，社会的事象との出合いを通して，単元の学習問題や1時間（コマ）の「めあて」（問い，課題を含む。以後「めあて」で統一する）を設定することからスタートする（以後，合わせていう場合「問題づくり」という）。

問題づくりは，その後の学習を「方向付ける」と考えたい。そのため，教師による一方的な「提示」ではなく，子どもにとっての学習の必然性や主体性が高まるよう子どもと一緒に設定するイメージをもつことが大切になる。

ここでは，つかむ段階としての学習計画づくりまでの手順を述べる。

(1) 目標を踏まえる

　単元の学習問題の設定は単元の目標を踏まえて行う。例えば，2017 年版学習指導要領の第 3 学年の内容 (2) を基に「地域に見られる販売の仕事」を単元構成する際の目標は次のような文章で考えることができる。[*]

> 　消費者の願い，販売の仕方，他地域や外国との関わりなどに着目して，見学・調査したり地図などの資料で調べたりして，販売に携わっている人々の仕事に見られる工夫を考え，表現することを通して，販売の仕事は，消費者の多様な願いを踏まえ売り上げを高めるよう，工夫して行われていることを理解できるようにする。

*実際には，これに「態度に関する目標」を加えることが多い。

　単元の学習問題をつくる一例として，下記の図 3.3 のように「学習のまとめ」から考える方法がある。つまり，理解のゴールとしての「単元の学習のまとめ」を想定してつくる方法である。

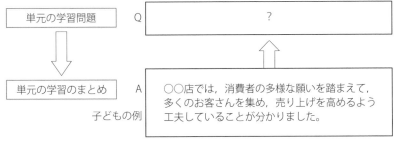

図 3.3　学習のまとめから学習問題を考える

(2) 学習問題を考える

　想定する「学習のまとめ」が同じであっても，学習問題は以下のようにさまざま考えられる。[**]

> ア　「〇〇店では，どのように品物を売っているのだろう」
> イ　「〇〇店では，どのように消費者の願いに応えているのだろう」
> ウ　「〇〇店では，どのようにしてたくさんのお客さんを集めているのだろう」
> エ　「〇〇店には，なぜたくさんのお客さんが集まるのだろう」
> オ　「〇〇店では，どのような販売の工夫をしているのだろう」
> カ　「地域の販売の仕事には，どのような工夫が見られるのだろう」

　どのような学習問題にするかは，次の基準を基に考えることで決まる。
　一つめの基準は「事実を集めることに止(とど)める」か「意味の追究までねらうか」である。例えば，アは「事実を集めて様子を理解すること」までを視野に入れ

**学習問題
「学習問題」という文言は，これまで広く学校の教育現場では使用されてきた。小学校社会科の場合，適時性のある社会問題を単元の始めから取り上げることは少ない。そのため，社会問題と棲み分け，「学習の中で作られる問題」という主旨で「学習問題」が多く使用された。その一方で，2008（平成20）年の学習指導要領までは，その本文に「学習問題」という記述はなかった（『解説（社会）』には記述あり）。
現行の2017年版学習指導要領において各学年の目標に「学習の問題」という記述で初めて示された。法令上の文言として通る「学習」と「問題」を組み合わせた形である。主旨は学習問題と同じであるため，『解説』の本文では「以後「学習問題」という」と言い換えられている。
また，学習指導要領上では，単元の学習の問題という文脈で使用されており，1時間（コマ）の学習の問題について説明はない。そのため，学校の教育現場では，本時の「めあて」「問い」「課題」など学習問題と棲み分ける文言を使用する場合が多い。

たものであるが，イは「意味を考え理解すること」までを視野に入れたものである。どちらがよいかは教師の意図や子どもの実態，学習展開の工夫などによって変わる。

二つめの基準は，前提として「どのような社会的事象と出合わせるか」である。例えば，イでは聞き取りなどを通して「消費者の願い」と出合わせる。ウ，エでは資料などを通して「来客数の多さ」に出合わせる。オ，カでは「工夫」という言葉のイメージを共有しておく必要がある。特にカでは「○○店」ではなく「地域の販売の仕事」という抽象化をねらうため地域にある複数の店を取り上げる必要がある。

さらに三つめの基準は，「この後，どのような事象を調べる意図か」である。例えば，ウでは主語は店（の人々）になり，調べる事象は「集めるための工夫や努力」に向かう。エでは主語は客になり，調べる事象は，店の立地条件，店舗や販売の仕方の特徴などに向かう。どちらも最終的には調べる事象が似てくるが範囲や順序は異なる。

学習問題は子どもの学習が向かう方向や学習する事象の範囲を決める重要なものといえる。1時間（コマ）のめあても同様である。

(3) 学習計画*を立てる

学習問題を設定する際には，予想や学習計画を考えるようにすることが大切である。1時間（コマ）においても学習計画（1時間の学習の流れ）を子どもと共有することが望ましいが，時間的な制限があるため予想にとどめる例が多い。単元の場合，複数時間のまとまりであるため，学習計画が問題解決の当面の見通しとなる。これがないと子どもの主体性を無視した教師による一方的な展開となりかねない。予想や学習計画は図3.4のイメージである。

子どもたちの予想は断片的，個別的，あるいは感覚的である。しかし，いく

*学習計画
教師が指導のねらいをもって作成する「指導計画」に基づきながらも，子ども自身が学習展開を大まかに把握できるようにする主旨から「学習計画」と呼ばれる。学習計画の立て方に決まりはないが，①何を調べるか，②どんな順序で調べるか，③どんな方法（資料等）で調べるか，などを子どもの納得を促しながら学級全体で決める例が多い（①だけの場合や①②だけの場合もある）。

```
●社会的事象との出合い（教師による資料・情報提示，子どもの見学活動など）

       ～がある（気付き）  →  ～は何だろう（疑問）
       ～している（気付き） →  なぜ～しているのだろう（疑問）

       ┌─────────────────────────────┐
       │  ○○では，どのように～しているのだろう  │
       └─────────────────────────────┘
              予想A    予想B    予想C

●学習計画    ①予想Aについて調べよう
              ②予想Bについて調べよう
              ③予想Cについて調べよう
```

図3.4　学習問題と予想と学習計画

つかの予想を出し合うようにすれば，教師が「何か関係する人々の工夫がありそうだね」「自然環境の変化に関することでいいかな」などと，指導計画を意識しながらカテゴリー化して，学習計画づくりを行うことができる。このやりとりにより，単元の展開（ストーリー）は教師と子どもの協働作品となる。具体的には次の方法が考えられる。

○予想は学習問題を決める前の「なぜ」疑問に対して出されることが多い。「なぜ」疑問の方が予想を立てやすいことによる。その場合には，それらを踏まえて「では，どのように〜しているかを調べていこう」と学習問題を設定し，出された予想を学習計画に生かすようにする。
○学習計画については「○○を調べる」よりも「○○はどのように〜しているのか」「なぜ○○が大切なのか」など疑問形に変換すると学習が進めやすい。これが毎時のめあて（問い，課題）につながる。
○子どもから出た予想だけで学習計画のすべてを作るわけではない。単元の目標に迫るためには，教師が意図的にめあてを提示することも想定される。そのため学習計画は単元の終末までの計画とは限らない。

☞ **研究のポイント**
どのように指導すれば，子どもが追究意欲や問題解決の見通しをもって学ぶようになるかを考えることが大切である。「疑問」→「学習問題」→「予想」は，この順序とは限らず，相互に行き来して，徐々に学習問題が把握できるようになることもある。「疑問」「学習問題」「予想」の三つの相互関連性を考えることが大切である。

3.3　調べる段階の授業づくり

調べる段階では，1時間（コマ）ごとの「つかむ→調べる→まとめる」をどのように積み重ねるかを考える必要がある。ここでは，「めあて」と「調べる活動」の点から調べる段階の授業づくりについて述べる。

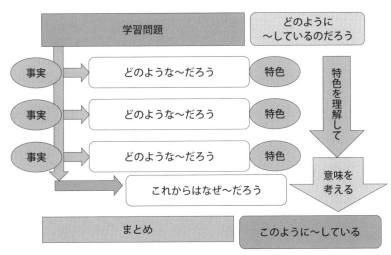

図 3.5　調べて考える展開

(1) 1時間（コマ）のめあて

　単元の学習問題と1時間（コマ）のめあての関係は**図3.5**のように捉えることができる。[*] すなわち，学習の方向付けとしての単元の学習問題と社会的事象を具体的に調べてその特色や意味に迫るための1時間（コマ）のめあてという関係である。したがって，めあてを通して学習を深化していくことが大切になる。この深化が「調べる段階」の役割である。

　そのため，右図に限らず，1時間（コマ）ごとに社会的事象の意味の追究を重視する考え方もある。

　ここに実際の内容を当てはめてみると，次の例のようになる。

> **単元の学習問題**
> 「○○店では，どのようにしてたくさんのお客さんを集めているのだろう」
> **1時間（コマ）のめあて**
> ① 消費者の願いはどのようなことか
> ② ○○店ではどのように安さや新鮮さを伝えているか
> ③ ○○店ではどのように品物を仕入れる工夫をしているか
> ④ ○○店ではどのように売り方を工夫しているか
> ⑤ そのほかにみられる工夫はないか
> ⑥ なぜこのような工夫をしているのか

(2) 調べる活動

　調べる活動とは，「見学・調査する」「聞き取り調査する」「資料で調べる」「話し合う」など学習問題やめあての追究・解決のための学習活動である。「知る」「考える」「理解する」など子どもの頭の働きとは区別したい。

　調べる活動を社会科の目標である「調べまとめる技能の育成」[**] に照らして大別すると次の三つになる。

> ①必要な情報を集める活動
> ②必要な情報を読み取る活動
> ③情報を適切にまとめる活動[***]

　必要な情報を集める「情報手段」としては，調査活動（野外調査活動，社会調査活動），さまざまな資料，その他（体験活動，資料館等の見学活動，コンピュータの活用など）が考えられる。いずれにしても，学習問題やめあてに照らして問題解決に必要な情報であるかどうかを選別することが大切である。また，資料の表題，出典，年代，作成者などを確認し，情報発信者の意図，発信過程な

＊学習問題とめあて
単元の学習問題は学習の方向付けをする役割を担うため「どのように～」などと，まずは事実や様子を調べる活動に向かう文型が多い。それに対し，1時間（コマ）のめあては社会的事象を具体的に調べそこから特色や意味に迫る役割を担う。そのため，図3.5のように調べたことを整理して意味を考えることを意図する展開が多く見られる。また，めあては「どのように～」という文型で示しつつ，教師による「なぜ～」という発問等で社会的事象の意味を考えさせる形や，めあて自体を「なぜ～」と社会的事象の意味を追究する文型にする例が多い。

＊＊調べまとめる技能
社会科の目標には「社会的事象ついて調べまとめる技能」の育成が示されている。『解説（社会）』のp.152に「情報を収集する技能」「情報を読み取る技能」「情報をまとめる技能」の三つに分けて例示されている。小・中・高等学校における習得する技能の違いや習得の段階が示されていないことから，技能は繰り返し発揮して情報を活用することを通して「習熟」を目指すものであることが伺える。

＊＊＊③は次節で述べる。

どに留意することも大切である。

　また，情報を読み取る技能として次のことを身に付けることが大切である。

---

①必要かどうか選別すること
　　（例：形状，色，数，種類，大きさ，名称，方位，記号，高さ，区分，年号や
　　　　時期，前後関係など，目的に応じて必要な事実に着目し選別する）
②資料の特性に留意すること
　　（例：地図の主題や示された情報の種類を踏まえる，歴史資料の作成目的作成
　　　　時期，作成者を踏まえる，統計等の単位や比率を踏まえるなど）
③情報全体の傾向性を踏まえること
　　（例：位置や分布，広がり，形状，量やその変化の傾向，資料館等の展示テー
　　　　マの趣旨など）
④複数の情報を見比べたり結び付けたりすること
　　（例：同一の事象に関する異種の資料（グラフと文章など），同種の資料におけ
　　　　る異なる表現（複数の地図，複数のグラフ，複数の新聞など））

---

(3) 話し合う活動

　2017年版学習指導要領の目標には「議論する力」の育成（第5学年，第6学年）が示されており，『解説（社会）』には各学年において「話し合う」ことを求める記述が多い。話し合いや議論は学習過程のどこにでも位置付くものであるが，特に調べたことを基に特色や意味を考える際に位置付けられることが多い。なぜなら単元の学習問題は「学級全体で解決すべき問い」として設定されるため，その結論（まとめ）に向かう際には集団による思考によって結論付けへのプロセスが共有される必要があるからである。また，多様な考えが交わされることにより結論が豊かになることが期待されるからである。したがって，話し合う活動には「調べる段階」と「まとめる段階」を結び付ける役割がある。

　話し合いを活発にするための教師の役割としては，問いを明確にすること（対立点や疑問点など），根拠の提示を徹底すること（入手情報，既有の知識や経験，立場など），子ども同士の発言を「つなぐ」役割を担うこと（異同を確認，カテゴリーや立場などを整理），ゴールイメージをもたせること（話し合いの目的，終わり方など）などが考えられる。

3.4　まとめる段階の授業づくり

　まとめる段階では，調べたことや話し合ったことを次の方法でまとめる活動が行われる。ここでは，そのまとめ方について述べる。

(1) 文でまとめる

文でのまとめ方は次の二つに大別できる。

> ア　学習問題やめあてを振り返り調べたことや分かったことをまとめる
> イ　自分の学習状況を振り返り考えたこと（感想を含む）をまとめる[*]

下記の**図 3.6** はアのイメージである。

*イは「振り返り」と呼ぶ場合もある。

振り返り

各教科等において，1 時間（コマ）の終了時に「振り返り」と称して，授業の感想や意思表明を書いたり発言したりする活動を設定する例が増加している。新しい学習評価の観点「主体的に学習に取り組む態度」の評価材料として子どもの振り返り表現が活用されていることによるものと考えられる。

●学習問題

日本の自動車工場を代表する○○工場では自動車をどのようにして大量に生産しているのだろう

○毎時間のめあてについて調べて分かったこと
①コンピュータ管理やロボットを使ったIT技術で生産している
②人が配置された流れ作業により働く人々の協力で生産している
③地域の中小工場と部品生産を役割分担し，連携して生産している
④働く人が優れた技術を研修などで高めながら生産している
⑤社会の課題や消費者ニーズなどを見据えて研究して生産している
⑥原料を外国から輸入し製品を輸出するなど世界とつながって生産している

●学習のまとめの例（子どもが自分で文章でまとめるため他にも考えられる）

つまり，○○工場では，人やロボットなどが協力した優れた技術を生かした大量生産の仕組みと，中小工場との連携によって，社会や消費者のニーズを踏まえた自動車を大量に生産し，国内や外国に出荷している。

図 3.6　単元の学習のまとめイメージ

1 時間（コマ）の学習のまとめ（①〜⑤）を束ねて話し合い，単元の学習問題に対する結論をまとめるイメージである。

一方で，イは次のようにさまざまなまとめが考えられる。

> ・授業の始めのころの自分の予想や考えを振り返る。
> ・調べたり話し合ったりした学習活動を振り返る。
> ・社会の在り方や自分の生活の仕方などを振り返る。

これらのことから実際の授業では「振り返り」として捉えることが多い。

1 時間（コマ）ごとの「学習のまとめ」においても，ア「分かったことのまとめ」とイ「自分の学習状況への振り返り」は混同されやすい面がある。めあてに対するまとめがないまま振り返りと称して感想のような表現でまとめるようにすると，「問題→解決」とはならないことが多い。そのため，1 時間（コマ）で両方の表現を求める場合には，**図 3.7** のワークシート例のように意図的に区分して表現させるようにする方法も見られる。

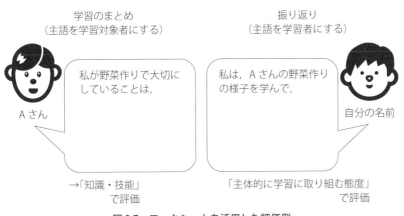

学習のまとめ
（主語を学習対象者にする）

A さん

私が野菜作りで大切に
していることは，

→「知識・技能」
で評価

振り返り
（主語を学習者にする）

私は，A さんの野菜作り
の様子を学んで，

自分の名前

「主体的に学習に取り組む態度」
で評価

図 3.7　ワークシートを活用した評価例

(2) 白地図などにまとめる

　白地図を使ったまとめは，学校の周りにある消火施設・設備の種類と位置，飲料水が送られて来る経路，農業や工業における生産物の種類や生産額など地理的な内容以外にもさまざま行われる。まとめ方についても，土地の高低や土地利用の様子などを色分けする，国や都市の名称や様子を書き込む，複数の場所を矢印で結びつながりの説明を書き込む，印やシールを貼り分布や広がりをまとめる，調べたことやイラストなどを関係する場所に貼付するなどさまざま見られる。

　白地図以外にも年表や図表を使ったまとめが行われる。年表のまとめは，市の様子の移り変わり，文化財や行事が受け継がれてきた経緯，先人の取組や努力など，日本の歴史以外にもさまざま行われる。図表へのまとめは，調べたことを整理するための表，ベン図，関係図（相互関係を矢印などで説明するもの），概念図などさまざまなものが見られる。

(3) 作品にまとめる

　その他にも，新聞，リーフレット，ガイドブック，カルタ，○○カードなどさまざまなまとめ方が見られる。そうしたまとめ方の特徴としては，必要な事項の選別，自分の考えの整理，伝えたいことの強調など，作品化の意図をもつことが期待されることである。新聞の見出しを考えることで概念化が図られたり社説を書くことで自分の考えを確認したり，ガイドブックやリーフレットにまとめることでその事象の特色やよさに気付いたりすることなどを例として挙げることができる。

　留意点としては，その方法でまとめる必然性を子どもが感じられるようにすることである。新聞はニュースとして新しい情報を知らせること，ガイドブックは外部の人を案内すること，双六はつながりを整理すること，○○カードは

☞ 研究のポイント
社会科においては，学習のまとめと振り返りの区別をしておくことが大切である。そのためには，教師による問いかけを研究するとよい。例えば，単元の学習のまとめにおいては，「学習問題についてまとめましょう」という形式的な指示ではなく，「どのような人々の働きが重要な役割を果たしていたのかをよく考えてまとめましょう」などと社会的事象の特色や意味を考えてまとめるように問いかける。また例えば，振り返りにおいては，「振り返りを書きましょう」ではなく，「立場に分かれて話し合って学べたことは何か，振り返りましょう」などと問いかける。このように，問いかけに対する「反応」を表現させると学習のまとめと振り返りの違いが明確になる。

情報交換することなど，目的に即したまとめ方を選ぶことであり「始めにまとめ方ありき」とならないようにすることである。

3.5 「いかす」

本書では，「いかす」段階を「まとめる」段階に含めその派生形として説明している。ここでは，「いかす」という趣旨の段階に多く見られる「めあて」や「学習活動」について述べる。「いかす」は1時間（コマ）の学習過程にはあまり見られず単元の学習過程に多く見られる。

(1)「いかす」を加える意図

「いかす」とは「それまでに学習したことを生（活）かす」という趣旨である。その類型とねらいについては次のようにまとめることができる。

① 学習したことを基に「新たな問い」を設定する

本章の「3.1」で述べた「新たな学習過程の典型例」である。それまでに学習したことを基にして実社会に見られる課題を把握し，その解決に向けて「自分たちはどんなことに協力できるか」「今後，何（どちら）を優先すべきか」などのめあてで，社会への関わり方を選択・判断したり，「これからは誰（どんな立場の人々）が何をすべきか」「それぞれの立場でどのような連携が必要か」などと多角的に考えたりすることを通して，子どもたちの学びが実社会につながることをねらうものである。

② 学習成果を他者に伝える

作品にまとめたり提案文書を作成したりして，学習したことの価値にせまるとともに，実際に社会に関わる活動を組み込んで，社会や社会的事象への関心を高めることねらうものである。ガイドブックやリーフレットなどの作品にまとめるケースでは，調べた社会的事象のよさや価値を自覚することをねらうことが多い。また，行政の関係者などに課題の解決策を提案するケースでは，社会に参画する意識や意欲の高まりをねらうことが多い。

③ 問い直したり視野を広げたりする

「本当にそうか」「なぜそう言えるか」「～であるのになぜ～か」などのめあてで，それまでに学習したことの「問い直し」を行い，さらに深く考えさせる例も見られる。これらは，事実をもう一度見つめ直し曖昧な理解を確かな理解へと成長させるために，学習問題のまとめ（結論づくり）の充実を図ることをねらうものである。

「それで結論といえるか」「他の地域ではどうか」などのめあてで，視点や事例を変えたり加えたりして調べ，視野を広げることをねらう例も見られる。限

られた事象を基にした知識の転移・応用を図り，概念的な知識の形成へと促す
ものである。ただし，こうした例では単元としての時間数の制限が課題になる
ことが多い。

(2) 「いかす」を加える際の留意点

「いかす」を加えた学習過程では，学習内容および学習活動の充実が期待できる。その一方で次のように留意すべき事項もある。

① 単元の時間数

「まとめる」で終わる単元に比べて時間数が多くなる。社会科の年間授業時数は法令で定められており，複数の単元を年間で配列している。そのため，すべての単元に「いかす」を加えると考えるのではなく，社会科としてのカリキュラム・マネジメントが必要である。2017年版学習指導要領の「内容の取扱い」において「選択・判断する」ことや「多角的に考える」ことが示されているかどうかを基準にするなど，先に述べたねらいとの関連で考える方法もある。

② 学習内容の難易度

「学習したことを基に」「社会に参画」したり「転移・応用して概念化」したりするのであるから，当然，学習内容の難易度は前半よりは上がることが多い。子どもにとって過度の負担にならないよう留意する必要がある。教師の独りよがりになり子どもが学習についてこれない状況は避けたい。

③ 総合的な学習の時間との棲み分け

実社会と関わる活動が多くなることも想定される。その場合，総合的な学習の時間との棲み分けに留意する必要がある。それぞれの目標をよく勘案することである。

［澤井 陽介］

＊年間授業時数
各教科等の「年間標準（授業）時数」は学校教育法施行規則に定められている。小学校社会では，現在第3学年70，第4学年90，第5学年100，第6学年105と定められている。各学校がこの時数を越えた教育課程を作成することは許容されている。

学習評価

4.1 学習評価の意義

　"学習評価"と聞くと，どのようなことをイメージするだろうか。評価＝テストや成績と考える人も少なくないと思う。学習評価を学習指導に生かしていくには，その意義や方法を十分に理解することが大切である。

　中央教育審議会答申 (2016)* では学習評価について以下のように述べられている。

> 　学習評価は，学校における教育活動に関し，子供たちの学習状況を評価するものである。「子供たちにどういった力が身に付いたか」という学習の成果を的確に捉え，教員が指導の改善を図るとともに，子供たち自身が自らの学びを振り返って次の学びに向かうことができるようにするためには，この学習評価の在り方が極めて重要であり，教育課程や学習・指導方法の改善と一貫性を持った形で改善を進めることが求められる。

　つまり，学習評価には，子どもの学習状況を的確に捉えて評価することにより，「子どもたちの学習改善」につながるようにする側面と「教師の指導改善」につながるようにする側面という二つの意義があることが分かる。

　さらに，2017 年版学習指導要領総則第 1 章第 3 の 2「学習評価の充実」の (1) では，「児童のよい点や進歩の状況などを積極的に評価し，学習したことの意義や価値を実感できるようにすること。また，各教科等の目標の実現に向けた学習状況を把握する観点から，単元や題材など内容や時間のまとまりを見通しながら評価の場面や方法を工夫して，学習の過程や成果を評価し，指導の改善や学習意欲の向上を図り，資質・能力の育成に生かすようにすること。」(一部抜粋・下線筆者) と示されている。

　評価に当たっては，いわゆる評価のための評価に終わることなく，教師が児童のよい点や進歩の状況などを積極的に評価し，児童が学習したことの意義や価値を実感できるようにすることで，自分自身の目標や課題をもって学習を進めていけるように，評価を行うことが大切なのである。

　中央教育審議会初等中等教育分科会教育課程部会「児童生徒の学習評価の在り方について (報告)」(以下，中央教育審議会 (2019)) では，これまでの学習評価について指摘されている課題**を五つに整理して示すとともに，学習評価を真に意味のあるものとするため，その在り方を 3 点で示している。

> ①児童生徒の学習改善につながるものとすること。
> ②教師の指導改善につながるものとすること。
> ③これまで慣行として行われてきたことでも，必要性・妥当性が認められ
> ないものは見直していくこと。　　　　　　　　　　　　（下線筆者）

　ここからも，学習評価は，「児童の学習改善」につながる側面と「教師の指導改善」につながる側面が重要であることがまとめられている。

4.2　評価の観点とその趣旨

　2017年版学習指導要領では，すべての教科等において，教育目標や内容を，資質・能力の三つの柱に基づき再整理した。そして，**目標に準拠した評価**をさらに進めていくため，こうした教育目標や内容の再整理を踏まえて，**観点別評価**については，小・中・高等学校の各教科を通じて，「知識・技能」「思考・判断・表現」「主体的に学習に取り組む態度」の3観点に整理している。

　これを受け，社会科における「知識・技能」「思考・判断・表現」「主体的に学習に取り組む態度」の3観点の趣旨を整理すると以下のようになる。

【知識・技能】

　社会科の学習を通して子どもが獲得する知識とは，例えば，用語などはもとより資料など調べて分かる社会的事象の様子についての具体的な知識と調べてまとめたものを基にして考えて分かる汎用性のある概念的な知識のことであり，これらは，地域や我が国の地理的環境，地域や我が国の歴史や伝統と文化，現代社会の仕組みや働きを通して，「社会生活についての総合的な理解を図るためのもの」である。また，子どもが身に付ける技能とは，具体的には，調査活動や諸資料の活用など手段を考えて問題解決に必要な社会的事象に関する情報を集める技能，集めた情報を「社会的事象の見方・考え方」に沿って読み取る技能，読み取った情報を問題解決に沿ってまとめる技能などであると考えられる。

【思考・判断・表現】

　社会科の学習を通して，子どもたちが身に付ける思考力，判断力，表現力は，社会的事象の特色や相互の関連，意味を多角的に考える力，社会に見られる課題を把握して，その解決に向けて社会への関わり方を選択・判断する力であり，考えたことや選択・判断したことを適切に表現する力である。

【主体的に学習に取り組む態度】

　社会科の学習を通して身に付ける態度は，教科目標に基づいて考えると，「よりよい社会を考え主体的に問題解決しようとする態度」ということになる。

＊目標準拠評価
学習指導要領に示す目標に照らしてその実現状況を評価する方法。平成13（2001）年の指導録等の改善通知により，観点別学習状況に加え，評定についても，目標に準拠した評価に改められている。それまでは，評定も，集団に準拠した評価を中心に行うこととされていた。

＊＊観点別学習状況評価
児童生徒の各教科における学習の状況を分析して評価したもの。学習指導要領に示された目標に照らして，各教科の学習内容を3観点「知識・技能」「思考・判断・表現」「主体的に学習に取り組む態度」に分け，それぞれの観点ごとに学習の状況を分析して評価する。

＊＊＊社会科の教科目標については，第2章pp.12-13を参照のこと。

また，「地域社会に対する誇りと愛情，地域社会の一員としての自覚，我が国の国土と歴史に対する愛情，我が国の将来を担う国民としての自覚，世界の国々の人々と共に生きていくことの大切さについての自覚など」については，社会的事象についての多角的な思考や理解を通して涵養されるものであり，長期的に子どもの学習状況を見取ることが重要となる。

表4.1　小学校社会科の観点とその趣旨

観点	趣旨
知識・技能	地域や我が国の国土の地理的環境，現代社会の仕組みや働き，地域や我が国の歴史や伝統と文化を通して社会生活について理解しているとともに，様々な資料や調査活動を通して情報を適切に調べまとめている。
思考・判断・表現	社会的事象の特色や相互の関連，意味を多角的に考えたり，社会に見られる課題を把握して，その解決に向けて社会への関わり方を選択・判断したり，考えたことや選択判断したことを適切に表現したりしている。
主体的に学習に取り組む態度	社会的事象について，国家及び社会の担い手として，よりよい社会を考え主体的に問題解決しようとしている。

4.3　単元の評価規準，具体の評価規準をつくる

学習指導要領に示された社会科の**「内容のまとまり」**は，複数の内容に分かれ，その内容ごとに単元を構成するものがほとんどである。

表4.2　小学校社会科の内容のまとまり

〔第3学年〕 (1) 身近な地域や市区町村の様子 (2) 地域に見られる生産や販売の仕事 (3) 地域の安全を守る働き (4) 市の様子の移り変わり 〔第4学年〕 (1) 都道府県の様子 (2) 人々の健康や生活環境を支える事業 (3) 自然災害から人々を守る活動 (4) 県内の伝統や文化，先人の働き (5) 県内の特色ある地域の様子	〔第5学年〕 (1) 我が国の国土の様子と国民生活 (2) 我が国の農業や水産業における食料生産 (3) 我が国の工業生産 (4) 我が国の産業と情報との関わり (5) 我が国の国土の自然環境と国民生活との関連 〔第6学年〕 (1) 我が国の政治の働き (2) 我が国の歴史上の主な事象 (3) グローバル化する世界と日本の役割

国立教育政策研究所からは，「内容のまとまりごとの評価規準」が参考資料として示されているが (2020年3月)，それをそのまま活用するのではなく，単元ごとに単元構成や学習過程に沿った具体的な評価規準を作成していくことになる。以下に作成のポイントを示してみる。

【知識・技能】[*]

社会科の「知識・技能」としては，「～を調べ，～まとめ，～理解している」という知識と技能を関連付けて捉えて評価することが大切である。それは，社

*知識・技能の評価規準
評価場面によっては，知識を中心に学習状況を捉える場面や，技能を中心に学習状況を捉える場面があり得ることにも留意することが大切である。

会科は，資料を集めて読み取り社会的事象の様子を具体的に理解すること，また，調べまとめたことを基に考え，社会的事象の意味や特色を理解することが大切だからである。

そこで，学習過程に沿って，

> ①調べて，必要な情報を集め，読み取り，社会的事象の様子について具体的に理解しているか
> ②調べたことを文などにまとめ，社会的事象の特色や意味などを理解しているか

という学習状況を捉えるよう，評価規準を作成する。

【思考・判断・表現】*

　　思考・判断・表現は従前通り一体のものとして評価規準を作成する。

　見方・考え方を働かせて資質・能力の育成を図る観点から，「～着目して，問いを見いだし，～考え表現する」という「追究場面」における評価と，「～比較・関連付け，総合などして，～考えたり，学習したことを基にして，選択・判断したりして表現する」という，社会的事象の特色や相互の関連，意味を多角的に考えたり，社会に見られる課題を把握して，その解決に向けて社会への関わり方を選択・判断したりする「解決場面」における評価について評価規準を作成する。

　そこで，学習過程に沿って，

> ①社会的事象に着目して，問いを見いだし，社会的事象の様子について考え表現しているか
> ②比較・関連付け，総合などして社会的事象の特色や意味を考えたり，学習したことを基に社会への関わり方を選択・判断したりして，適切に表現しているか

という学習状況を捉えるよう，評価規準を作成する。

【主体的に学習に取り組む態度】

　主体的に学習に取り組む態度については，知識及び技能や，思考力，判断力，表現力等を身に付けることに向けて粘り強い取組を行おうとする側面と，粘り強い取組を行う中で自らの学習を調整しようとする側面について，「主体的に学習に取り組む態度」として評価規準を作成する。

　また，各学年目標においては，社会的事象について，「主体的に学習の問題を解決しようとする態度」と「よりよい社会を考え学習したことを社会生活に生かそうとする態度」と示されている。つまり，社会科の「主体的に学習に取り組む態度」としては，社会的事象について，見通しを立てたり，それを見直

*思考・判断・表現の評価規準
単元によっては「社会への関わり方を選択・判断する場面」が設定されていない場合も考えられるため，②は「考えたり，（中略）選択・判断したり」と示していることに留意し，単元の学習活動に応じて適切に文言を選びながら評価規準を設定することが大切である。

したりして学習の問題を追究・解決する「主体的に問題解決しようとする態度」と学習したことを基に，自分たちにできることなどを考えようとしたり選択・判断しようとしたり，さまざまな立場から多角的に発展を考えようとしたりする「よりよい社会を考え学習したことを社会生活に生かそうとする態度」という「社会的な態度」の二つの態度を評価していくことになる。

　そこで，学習過程に沿って，二つの態度を，

> ①社会的事象について，予想や学習計画を立て，学習を振り返ったり見直したりして，学習問題を追究・解決しようとしているか
> ②よりよい社会を考え学習したことを社会生活に生かそうとしているか

という学習状況を捉えるよう評価規準を作成する。

　このような評価規準作成のポイントのもと，学習指導要領の内容に関する記載事項，内容の取扱い，観点の趣旨を踏まえ，学習指導要領解説の記載事項を参考に，内容についてより具体的に示すよう単元の評価基準を作成する（表4.3）。

表4.3　単元の評価規準の基本形

※学習指導要領は，以下のような構造で示されている
⑴　Aについて，学習の問題を追究・解決する活動を通して，次の事項を身につけることができるよう指導する。
　　ア　次のような知識や技能を身に付けること
　　（ア）　Bを理解すること
　　（イ）　Cなどで調べて，Dなどにまとめること
　　イ　次のような思考力，判断力，表現力等を身に付けること
　　（ア）　Eなどに着目して，Fを捉え，Gを考え，表現すること

知識・技能	思考・判断・表現	主体的に学習に取り組む態度
①EなどについてCなどで調べて，必要な情報を集め，読み取り，Fを理解している。②調べたことをDや文などにまとめ，Bを理解している	①Eなどに着目して，問いを見いだし，Fについて考え表現している。②○と○を（比較・関連付け，総合など）してGを考えたり，学習したことを基に社会への関わり方を選択・判断したりして，適切に表現している。	①A（に関する事項）について，予想や学習計画を立て，学習を振り返ったり見直したりして，学習問題を追究し，解決しようとしている。②よりよい社会を考え，学習したことを社会生活に生かそうとしている。

＊中央教育審議会 (2019) p.8, 9, 13より一部抜粋

＊＊形成的評価
形成的評価は，学習指導の過程で行われる評価である。授業中の子どもの学習状況を捉え，その状況が学習のねらいを実現できているかどうかを点検し，必要に応じて指導方法を改善していくなど，指導と一体化した評価活動である。アメリカの教育心理学者B.S.ブルームがマスタリー・ラーニングの理論において提唱した。

4.4　多様な評価方法

　中央教育審議会（2019）は，2017年版学習指導要領に示された資質・能力を踏まえた評価方法の工夫改善を進めることが重要として，各観点の評価方法についても示している。以下，3観点について抜粋して示す[＊]。その活用にあたっては，一人ひとりの学びの多様性に応じて，学習の過程における**形成的な評価**^{＊＊}を大切にしていきたい。

【知識・技能】

具体的な評価方法としては，ペーパーテストにおいて，事実的な知識の習得を問う問題と，知識の概念的な理解を問う問題とのバランスに配慮するなどの工夫改善を図るとともに，例えば，児童生徒が文章による説明をしたり，各教科等の内容の特質に応じて，観察・実験をしたり，式やグラフで表現したりするなど実際に知識や技能を用いる場面を設けるなど，多様な方法を適切に取り入れていくことが考えられる。

【思考・判断・表現】

具体的な評価方法としては，ペーパーテストのみならず，論述やレポートの作成，発表，グループでの話合い，作品の制作や表現等の多様な活動を取り入れたり，それらを集めたポートフォリオを活用したりするなど評価方法を工夫することが考えられる。

【主体的に学習に取り組む態度】

具体的な評価の方法としては，ノートやレポート等における記述，授業中の発言，教師による行動観察や，児童生徒による自己評価や相互評価等の状況を教師が評価を行う際に考慮する材料の一つとして用いることなどが考えられる。その際，各教科等の特質に応じて，児童生徒の発達の段階や一人一人の個性を十分に考慮しながら，「知識・技能」や「思考・判断・表現」の観点の状況を踏まえた上で，評価を行う必要がある。したがって，例えば，ノートにおける特定の記述などを取り出して，他の観点から切り離して「主体的に学習に取り組む態度」として評価することは適切ではないことに留意する必要がある。

また，国立教育政策研究所による「「指導と評価の一体化」のための学習評価に関する参考資料」には，多様な評価方法として第6学年の内容を基に，ワークシート，ノートの記述，関係図，作品などの評価方法の工夫例を社会科の特質に応じて位置付け，実際の評価資料と評価の在り方について表4.4のように事例を示している。

表4.4　多様な評価方法の事例

観点	評価資料	活動
知識・技能	ノート記述	資料から読み取ったことをまとめる
知識・技能	関係図と説明文	学習したことを基に図と分でまとめる
思考・判断・表現	ノート記述と発言	問いを見いだす
思考・判断・表現	ワークシートの記述	討論を基に自分の考えを書く
主体的に学習に取り組む態度	ノート記述	学習計画を立てる
主体的に学習に取り組む態度	ワークシートの記述	学習したことを基に自分の考えを書く

（出所）国立教育政策研究所（2020）pp.70-75 より作成

4.5　指導と評価の一体化

　学習評価は児童の学習状況を把握して指導に生かすことを基本としている。一方で，法定の表簿である児童指導要録における「評定 (3, 2, 1)」を定めるための**評価資料**を集める趣旨から，ABCの評価を定めて記録する必要もある。すなわち，学習評価には「評価したことを指導に生かす」と「評価したことを記録に残す」という二つの側面がある。

　「評価したことを指導に生かす」ことは，毎時間行う。児童一人ひとりの学習状況を把握して，指導に生かすためには，評価規準に照らして，「どのような評価資料から，どのような具体的な姿を捉えるのか」という評価方法を明確にしておく必要がある。学習状況を具体的に捉えるために「～ (評価資料) から，『～しているか』を評価する」という記述でまとめるとよい。『～しているか』という姿をあらかじめ具体的に想定しておくことで，「努力を要する」すなわち「～していない」と評価せざるを得ない児童への指導の手立てが明確になるからである。

＊評価資料
評価規準に基づいて，子どもの学習状況を捉えるための資料のこと。ノートの記述内容，ワークシートへの記述内容，作品，関係図，年表，発言など。

表 4.5　具体的な評価規準の例

【知識・技能】ノートや見学カードへの記述内容<u>から</u>「必要な情報を集め，読み取り，燃えるごみを処理する仕組みなどについて理解<u>しているか</u>」を評価する。

　「評価したことを指導に生かす」ことは，基本的に毎時間行うが，その中で特に指導した結果としての評価資料をすべての児童から収集する場面を重点的に設定し，「評価したことを記録に残す」場面とする。

　「評価したことを記録に残す」ことは，「指導と評価の一体化」の観点から，単元の目標に沿って指導した結果が表れる場面が考えられる。そのため，評価資料を集めて**ABCを定める**場面は，単元の後半に多くなると考えることができる。ただし，「評価資料は必ず単元後半で集め，単元前半では集めない」などと固定的には考えず，柔軟に計画することが大切である。単元の学習全体を見据えて，三つの資質・能力を意図的・計画的に養うよう指導し，指導した結果を評価資料とすることを基本とし，単元の前半において評価資料を集める場合には，目標に沿って丁寧に指導したうえで，その結果を評価資料とする必要がある。

＊＊ ABCを定める
評価したことを記録に残す場面では，評価規準に照らして「十分満足できる」状況 (A)，「おおむね満足できる」状況 (B)，「努力を要する」状況 (C) の3段階で評価した。それ以外の評価場面では，評価規準に照らして「努力を要する」状況 (C) と判断した児童への指導や支援を行うことが重要。

　また，学習評価を無理なく，効果的に進めていくためにも「学習評価場面の精選」が求められる。前述の「児童生徒の学習評価の在り方について (報告)」(中央教育審議会，2019) では，「毎回の授業ではなく原則として単元や題材など内容や時間のまとまりごとに，それぞれの実現状況を把握できる段階で行う」と示されている。基本的に1時間1観点で学習状況を捉えるようにし，単元全

体を通してすべての観点で学習状況を捉えられるように構成することが考えられる。

　日々の授業の中で児童の学習状況を適宜把握して指導の改善に生かすことに重点を置くことが重要であり，記録を集めることに終始して，必要な指導や支援を行わないまま一方的に評価をするようなことがないようにしなければならない。

表 4.6　観点別評価の総括 *

	評価基準　[　]内数字は時数を表す	Y児	U児	M児
知識・技能	【知―①】［③④］			
	【知―①】［⑤］			
	【知―②】［⑨］	A	B	B
	単元の総括的な評価	A	B	B
思考・判断・表現	【思―①】［①］			
	【思―①】［⑦］			
	【思―②】［⑧］	A	B	B
	【思―②】［⑩］			
	単元の総括的な評価	A	B	B
主体的に学習に取り組む態度	【態―①】［②］			
	【態―①】［⑥］	A	B	C
	【態―②】［⑩］	A	A	B
	単元の総括的な評価	A	B	B

＊観点別評価の総括
表の空欄部分は，評価したことを記録に残すことを重視せず，児童の学習状況を見取り，指導に生かし，学習改善や指導改善につないだ時間を意味している。評価が記入されている部分は，評価したことを指導に生かしつつ，評価したことを記録に残す時間を意味している。

　社会科に限らず，各教科の評価については，学習状況を分析的に捉える観点別学習状況の評価と，これらを総括的に捉える評定の両方について，学習指導要領に定める目標に準拠した評価として実施するものとされている。

　しかし，学習指導を通じて，観点別学習状況の評価や評定には示しきれない子どもたち一人ひとりの良い点や可能性，さらには進歩が見えてくる。子どもたちが意欲的に学習を進め，学びに向かう力を育んでいくうえでも，大切に評価したい点である。これらについては，観点別評価とは別に，個人内評価として実施していくことを継続していきたい。

[小倉　勝登]

☞ 研究のポイント
小学校の学習評価の基本である「目標に準拠した評価」「観点別評価」の特色についてまとめてみよう。また，子どもたちに資質・能力を育んでいくためには，学習過程における「診断的評価」「形成的評価」「総括的評価」が重要である。それぞれ1単元の学習過程において，どのような場面で何を目的に行われるのか整理してみよう。

学習指導案をつくる

5_章

5.1　学習指導案を構成する要素

　授業は意図的・計画的な営みである。学習指導案とは，子どもが学習目標を習得しやすいように指導者が工夫する計画のことであるが，『社会科教育指導用語辞典』(教育出版，1993 年) 等による解釈を総合すると次のように説明することができる。

> 　学習指導案とは，授業前に授業の結果を予想してまとめた授業計画のことである。一つの単元 (題材) や 1 単位時間分の青写真として詳細に書いたものを細案と呼び，簡略化したものを略案と呼ぶ。教師の意図的な計画に基づいて作成される学習指導案は，単なるプランではなく学習のシステム化を図り，子どもの側に立った学習プロセスを設計したものである。

　一方，『解説 (総則編)』(2017) では，授業改善の推進に向けて取り組む留意点の一つとして次のことが示された。

> 　1 回 1 回の授業ですべての学びが実現されるものではなく，単元や題材など内容や時間のまとまりの中で，学習を見通し振り返る場面をどこに設定するか，グループなどで対話する場面をどこに設定するか，児童生徒が考える場面と教師が教える場面をどのように組み立てるかを考え，実現を図っていくものであること。

　これらを踏まえると，社会科の学習指導案においては，内容や時間のまとまりとしての単元を通して，子どもが学習目標に到達できるよう子どもの思考の流れを大切にした学習プロセスを描くことが重要になる。
　さらに，『解説 (社会)』(2017) では，指導計画作成上の配慮事項の冒頭に次のことが示されている。

> 　単元など内容や時間のまとまりを見通して，その中で育む資質・能力の育成に向けて，児童の主体的・対話的で深い学びの実現を図るようにすること。その際，問題解決への見通しをもつこと，社会的事象の見方・考え方を働かせ，事象の特色や意味などを考え概念などに関する知識を獲得すること，学習の過程や成果を振り返り学んだことを活用することなど，学習の問題を追究・解決する活動の充実を図ること。

*概念などに関する知識
『解説 (社会)』(2017) では，社会科学習を通して子どもの獲得する知識について次のように記している。
「主として用語・語句などを含めた具体的な事実に関する知識を習得することにとどまらず，それらを踏まえて社会的事象の特色や意味など社会の中で使うことのできる応用性や汎用性のある概念などに関する知識を獲得するよう，問題解決的な学習を展開することが大切である。」
このように，概念的知識とは，暗記して獲得されるものではなく，子ども自身が問題解決的な学びの中で見いだし，自身の言葉で表現することで獲得されるものである。

つまり，社会科の学習では，単元を通して学習の問題を追究・解決する活動の充実を図ることが重要であり，その学習過程において「問題解決への見通しをもつこと」「社会的事象の見方・考え方を働かせること」「事象の特色や意味など**概念などに関する知識**を獲得すること」に配慮して必要な資質・能力を確実に育む必要があるのである。

したがって，これからの社会科の学習指導案は，教師の意図的な計画を子どもの側に立った学習プロセス―学習の問題を追究・解決する活動―として設計し，子どもが獲得した具体的な事実に関する知識をつなぎ，最終的に概念などに関する知識を獲得していけるよう構成していくことがより重要になる。学習指導案に決まった形式はないが，指導する単元についての授業者の考え方とあわせて，目標や指導内容・方法，評価が明確で，単元を通して子どもの思考の流れを十分に踏まえた計画になっていることが大切になる。

学習指導案を構成する要素としては，基本的に**図5.1**のようなことが挙げられる。なお，学習指導要領に示される各学年の内容を一つのまとまりとして単元としているが，社会科の場合，その内容を子どもが学びやすいように分け，小単元として学習することが多いので，ここでは小単元の例を示す。

**内容のまとまり
4章，p.44を参照。

***小単元
学習指導要領に示されている内容を問題解決過程のひと括りなどを基に区分して構成した単元のこと。例えば，第5学年の内容（3）「我が国の工業生産」では，「我が国の工業生産の概要」「工業生産の盛んな地域」「貿易や運輸」など，学習指導要領の内容（ア）（イ）（ウ）を受けて三つの小単元で構成される例や，さらに「これからの工業生産」といった内容を加えて4つの小単元で構成されている例などがあり，小単元の数に決まりはない。多くの場合，教科書会社や各学校の指導計画作成の工夫によって構成されている。

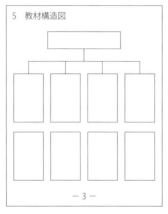
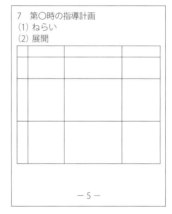

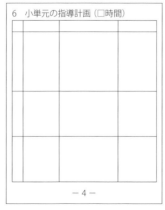

図 5.1　学習指導案のフォーマット例

5.2 小単元の目標と評価規準

(1) 目標をつくる

　小単元の目標をつくるにあたっては，『解説（社会）』や子どもや学校の実態を踏まえて，次のような手順ですすめる。

① 学年の目標や該当する内容を読み，その内容が小単元を設定するにあたってどのような構成になっているかを理解する。

② 内容に書かれている小単元で子どもに育てる三つの資質・能力について，解説文を読みながら，具体的にどのような指導でどのような資質・能力を育てることなのかを理解する。

③ 内容の終末にある「内容の取扱い」を読み，小単元の指導に当たっての配慮事項を理解する。

④ 子どもの実態や各学校の計画を踏まえて育成する資質・能力を確認する。

⑤ 小単元の目標を文章化する。

　ここからは，第5学年の内容 (5) にあたる「自然災害についての学習」を例に，小単元の目標をつくる過程を説明する。

　まず，内容 (5) の構成を確認する。

---

(5) 我が国の国土の自然環境と国民生活との関連について，学習の問題を追究・解決する活動を通して，次の事項を身に付けることができるよう指導する。

　ア　次のような知識及び技能を身に付けること。

　(ア) 自然災害は国土の自然条件などと関連して発生していることや，自然災害から国土を保全し国民生活を守るために国や県などが様々な対策や事業を進めていることを理解すること。

　(イ) 森林は，その育成や保護に従事している人々の様々な工夫と努力により国土の保全など重要な役割を果たしていることを理解すること。

　(ウ) 関係機関や地域の人々の様々な努力により公害の防止や生活環境の改善が図られてきたことを理解するとともに，公害から国土の環境や国民の健康な生活を守ることの大切さを理解すること。

　(エ) 地図帳や各種の資料で調べ，まとめること。

　イ　次のような思考力，判断力，表現力等を身に付けること。

　(ア) 災害の種類や発生の位置や時期，防災対策などに着目して，国土の自然災害の状況を捉え，自然条件との関連を考え，表現すること。

　(イ) 森林資源の分布や働きなどに着目して，国土の環境を捉え，森林資源が果たす役割を考え，表現すること。

　(ウ) 公害の発生時期や経過，人々の協力や努力などに着目して，公害防止の取組を捉え，その働きを考え，表現すること。

①自然災害についての学習
②森林についての学習
③公害についての学習

内容 (5) は，我が国の国土の自然環境と国民生活との関連について学ぶように なっている。実際に指導する場合には，次の三つの小単元で学習指導案を作成することになる。関連する箇所は以下のとおりである。

　①自然災害についての学習……アの (ア) および (エ) とイの (ア)

　②森林についての学習…………アの (イ) および (エ) とイの (イ)

　③公害についての学習…………アの (ウ) および (エ) とイの (ウ)

　アの (エ) は，技能についての記述で，三つの小単元に共通している。

　アには知識・技能，イには思考力・判断力・表現力等に関することが書かれている。学びに向かう力・人間性等については，各内容には書かれていないが，各学年の目標の (3) がそれにあたるので，それぞれの内容を指導するにあたって，指導者はそれを十分に理解しておく必要がある。

　次に，内容 (5) の「内容の取扱い」を確認する。

☞ **研究のポイント**
よりよい学習指導案を作るために
学習指導要領の各学年の内容がどのような構成になっているかを確認する。また，その内容がどのように指導することになっているのかを，「内容の取扱い」を読んで理解する。
そのうえで子どもが使用している教科書がどのような構成になっているかを確認すると学習指導要領についての理解が深まる。

> (5) 内容の (5) については，次のとおり取り扱うものとする。
> ア　アの (ア) については，地震災害，津波災害，風水害，火山災害，雪害などを取り上げること。
> イ　アの (ウ) 及びイの (ウ) については，大気の汚染，水質の汚濁などの中から具体的事例を選択して取り上げること。
> ウ　イの (イ) 及び (ウ) については，国土の環境保全について，自分たちにできることなどを考えたり選択・判断したりできるよう配慮すること。

　アは，自然災害についての学習に関わる項目である。学習指導計画を作成する場合には，ここに書かれている国土で発生するさまざまな自然災害を扱うことになる。これらを踏まえて，①の自然災害の学習 (アの (ア) および (エ) とイの (ア)) について，内容 (5) の文言を使って，一つの文で小単元の目標をつくる場合の基本的な考え方を示す。

〈小単元の目標〉
　我が国の自然災害について，災害の種類や発生の位置や時期，防災対策
　　　　　　　　　　　（学習対象）
などに着目して，地図帳や各種の資料で調べ，まとめ，公害防止の取組を
（着目すること）　　　　　　　　　　　　　　　　（技能に関すること）
捉え，その働きを考え，表現することを通して，自然災害は国土の自然条
（思考力，判断力，表現力等に関すること）
件などと関連して発生していることや，自然災害から国土を保全し国民生
（知識に関すること①）　　　　　　　　　　　　　　（知識に関すること②）
活を守るために国や県などが様々な対策や事業を進めていることを理解で
　　　　　　　　　　　　　　　　　　　　　　　　　　＊文末を
きるようにするとともに，主体的に学習問題を追究・解決しようとする態
～できるにする。（学びに向かう力，人間性等に関すること　＊このアンダーラインの文言は，
度を養う。
どの小単元にも入れる。）

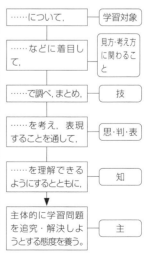

◆目標を一文にした時に使用する表現とそこで示される内容の流れ

……について，	学習対象
……などに着目して，	見方・考え方に関わること
……で調べ，まとめ，	技
……を考え，表現することを通して，	思・判・表
……を理解できるようにするとともに，	知
主体的に学習問題を追究・解決しようとする態度を養う。	主

ここでは，小単元で子どもに育てる資質・能力を総括的に一文で書き，評価規準において，資質・能力別に学習活動に応じてその具体を書くことにした。

　「問題解決に必要な技能を用いて考え，判断，表現し，概念的な知識を身に付け，主体的に学習問題を追究・解決しようとする態度を養う」というのが目標の書き方の基本的な流れである。[*]

＊なお，小単元の目標の描き方については，決まりがあるわけではなく，三つの資質・能力に分けて書くなどの方法もある。

(2) 評価規準をつくる

　評価規準のつくり方の手順については，学習評価全般についての考え方とともに，すでに本書の第4章で説明した通りである。授業レベルでいえば，小単元の目標に基づいて資質・能力の実現状況が評価（評価規準）される指導がなされることによって，指導と評価の一体化が図られることになる。

　小単元の目標と評価規準は，図5.2のように対応している。

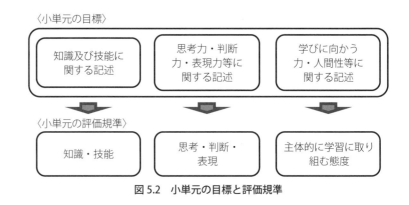

図5.2　小単元の目標と評価規準

　①の自然災害の学習における評価規準例は表5.1のようになる。

表5.1　自然災害の学習における評価基準例

ア　知識・技能	イ　思考・判断・表現	ウ　主体的に学習に取り組む態度
①災害の種類や発生の時期，防災対策などについて，地図帳や各種資料で調べて，必要な情報を集め，読み取り，国土の自然災害を理解している。 ②調べたことを白地図や文などにまとめ，自然災害は国土の自然条件などと関連して発生していることや，自然災害から国土を保全し国民生活を守るために国や県などが様々な対策や事業を進めていることを理解している。	①災害の種類や発生の時期，防災対策などに着目して，問いを見いだし，国土の自然災害について考え，表現している。 ②自然災害と国土の自然条件や対策を関連付けて考えたり，学習したことを基に<u>国民一人一人の防災意識を高めることが大切であることに気付いた</u>りして[**]適切に表現している。	①我が国の自然災害の様子について，予想や学習計画を立て，学習を振り返ったり見直したりして，学習問題を追究し，解決しようとしている。 ②[***]

＊＊この小単元では，「内容の取扱い」にあるように，社会への関わり方を選択・判断する場面が設定されていないため，思考・判断・表現の②については，学習指導要領の解説のイの（ア）に関する説明を参考に，学習活動に応じて適切な文言（＊アンダーラインの部分）を入れて設定している。

＊＊＊選択・判断の場面が設定されている学習では，学習したことを社会生活に生かそうとする「社会的な態度」について書く。

「内容の取扱い」で「社会への関わり方を選択・判断する場面が設定されている森林についての学習や公害についての学習では，思考・判断・表現の②として，「学習したことを基に社会への関わり方を選択・判断したりして適切に表現している」といった文言が入り，主体的に学習に取り組む態度の②についても設定する必要がある。

5.3　小単元について

　学習指導案は，教師の意図的な計画に基づいて作成されるものであり，かつそれは，単なるプランではなく，子どもの側に立った学習プロセスを設計したものであることはすでに述べた。したがって，学習指導計画には，学習指導要領の趣旨や目標，内容を踏まえつつ，授業者の教育観や授業観，個性に応じた学習指導が描かれることになる。この「小単元について」の欄には，まさにそうした授業者の意図，基本的な姿勢が書かれることになる。ここでは，学習指導案を作成するにあたって必要な要素を，教材観（教材についての考え），指導観（小単元の指導についての考え），児童観（小単元に関わる児童の実態について）の三つに整理し，その書き方について説明する。

　最初に把握しておくべきことは，学習指導要領において，小学校の社会科の授業が，今，どのような方向に改善しようとしているのかということである。授業改善の方向として，この「小単元について」の欄に書くことが望ましい主な事項としては，以下のことが考えられる。

○社会的事象の見方・考え方を働かせてどのような学びが展開できるか。
○扱う社会的事象について，社会に見られる課題や社会への関わり方を選択・判断することについてどのように考えているか。
○「主体的・対話的で深い学び」について，問題解決的な指導過程に即してどのように考えているか。
○評価規準に示した三つの資質能力について，指導過程に即してどのように考えているか。
○内容相互（他学年も含む）の関連や学習環境（人的・物的）についてどのように考えているか。

---

(1) 教材観について

　小単元の内容にあわせて授業で具体的に扱う社会的事象のことを，通常教材と呼んでいるが，ここではまず，社会的事象の見方・考え方を働かせてどのような学びが展開できるかを記すと授業者の意図が見えやすくなる。また，活用する資料や教具なども含めて記す。

(2) 指導観について

　ここでは特に，子どもが主体的に学び，必要な資質・能力を確実に育むための問題解決的な指導過程について，授業者としてどのように工夫するかを中心に書くが，具体的には主に次のような事項になる。

・子どもが社会的事象からどのように学習問題を見いだし，その解決への見通しをもって意欲的に学んでいくためにどのように指導していくか。
・問題解決の過程で子ども同士の学び合いや各種資料，ゲストティーチャー等との対話を通して，子どもが多様な視点で多角的に考えることができるようにするためにどのように指導していくか。
・社会的事象の見方・考え方を働かせて，子どもがどのような学びを実現していくのか。

(3) 児童観について

　これまでの学習指導案では，学級の子どもたちの集団の雰囲気や小単元の内容に関連しての子どもの興味・関心が書かれていることが多い。しかし，ここではまず，授業改善の方向性に基づき，現在の学級の子どもが，どのような状況にあるのかを中心に書くようにしたい。特に「主体的・対話的で深い学び」の実現に向けて，子どもたちの主体性や学び合いの様子がどのような状況にあるのか，この小単元の指導を通して身に付けさせる資質・能力とあわせてどの

ように伸ばしていきたいのかなど，授業者の意図も含めて書かれていると，小
単元の指導と評価の一体化が図られる。

> 〔書き方の例（全体の一部）〕
> 　これまでの学習を通して，出合った社会的事象から気付きや疑問をもち，それを話し合いながら学習問題を見いだすことができるようになってきている。そこで，この小単元では，「調べる場面」でも子どもの学習意欲が持続するよう，疑問から学習問題づくりへと子どもの思考が流れるようにする。資料等によく反応する子どもたちのよさを踏まえ，児童の気付きや疑問については，随時近くの友達とやりとりができるようにする。
> 　一方で，「思考力・判断力・表現力」の育成の面では，学習したことを関連させながら自身の考えをノートにまとめていくことについて課題が残る。まとめる場面では，視点を決めて学んだことを整理できるようにし，学習したことを関連させて総合し整理していく力を身に付けさせていきたい。

5.4　小単元の教材構造図

p.50 の側注でも触れたように，社会科で子どもが社会的事象の見方・考え方を働かせて習得・獲得する知識には，主として用語・語句などを含めた具体的な知識と，それらを踏まえて社会的事象の特色や意味など社会の中で使うことのできる応用性や汎用性のある概念などに関する知識の二つがある。

単元を通した問題解決的な学習過程を通して，子どもが具体的な知識を積み上げ，それらを関連・総合させて概念などに関する知識を獲得することで深い学びとなるのである。したがって授業者は，教材研究として小単元の理解事項を中心に教材を構造化し（図5.3），指導計画の作成に生かしていく必要がある。

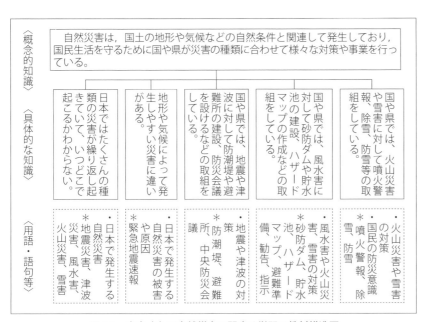

図5.3　内容（5）の自然災害に関する学習の教材構造図

〔概念的知識〕
小単元の最後に子どもに獲得させたい概念などに関する知識。小単元のねらいを，子どもの言葉で言い換えている。

〔具体的な知識〕
各時間の最後に子どもに獲得させたい具体的な知識。

〔用語・語句等〕
各時間に調べることで，＊はその時間におさえておきたい用語・語句

☞ **研究のポイント**
教材を構造化した図はさまざまな形式がある。複数の教材構造図を集めてその違いを分析することで，どのような要素が含まれていると指導する際に役立つかを研究することができる。最近は，「問い」も含めて構造化した図もある。

5.5 小単元の学習指導案の実際

(1) 小単元の指導計画 (全6時間)

左側の注記:

〔主な学習活動　学習内容〕
指導計画には，学習活動だけでなく，学習内容も書くことで，子どもにどのような知識を身に付けさせる学習なのかが，授業者として明確になる。
主な学習活動とは，子どもの学習活動である。ここでは主に次の二つのことを書いている。
・本時の問いについて予想したり話し合ったりすることや，解決に向けて調べること
・調べたことを基に考えたりまとめたりすること
学習内容とは，その学習活動で子どもに身に付けさせたい知識のことである。教材構造図の具体的知識につながることになる。ここでは，子どもの反応として想定される学習内容を書いている。

〔本時の問い〕
子どもに提示する1時間のねらいのこと。学習課題，めあてなどという場合も多い。

〔学習問題〕
ここでは，つかむ場面の□囲みを，単元を見通した学習問題としている。

〔評価〕
評価のア—①（例）は，評価規準に合わせた書き方をしている。この場合は，「知識・技能」の①ということになる。（　　　）には何で評価するか，その方法を書いている。

〔資料〕
引用した資料については，出展や作成時期等を明記する。

過程	ねらい	►○主な学習活動　・学習内容	・留意点　○資料　◇評価
つかむ	日本で発生する自然災害の種類や位置，年代，回数などを知る。〔第1時〕	〔本時の問い〕**これまでに日本では，いつどこでどのような自然災害が発生したのだろう。** ○自然災害の映像や写真から日本で発生した自然災害を調べる。 ・日本にはいろいろな自然災害がある。 ○年表から日本で発生した自然災害を調べ，白地図に位置や年代を記入し，気が付いたことを話し合う。 ・自然災害は繰返し発生している。	○自然災害の映像，写真（地震，津波，風水害，噴火災害，雪害） ○年表（日本の自然災害） ○地図帳　○白地図 ・自然災害が日本の自然条件と関係があることに気づかせる。 ◇ア—①（発言，ノートの記述）
つかむ	日本で発生する自然災害の被害や原因を調べることを通して，私たちの生活を守るための対策について調べる学習問題をつくり学習計画を立てることができる。〔第2時〕	〔本時の問い〕自然災害の様子を調べて学習問題をつくり，学習計画を立てよう。 ○資料から自然災害の被害状況を調べ，疑問に思うこと等を話し合う。 ・氾濫は，地形と関係があるのか。 ・日本は自然災害への対応力があるが，どんな取組をしているのか。 ┌────────────────┐ さまざまな自然災害から私たちの生活を守るために，国や都道府県はどのような取組をしているのだろう。 └────────────────┘ ○学習問題について予想し，解決に向けた学習計画を立てる。	○東日本大震災，熊本豪雨の映像，写真，被害等 ○自然災害への国別対応力（災害に対する脆弱性）（国連大学報告書2016） ◇イ—①（発言） ◇ウ—①（発言，ノート）の記述）
調べる	地震や津波について，国や都道府県が私たちの生活を守るためにさまざまな取組をしていることが分かる。〔第3時〕	〔本時の問い〕地震や津波の被害を減らすために国や県はどのような取組をしているのだろう。 ○東日本大震災を例に，国や県の取組を予想する。 ・防潮堤の建設，国の会議がある。 ○分かったことから被害を減らすために必要なことを再度考える。 ・国民の防災意識を高める。	○第2時に活用した東日本大震災の写真，資料 ○東日本大震災の前と後の国や県の取組（自作） ・4年生で地震を事例として扱った場合には，その学習を想起させる。 ◇ア—①（発言，ノートの記述）
調べる	風水害について，国や都道府県が私たちの生活を守るためにさまざまな取組をしていることが分かる。〔第4時〕	〔本時の問い〕風水害の被害を減らすために国や県はどのような取組をしているのだろう。 ○熊本豪雨や大都市の水害を例に，国や県の取組を予想する。 ・防潮堤や避難所をつくっている。 ・貯水池をつくっている。 ○分かったことを基に，被害を減らすために必要なことを考える。 ・ハザードマップをみておく。 ・早めの避難を心掛ける。	○第2時に活用した熊本豪雨の写真，資料 ○都市部の氾濫の写真 ○風水害の取組（自作） ・最近の水害が気候の変化と関わっていることに気付かせる。 ・地域のハザードマップで防災意識を高める ア—①（発言，ノートの記述）

| 調べる | 噴火災害，雪害について，国や都道府県が私たちの生活を守るためにさまざまな取組をしていることが分かる。

〔第5時〕 | 〔本時の問い〕噴火災害，雪害の被害を減らすために国や県はどのような取組をしているのだろう。
○グループで一つ，災害を選択し，予想して取組を調べる。違う災害を調べたグループと共有する。
・火山観測や噴火警報を行う。
・除雪，防雪の体制整備をする。
○噴火災害や雪害が，どのような自然条件の地域で起こっているかを考える。
・火山活動が活発な地域がある。
・積雪は日本海側や山間部に多い。 | ○第1時に活用した写真
○雲仙普賢岳の噴火被害と対策
○雪害の被害状況と対策
・調べたことはグループで1枚にまとめ，それを持って複数のグループと交流させる。
○日本の火山地図
○日本の地域別積雪量（気象庁）
アー①（発言（グループ，全体），ノートの記述） |
| まとめる | 自然条件と関連して発生している自然災害から国民生活を守るために，国や県がさまざまな対策や事業を行っていることを考える。

〔第6時〕 | 〔本時の問い〕調べたことを基に自然災害とその取組について整理しまとめよう。
○調べてきた五つの自然災害について，「起きている地域の気候や地形」「取組（対策）」「国民に必要な意識」の視点でまとめる。
・国民生活を守る取組が多くある。
○資料「国民の危機意識」を基に話し合い，日本の国土について考え，ノートにまとめる。 | ・三つの視点を設けたワークシートを準備し，作業をしてからノートに添付させる。
○地域別大災害に対する危機意識（内閣府2018）
アー②（ワークシートの記述）
イー②（発言，ノートの記述） |

(2) 1時間の指導計画 (2/6 時)

①ねらい　日本で発生する自然災害の被害や原因を調べることを通して，私たちの生活を守るための対策について調べる学習問題をつくり学習計画を立てることができる。

②展開

過程	○主な学習活動　・学習内容	・留意点　○資料　◇評価	
つかむ	①前時に作成した地図を確認する。 ・自然災害は繰返し発生している。 ・災害によって起こりやすい地域がある。 ②本時の問いを確認する。 自然災害の様子を調べて学習問題をつくり，学習計画を立てよう。	○前時に作成した地図（日本の自然災害）	本時の問い
調べる	③地図帳で東日本大震災，熊本豪雨が起こった地域を確認する。 ④資料から二つの自然災害の被害状況を調べ，疑問に思うこと等を話し合い，学習問題をつくる。 ・海の近くの被害が大きい。 ・川の氾濫は，地形と関係があるのか。 ・日本は災害への対応力があるが，どんな取組をしているのか。 学習問題：さまざまな自然災害から私たちの生活を守るために，国や都道府県はどのような取組をしているのだろう。	○地図帳 ○東日本大震災，熊本豪雨の写真，ニュース映像 被害状況（新聞記事） ○自然災害への国別対応力（災害に対する脆弱性）（国連大学報告書　2016） ・この資料は話し合いの中で提示する。	単元を見通した学習問題

調べる	⑤学習問題について予想し，話し合う。 ・災害によって，被害を減らすためのさまざまな取組が全国にあるのでは。 ・災害は気候や地形と関係があるのでは。 ⑥予想を確かめるために調べることを考え，ノートに書く。	・疑問を学習問題につなげ，予想を学習計画につなげる。 ◇イ─①（発言，ノートの記述）
まとめる	⑦考えたことを話し合い，学習計画を立てる。 　　地震，津波の被害を減らす取組 　▶風水害の被害を減らす取組 　　噴火災害，雪害を減らす取組	◇ウ─①（発言，ノート）の記述

学習計画

　1単位時間の指導計画（指導案）も，問題解決的な学習過程を工夫するようにしたい。一般的には次のような段階をもつ指導案（授業）が多くみられる。これは第3章でも詳しく解説している。

　①つかむ段階：社会的事象に出合い，本時の問いを確認する。
　②調べる段階：前半は，本時の問いの解決に向けて資料を活用しながら事実を調べる。後半は，調べたことをもとに本時の問いの解決に向けて考える。
　③まとめる段階：本時の問いについて分かったこと，考えたことを整理する。

　単元の1時間目や2時間目に，単元を見通した学習問題を設定する場合には，「②調べる」の後半で疑問に思うことを話合い，学習問題をつくることが多い。前頁の「1時間の指導計画（2/6時）」はその例である。
　もちろん，地域調査やスーパーマーケットの見学など，1時間，2時間かけて調べる活動に取り組み，その後，調べて分かったことをもとに考えたり，まとめたりすることもある。その際も，大きな流れとして，「つかむ→調べる（調べる・考える）→まとめる」を理解しておくと，問題解決的な学習展開を構想することができる。

[吉村　潔]

Ⅲ部

よりよい社会科授業実践の追究

6章

社会科の学習活動

問題解決的な学習を基本とする社会科学習においては，さまざまな学習活動が不可欠である。学習指導要領に示されている**小学校社会科の学習活動**としては，観察や見学・調査などの体験的な活動，表現活動，博物館や資料館等の施設の活用，遺跡や文化財などの観察や調査，学校図書館や公共図書館，コンピュータなどを活用した情報の収集やまとめる活動，地図帳や地球儀などを使って確認する活動などがある。

ここでは最初に，見学・調査や聞き取り調査などの調べる活動（以下は，調べ学習）を取り上げ，社会科における調べ学習を行う意義と方法について考える。次に，見学・調査（調べ活動），ペア，グループなどの話し合う活動（話し合い活動），ミニホワイトボードなどを活用した考える活動（考えまとめる活動）を具体的に取り上げて，社会科においてそれぞれの学習活動を行う際の留意点について具体的に述べる。

*小学校社会科の学習活動
代表的な社会科の学習活動としては体験的活動（観察・調査，インタビュー，製作，直接体験，疑似体験など），資料活用の活動（地図，地球儀，年表，新聞，インターネットなど），表現活動（関係図づくり，報告書・レポートづくり，提案書・アピール文の作成，発表・討論，ポスターセッション，劇化など），作業的活動（地図・図表・年表づくり，パンフレットやポスターづくり，新聞づくり，ものづくりなど），実践的活動（発表会の実施，地域行事への参加）などが考えられる。

6.1 さまざまな調べ学習

(1) 調べ学習の意義

社会科や高等学校の地理・歴史科などの社会系教科においては，調べ学習がその学習過程に位置付くことが多い。特に小学校においては，後で述べるようにさまざまな方法で調べ学習が行われている。それでは，なぜ小学校において調べ学習が求められるのだろうか。また，それを行うことにどのような意義があるのだろうか。

先にもみてきたとおり，2017年版学習指導要領では，「生きる力」を具体化する観点から，育成すべき資質・能力を「知識及び技能」「思考力，判断力，表現力等」「学びに向かう力，人間性等」の三つの柱に再整理された。これを受けて，社会科においても教科目標や学年目標，また内容において，資質・能力の具体的目標が示されている（目標の(1)～(3)）。これらの資質・能力について，『解説（社会）』(2017) を見ると，「習得した知識や技能を活用して，調べたり思考・判断したり表現したりしながら課題を解決する一連の学習過程において育成される」と示されている。

この考え方は決して新しいものではなく，我が国に社会科という教科が誕生した1947年以来，貫かれてきたものである。

社会科はその誕生以来，問題解決的に学習を展開する教科だといわれている。それは社会科の学習が，ある決まった内容（知識）を子どもに覚えさせることだけでその目標を達成することにはならず，子どもたちが出合った社会的事象に関わる問題を「解決したい」という思いをもちながら活動することで成立する教科であることからいわれている。つまり社会科においては，学習活動と学習内容やその成果は切り離すことができないと考えられているのである。

　このように社会科は，単なる知識の習得ではなく，知識，技能，思考力・判断力・表現力，態度などが統一的に形成された公民の育成を，その成立以来目指してきたといえるのである。したがって，社会的事象の見方・考え方を働かせ，問題解決的な学習を充実させることが大切であり，そのための重要な学習活動として調べ活動が大切にされているのである。

　では，このような問題の解決に向けて諸資料や調査活動などで調べる学習を社会科において行う意義とは何だろうか。ここでは次の3点を挙げたい。

　1点目は，このような活動を子どもが実際に行うことによって主体的な学習が可能になることである。社会科における調べ学習は，ある社会的事象に出合ったときに生じた小さなハテナが出発点となる。その小さなハテナについて調べ，解決したことで得られる「わかった！」「なるほど」という思いは子どもたちにとって喜びである。と同時に，その社会的事象の本質によりせまることのできる新たなハテナを見つけることで，次の追究へと活動がつながっていくことになる。つまり調べ学習は，子どもの興味・関心や知りたいという意欲に基づいた主体的な学習を可能にすることができるのである。

　2点目は，社会科のねらいを達成するのに効果的ということである。社会科のねらいである「社会的事象の特色や相互の関連，意味を考えたり，社会への関わり方を選択・判断したり表現」するためには，社会的事象の正確な理解が必要になる。そのためには適切な問いを設定して，子どもが直接に見学・調査したり，諸資料を活用したりして調べることが効果的に働くのである。

　3点目は，人々が願いを実現するために工夫・努力してきた行為の過程を追体験するために効果的ということである。棚橋健治は社会的事象の認識と調べ学習の関係について，以下のように述べている。

　　社会的事象とは人間の営みであり，その主体となった人間の生き方が反映される。そして人間の生き方とは，その人の願い，工夫を実現しようとする行為の中に表れている。したがって，社会をわかるとは，その社会における人間の営みをわかることであり，人間の営みをわかるとは，その営みを支えているその人間の生き方をわかるということであり，人間の生き方をわかるとは，その人間の願い，思い，工夫，苦労をわかるということである。その

人間の願い，思い，工夫，苦労はその人間の立場に立って，その人間と同じように考え，同じように感じることによって，よりよくわかる。

　このように考えると，社会的事象の意味は当事者の体験を追体験することによってわかり得ることになり，授業は，子どもをその社会の構成員の立場に立たせることが重要になる。(中略) 調べ学習はそのような視点からの情報収集の場として有効である。(下線：筆者)　　　　　(棚橋，2007，pp.43-44)

　問題の解決に向けて諸資料や調査活動などで調べ，社会的事象の特色や相互の関連や意味を考えたり，社会への関わり方を選択・判断したりして表現する学習を行うことによって，単に知識を暗記する学習ではなく，「調べて，考える」社会科学習を展開することが可能になる。このような問題解決的な学習における調べ学習は，新しい小学校学習指導要領においても大切にされているが，社会科創設時から大切にされてきた学習であり，これまでにもさまざま調べ学習が展開されてきた。

(2) 調べ学習の方法

　主体的な学びを保障する調べ学習を通して育成する資質・能力は，三つの柱の中の「技能」として位置付けられており，小学校社会科では，「社会的事象について調べまとめる技能」とされている。『解説 (社会)』(2017) を参照しながら，小学校社会科において育成すべき「技能」についてまとめたものが**表6.1**である。なおこれらの技能は，小・中・高等学校の社会科・社会系教科において，何度も発揮し習熟していくように指導することが求められている。

　表6.1より，調べ活動は主として問題解決に必要な社会的事象等に関する情報を収集する場面や収集した情報を社会的事象の見方・考え方に沿って読み取る場面に位置付くことが分かる。観察や見学・調査，関係者への聞き取り調査やアンケート調査といった調査活動 (野外調査活動・社会調査活動) を通して，また地図や年表，インターネットなどの諸資料の活用を通して，社会的事象に関する必要な情報を集め，読み取る活動が求められる。その際，小学校社会科においては特に，子どもが興味・関心をもって学習に取り組めるように，また実感を伴った学習ができるように資料館や博物館への見学，模擬体験などの**具体的な体験を伴う学習**を大切にしたい。

　調べ学習を構想するにあたっては，子どもの発達段階を踏まえ，目標を達成するためにどのような活動が効果的であるかについて，十分に検討して授業設計をすることが求められる。

表 6.1　社会的事象について調べまとめる技能

	技能の例
情報を 収集する技能	手段を考えて問題解決に必要な社会的事象等に関する情報を収集する技能 ○調査活動を通して（観察，見学，調査，聞き取り調査，模擬体験など） ○諸資料を通して（年表，表・グラフ，地図・地球儀，写真，現物資料，新聞，インターネット，映像，関係機関が作成した資料など）
情報を 読み取る技能	収集した情報を社会的事象の見方・考え方に沿って読み取る技能 ○情報全体の傾向性を踏まえて ○必要な情報を選んで（事実を正確に読み取る，必要な情報を選んで読み取る，信頼できる情報を読み取る）
情報を まとめる技能	読み取った情報を問題解決に向けてまとめる技能 ○基礎資料として ○分類・整理して

（出所）『解説（社会）』（2017）より作成

6.2　見学・調査

　見学・調査などの調べ学習を学習過程に位置付ける場合，大きく三つの場面（タイミング）がある。見学・調査をそれぞれの場面に位置付ける目的や留意点について述べていく。

(1) 単元の導入 (つかむ段階) に位置付ける見学・調査

　見学・調査を単元の導入に位置付ける場合，子どもの興味・関心や学習意欲の喚起，学習問題の設定に向けた情報収集が主な目的となる。

　小学生の場合，同じクラスに在籍していても一人ひとりの生活経験やもっている知識量が大きく異なっていることが多い。例えば第4学年「ごみのしょりと利用」の学習において，ごみの分別やごみ出しをふだんから手伝っている子とそうでない子の間では，学習前にもっているごみの収集日や分別の方法に関する経験やそれに伴う知識量が大きく異なっている。

　主体的な学習の成立について岩田一彦は，「授業の目標は，学習指導要領に規定される側面が大きい。しかし，原理的には，教科の基盤を形成している科学の構造と子どもの体験の構造との突き合わせの中で成立するもの」（岩田，2009，p.10）と指摘し，そのうえで「学習する子どもの体験情報と知識の構造とを結びつけて，（学習内容から：筆者）学習材に転換する作業が必須」だとしている。

　その一方で，子どもによって生活経験やそれに基づく知識量が異なっていると，学級全体で設定した学習問題に対し，一人ひとりが主体的に追究することが難しくなる。よって，先に例示したごみに関することに限らずどのような社会的事象を取り上げるにしても，前提となる情報をもっておくことが必要である。また，ある程度経験的に知っていることであっても改めて調べることで明

確にしておくことも大切である。そのための活動が，この単元の導入に位置付ける見学・調査である。具体的な活動としては，「家には何種類のごみ袋があるか」「それぞれのごみ袋には何を捨てているのか」「ごみ袋がいっぱいになったらどのように捨てているのか」「ごみを出すうえで困っていることはあるか」などについて，家族に聞き取り調査することが考えられる。

ただし，このような家庭で取り組む調べ活動については，プライバシーに関わる問題が生じる場合がある。事前に保護者に対して目的を説明し，理解してもらったうえで取り組むとともに，その結果についても十分に注意を払いながら扱う必要がある。

(2) 単元の展開（調べる段階）に位置付ける見学・調査

見学・調査を単元の展開（調べる段階）に位置付ける場合，学習問題に対して立てた予想の検証とさらなる問題の発見が主な目的となる。

例えば第3学年「スーパーマーケットの仕事」の学習では，「なぜたくさんの人がスーパーマーケットに買い物に行くのか」という単元を貫く学習問題が立てられるだろう。それに対し，「安いから」「野菜や肉，魚などたくさんのものを売っているから」など，それぞれの生活経験を基に予想を立てたうえで見学・調査に取り組むことになる。また，見学の方法をとる場合，「値段はどうやって決めていますか」「何種類の品物がありますか」など，あらかじめ質問を用意して臨むこともできる。このように「何を明らかにしたいか」「そのために何をどうやって調べるか」を共有したうえで見学・調査を行うことで，それまで何気なく目に映っていた社会的事象の意味や意義について主体的に追究することができるだろう。また，教室に戻ってから行われる話し合いを通じて確認し，「社会を知る」ことができたり「社会が見える」ようになったりする。

また，当初の問題について追究するなかで，例えば品物の配列の工夫などに気付くこともできるだろう。ここから「何のためにしているのだろう」というさらなる問題をもち追究することで，「消費者の多様な願いを踏まえ売り上げを高めるよう，工夫している」という**概念的知識***を獲得できる。

このように，事象間の因果関係やより一般的な概念を獲得できるように具体的情報を入手する活動が，単元の展開に位置付ける見学・調査である。

このねらいを達成するためには，「何を分からせたいか」「そのために有効な問いは何か」といった授業計画の作成，その事象に対する子どもの意識の捉え，見学や聞き取りであれば相手との綿密な打ち合わせなど，見学・調査にいたるまでの準備作業を十分に行っておく必要がある。なお，展開に位置付けられるものは，見学・調査の中で最も一般的で，多く行われているものである。

*概念的知識
→5章の側注（p.50）を参照のこと。

（3）単元の終末（まとめる段階）に位置付ける見学・調査

　見学・調査を単元の終末に位置付ける場合は，既習事項の確認や学習を振り返って見いだされた新たな問題の解決などが主な目的となる。

　例えば第6学年「縄文のむらから古墳のくにへ」の知識に関わる目標は，大陸から稲作が伝わったことで狩猟・採集から農耕へと食料を得る方法が変わり，それに伴って定住してむらができたり指導者の下でより大きなくにができたりした日本全体の大きな歴史の流れを理解することとなっている。

　一方で，「内容の取扱いの配慮事項」には「児童が興味・関心をもって楽しく学習に取り組めるようにする」ために「地域にある素材を教材化すること，地域に学習の場を設けること」が示されている。また，該当する学習内容について「身近な地域に残されている古墳を観察・見学」することが考えられるとも示されている。

　教科書に記述してある事象を日本の歴史として理解するだけではなく，身近な地域ではどうだったのかを捉えることや，その事象と今の自分とのつながりを考えることが大切である。このことが「歴史を学ぶことの大切さに気付くこと」や「歴史を学ぶ意味を考えること」につながるであろう。このような観点から，教科書を用いて日本の歴史としての古墳時代の特色や当時の社会の様子を捉えたうえで，地域に残る古墳などの遺跡を見学・調査することが考えられる。

　ここでは歴史学習を例に述べてきた。しかし，産業学習など他の内容についても子どもが事象と自分とのつながりを感じられるようにすることは，社会科の目標を達成するためにも重要である。つまり，単元の終末に位置付ける調べ学習は単なる既習事項の確認ではなく，既習事項が身近な地域にも転移できるかを確認する活動である。さらに，このことを通じて「社会的事象の見方・考え方」を獲得したり学ぶことの意味や楽しさに気付いたりするための活動でもある。

＊知ろう　いかそう！身の回りの情報」の実践については，〈澤井陽介編著（2019）『「見方・考え方」を働かせて学ぶ社会科授業モデル』（明治図書出版）で詳しく紹介している。

6.3　ペア，グループなどの話し合い活動

　右の写真は，筆者が行った実践「知ろう　いかそう！身の回りの情報」＊（第5学年）で，一人ひとりが地元地方紙のキャッチコピーを作り，どれがより表現できているかをグループで検討している様子である。写真右奥の子どもは，事件や事故ばかりでなく地域で活躍する人々の様子が多く紹介されている特徴を捉え「山陰の温かさがあふれる新聞」とのキャッチコピーを作った。しかし，その意図がなかなか理解してもら

えなかったため，紙面を開き，具体的に記事を示しながら説明しようとしている。

　このような話し合いは，既習事項を基にした「こだわり」をもつ個人が集まるペアやグループだからこそ活発化し，認識の広がりや深まりにつながる。また，ここで話し合われた内容を学級全体での学びに反映させることで，多様な「見方・考え方」があることを学ぶことに一層つながる。

　社会科授業におけるグループ学習の意義について小西正雄は次のように述べている。

　　社会認識教育においては，その子なりの見方・考え方を重視する。それは単に因果関係の推理の道筋や順序が多様でありうるからという理由ばかりではなく社会事象の場合は，その事象の意味づけや評価が人によってさまざまでありうるからという教科固有の事情に基づくものである。この意味からして個別学習は，調べ学習を通してその子なりの見方・考え方いわば「その子なりのこだわり」がじっくりと醸成されていく場として重要なものである。

　　（中略）

　　ところで「その子なりのこだわり」がそれと自覚されるためには「その他の子のこだわり」の存在が必要である。人は異なるものとの出会いによってのみ自己を客観視できるからである。このような視点にたつとき，個別学習を補完するものとしてのグループ学習の意義は明らかとなろう。

（森分・片上，2000，p.264）

　ペアやグループでの話し合い活動は他教科でも行われている。しかし，社会科におけるそれは，単に「答え」や説明の確認の場ではなく，社会科の目標である社会認識形成をうながす場となる。このことを授業者が認識し，授業に組み込むことで，対話を通した深い学びが実現することになる。

6.4　ミニホワイトボードなどを活用した考える活動

　ペアやグループでの話し合い活動同様，他教科でも行われているミニホワイトボードを使った活動も社会科の学習過程に組み込まれていることがよくある。

　右の写真は，筆者が行った実践「宍道湖のしじみをとる仕事」（第3学年）で，生産者が宍道湖の水質を守るために活動していることを学んだことを基に，自分たちにも水質を守るためにできることがないか，ミニホワイトボードを使いながらグループで考えている様子である。ミニホワイトボードを使うことによって，思考の過程を文字に表すことができる。これは，個人で思考するときのノー

トや，学級全体での黒板と同じ役割を果たすことになる。

　社会科授業における思考や話し合いについて澤井陽介は，その過程で言葉や文でまとめる重要性について次のように述べている。

　　実際の授業では，子ども同士の交流によって，多様な「見方・考え方」が鍛えられていくことを大切にしたい。見方・考え方は固定的なものとして教え込むものではなく，あくまでも子どもが使えるようにするものだからである。比較したり関連付けたりする思考も子ども同士の対話的な学びから自然と生まれることが多い。

　　子どもは自分で調べたことや教師から提供された情報をもとにして，知識や互いの意見などを比べたりつなげたりして考え，言葉や文でまとめる。こうした思考や表現の過程を重視して社会的事象の特色や意味などを追究するプロセスが大切である。このプロセスにより，社会的事象の意味には多様な解釈があることを学ぶことにもなる。

　　　　　　　　　　　　　　　　　　　　　　　　　　（澤井，2019，p.13）

　ミニホワイトボード等は単に発言内容の記録媒体ではなく，その使用により発言が文字化され，社会的事象には多様な「見方・考え方」があることを視覚的に気付ける機会となる。ペアやグループでの話し合い活動が単なる考えの発表に留まらず，他の子の考えを確認し，その意図を理解したり時には反論したり付け加えたりしながら，思考を練り上げるための媒体としてミニホワイトボードを活用したい。そして，新たな気付きや発想が書き込まれていくような，思考の深まりのある対話的活動を目指したい。

　　　　　　　　　　　　　　　　　　　　　　　　　　　　　　　［和田　倫寛］

☞ **研究のポイント**
主体的・対話的で深い学びを実現していくうえで，学習活動の工夫は欠かせない。しかし，中央教育審議会答申（2016年）等では，「話し合いの指導が十分に行われずグループによる活動が優先し，内容が深まらない」といった課題も指摘されている。子どもたちの学びを深める学習活動を実施する際の留意点を検討しておきたい。

発問と指示

7.1 発問・指示の目的

　発問は，授業の中で，指導者が学習者に対し，教育的な意図を持って行う行為である。日常生活で用いられる用語ではない。

　発問は広義には，問いを発することであるが，ここでは，いくつかの教育用語辞典等による解釈を総合し，次のように説明しておきたい。

> 発問とは，学習のねらいの実現を目指し，学習者が問題意識を高め，思考活動を活性化させ，理解を深めていくための教師による問いかけ。

　なかには，発問と質問を分けて説明を加えているものもある。例えば，国語の教材を例に，質問は子どもが本文を見れば分かるもの，（例：桃太郎はどこへ行ったのですか？），発問は子どもの思考・認識過程を経るものという説明である。[*] また，発問は，子どもたちの思考を引き起こすことに対し，質問とは，知らない者が問う（例えば道を尋ねるなど）という特徴をもつという説明もある。

　いずれにしろ，発問は，教科書や資料等を基にした事実理解に関することを問う場面だけでなく，子どもたちの思考活動を引き出し，認識を揺さぶったり，高めたりする場面で活用してくことが大切であろう。

　一方，指示については，次のように説明することができる。

> 指示とは，学習活動や作業の方法，順序，視点など，学習者が効果的に学習を進められるようにするための教師による指図。

　具体的には，「教科書○ページを見てごらん」「グループになって○○の理由を考えてみましょう」のように，表現は緩やかであっても命令形を伴った表現になることが多い。前者のように，単純な作業を指示することもあれば，後者のように，思考を促すために，学習活動の方法を促す指示もある。さらには，「学校の西側の地形を見てごらん」のように視点の喚起を促す指示もある。

　社会科は，社会的事象の特色や相互の関連，意味を多角的に考えることを重視する教科である。特色や相互の関連，意味を考えるには，まず，具体的な事実を調べることが必要であり，何をどう調べればよいのか，そこでの指示は重

＊文部科学省HP「海外子女教育情報」の「施策の概要」の中の「補習授業校教師のためのワンポイントアドバイス集」「4 発問」https://www.mext.go.jp/a_menu/shotou/clarinet/002/003/002/004.htm（2020年4月20日最終確認）を参照。

要である。また，調べたことを基に，何を考えさせようとしているのか，その時の発問は，思考の方向性を示すものであり，それは学習のねらいと一体化していなければならない。

7.2　発問・指示の種類

　発問・指示にはどのような種類があるのだろうか。中田 (2014) は，永井 (1992) や有田・新見 (1987) を参考にしつつ，蓄積した授業記録の分析から，教師の発言として**表 7.1** のように分類している。発問・指示はこれら教師の発言の中に含まれる (網掛け部分)。

　表 7.1 は，全体を授業中の「教師の発言」とし，学習の見通しを立てたり，振り返りをさせたりするための「構造化」，事実理解や思考を誘発していく発問，それに伴う「評価」，さらには学習の具体的な手立てとなる指示，「説明」

☞ 研究のポイント
表 7.1 の教師の発言の類型は，実践を指向する教師が，授業を組み立てる際に有効に機能するフレームワークとして検討されている。教育実習や卒業研究等で，こうしたフレームを参考にしながら，授業分析等を行い，さらに詳細に教師と子どもたちの発話分析に取り組んでみるのもよいだろう。子どもたちがよりよく授業のねらいを実現した授業とそうでない授業における発話の比較を行うと，効果的な発問や指示の在り方が見えてくるに違いない。

表 7.1　社会科における教師の発言の類型

教師の発言の分類			例
構造化	見通し		・願いを実現する政治について調べ，単元の最後にパンフレットにまとめていきましょう。 ・今日は，情報化した社会の様子を話し合って，単元の学習問題をつくっていきましょう。
	振り返り		・昨日は，部品をつくる関連工場の工夫について調べてみましたね。 ・今日の学習で印象に残ったことは何ですか。
発問	単純発問 (when, where, who, what)		・北海道のおもな農産物は何ですか。 ・奈良の大仏はいつ造られたのですか。
	思考発問 (why, how)	内容	・市の人口は増えたのに，なぜ水の使用量は減ったのだろう。
		方法	・お店の工夫は，どのような方法で調べることができるだろう。
評価	価値づけ		・今の意見は，情報を生かすことの大切さについての意見ですね。 ・なるほど，地形の特色に着目したのですね。
	吟味		・その資料からだけでは，森林の働きはよく分からないのではないかな。 ・火災を防ぐ工夫はもっとありそうだよ。
指示	作業指示		・地図帳の統計資料から，米の生産量ベスト 5 を調べましょう。 ・水の使われ方を，グループごとに分類しましょう。
	視点喚起		・働く人の服装をよく見てみましょう。 ・川の周りの様子を見てみるといいね。
説明	内容		・この清掃工場では，ごみを燃やすときに出る熱を，温水プールなどに利用しているのです。
	方法		・地図帳の統計資料を使うと，農業の盛んな地域が調べられます。

(出所) 中田 (2014) を一部改変

という分類をしている。授業を展開してくうえでいずれも欠かせないものであり，授業が，さまざまに意図された発言をもって構成されていることが分かる。

(1) 発問

　発問は，二つに分けて考えることができる。一つは，事実理解を促したり，確認や共有をしたりする発問（単純発問）である。when, where, who, what を用いながら行うことが多い。この発問には，調べる活動を促したり視点を喚起したりする指示と一体化して提示されることが多い。この単純発問がないと，考える根拠としての事実が曖昧なまま共有もされず学習が進んでいくことになり，上滑りの社会科学習に陥ってしまう。板書と組み合わせながら，適切に活用していきたいものである。

　そしてもう一つは，whyやhowを用い，思考を促す発問（思考発問）である。調べた事柄を基に，それらを比較したり，関連付けたり，総合したりしながら，社会的事象の特色や相互の関係，意味を捉えるために用いられることが多く，これを「**中心発問**」や「**主発問**」と呼ぶこともある。まさに，その時間の学習のねらいに迫るための発問である。

　また，この思考を促す発問をもう少し詳細にみてみると，例えば，「お店の工夫は，どのような方法で調べることができるだろう」「私たちの町の昔の様子を調べるにはどうしたらいいだろう」と，学習方法を問う場合もある。

(2) 指示

　指示は，学習のねらいを意識し，そこに向かって効果的に学習を進めていくために必要なものである。「地図帳の統計資料から，米の生産量ベスト5を調べましょう」や「水の使われ方を，グループごとに分類しましょう」のように，学習活動の内容や方法を示す作業指示は，その時間どのような学習活動をさせたいかということと関連し，調べる場面でも思考を促す場面でも用いられる。また，「働く人の服装をよく見てみましょう」「川の周りの様子を見てみるといいね」などのように作業中の子どもたちに対して視点を喚起する指示がある。こちらの指示は子どもたちの学習状況を捉えながら行うので，**形成的評価**[*]と一体化したものといえよう。

　ただし，教師の指示が多すぎたり，一度出した指示を何度も訂正したりすると，子どもたちは混乱してしまう。子どもたちの主体性を大切に，必要最低限の指示を，明確な言葉で伝えていけるようにすることが大切である。

　発問や指示は，学習の楽しさや分かりやすさにもつながる専門職としての教師の大切な技術なのである。

＊形成的評価
→4章の側注 (p.46) を参照のこと。

7.3　発問・指示の条件

　発問や指示の条件について，1単位時間の学習過程（例）を示しながら，考えてみる。図7.1では，1単位時間が「つかむ」「調べる」「まとめる」の3段階で構成されている。「つかむ」段階では，この授業のめあてとなる**本時の問い**[*]を確認する。問題解決的な学習を目指した授業ではこうした手法がよく見られる。そして「調べる」段階は，［調べて］と［考えて］に分かれているが，これは，“事実を調べないと確かなことはいえない”という社会科の基本的な姿勢を反映している。

　つまり「つかむ」段階で確認した本時の問いを解くには，まずは調べることが必要であり，その次に，調べて得られた事実等を活用して考え，その解決を図ることになる。逆にいうと，本時の問いは，howやWhyなどを含み，調べたことを使って考えることを促すような表現を工夫していくことが大切といえよう。その際howを使った発問は「どのように」と思考させていくので，社会的事象の特色や相互の関連を捉えることにつながりやすくなる。また，whyを使った発問は「なぜ，どうして」と思考させていくので，社会的事象の意味や意義を捉えることにつながりやすくなる。

　そして，「まとめる・振り返る」段階では，調べ，考えてきたことを自分の言葉で表現するとともに，学習過程をメタ認知的に捉え，解決に向け見通しを立てるなどしていくことである。

　図7.1の下部にあるのは，この授業を進めていくために必要な教師の発問や指示である。本時の問いを提示した後，問いに対する予想などを話し合い（図

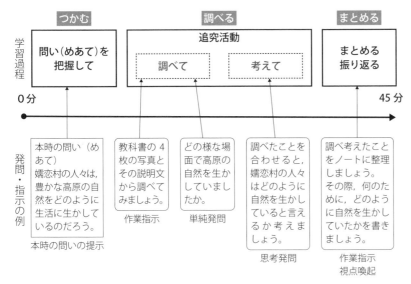

図7.1　1単位時間の学習過程と発問・指示の例

7.1では割愛している），いよいよ調べる段階に入る。ここでは，具体的な作業指示が必要になる。何をどのように調べるかという指示である。もちろん教師からの一方的なものではなく，子どもたちに何を調べればいいだろう，どういうふうにまとめられそうなどと投げかけることになる。そして，調べて分かったことなどを明らかにしたり共有化したりしていくために，「どの様な場面で高原の自然を生かしていましたか」などの単純発問を行う。このことを通じて，子どもたちの発言を引き出し，板書するなどしながら，本時の問いの解決に必要な事実等を明らかにしていく。そして「考える」場面は，調べて獲得した事実等を，比較したり，関連付けたり，総合したりしながら思考し，本時の問いを解決していくことになる。図7.1では「調べたことを合わせると，嬬恋村の人々はどのように自然を生かしていると言えるか考えましょう」という思考発問を入れているが，この発問こそが，この時間のめあてに迫る最も重要な発問になり，この段階の発問を「中心発問」や「主発問」として学習指導案に示しているものもよく見かける。

　さて，ここまで学習過程に即して，社会科における発問・指示を検討してきた。以下，発問・指示を構想するうえで大切にしたいことを示す。

○その授業が何をねらいとしているのかを明らかにする。
○発問・指示は，学習過程（つかむ，調べる［調べて，考えて］，まとめる）に即し，必要な学習活動と一体化させて吟味する。
○指示は，授業のねらいを実現するために，どのような学習活動（予想する，調べる，話し合うなど）が必要かを検討し，適切にそれが実行されるような表現として吟味する。
○視点を喚起する指示は，学習のねらいを実現したり，質を高めたりするうえで有効に働くように表現を吟味する。
○思考を促す発問は，授業のねらいの実現に直結する。子どもが社会的事象の見方・考え方を働かせるよう発言の仕方を吟味する。

7.4　見方・考え方を働かせる発問・指示を検討する

　『解説（社会）』(2017) では，「社会的な見方・考え方」は，小学校社会科，中学校社会科において，社会的事象の意味や意義，特色や相互の関連を考察したり，社会に見られる課題を把握して，その解決に向けて構想したりする際の「視点や方法（考え方）」であると考えられるとしている。

　そして，「社会的な見方・考え方を働かせ」るとは，そうした「視点や方法（考え方）」を用いて課題を追究したり解決したりする学び方を表し，これを用

いることで児童生徒の「社会的な見方・考え方」が鍛えられていくとしている。そのうえで，小学校段階では，「社会的な見方・考え方」は「社会的事象の見方・考え方」と表記され，次のように説明されている。

> ・位置や空間的な広がり，時期や時間の経過，事象や人々の相互関係などに着目して（視点），社会的事象を捉え，
> ・比較・分類したり総合したり，地域の人々や国民の生活と関連付けたりすること（方法）
> ※箇条書きは筆者による

　「位置や空間的な広がり，時期や時間の経過，事象や人々の相互関係に着目して（視点）」とは，具体的には**図 7.2** のような視点を指す。これらはいずれも社会科ならではの視点である。これらを働かせて資料を読み取ったり調べたりするのは子どもたちであるが，それを促すのは教師の発問や指示である。

　子どもたちが，見方・考え方を働かせて追究できるように本時の問いや発問・指示を構想するには，まず，指導する単元が，三つの区分（地理・歴史・現代社会）のうちのどこに該当するのかを学習指導要領で確認し，授業では何をねらいとしているのかを明確にする必要がある。地理的な単元であっても，時間によっては，歴史的にアプローチする授業もある。

　実際に例を示してみる。

<u>本時の問いの例</u>（3 年「火事から暮らしを守る」）

　　□「消防署の仕事を調べて考えよう」

　　■「消防署が火を消す仕組みを調べ，どのような協力があるか考えよう」

<u>指示の例</u>（5 年「情報を生かす産業」）

　　□「トラックが商品を運ぶ様子を調べよう」

　　■「商品を運ぶトラックはどんな時に情報を活用しているか調べよう」

　これらの例は，どちらも「現代社会の仕組みや働きと人々の生活」に区分される内容である。■を付けた例は，**図 7.2** の「現代社会の仕組みや働きと人々の生活」の視点例を参考に検討されている。そして，教師の言葉となって子どもたちに提供されていく。どちらの方が，よりシャープに社会的事象にアプローチしていけるかは，一読して分かるだろう。もちろん，教師が一方的に示すだけでなく，子どもたちとのやりとりから，「こんな視点で調べていこう」と投げかける工夫も大切である。次は，思考を促す段階での発問の例である。

発問の例（6年「明治の国づくり」）

　　□「文明開化は世の中にどのような影響を与えたか，考えましょう」

　　■「文明開化は世の中にどのような影響を与えたか，人々のくらしの変化
　　　と関連付けて考えましょう」

　この例では，両方とも，歴史的な学習の視点である "影響" をキーワードに
考えることがポイントになっている。さらに，■の例は，「人々のくらしの変
化と関連付けて」と，どのように考えるか，その方法を示している。社会科で
は，比較・分類したり総合したり，地域の人々や国民の生活と関連付けたりし
て考えられるようにすることが大切である。

　この例では，「関連付け」という方法を示しているが，ほかにも，「あわせる
（総合）」「比較する」「構造化する」「分類する」「ランク付けする」などの思考
方法がある。

地理的環境と人々の生活

位置や空間的な広がりの視点	地理的位置，分布，地形，環境，気候，範囲，地域，構成，自然条件，社会的条件，土地利用など

歴史と人々の生活

時期や時間の経過の視点	時代，起源，由来，背景，変化，発展，継承，維持，向上，計画，持続可能性など

現代社会の仕組みや働きと人々の生活

事象や人々の相互関係の視点	工夫，努力，願い，業績，働き，つながり，関わり，仕組み，協力，連携，対策・事業，役割，影響，多様性と共生（共に生きる）など

図 7.2　社会的事象の見方・考え方―考えられる視点例―

（出所）中央教育審議会，2016 年教育課程部会 社会・地理歴史・公民WG（第 14 回）資料 15 より作成

7.5　授業のねらいを吟味し，本時の問いから検討する

　授業のねらい，本時の問い，発問・指示はすべて一体化している。そのベー
スは授業のねらいにある。授業のねらいを実現するために，本時の問いが子ど
もたちに提示され，指示によって具体的な作業や活動が展開され，発問によっ
て本時の問いを解決するための思考活動が促される。発問によって考えたり，
話し合ったりされた内容は，本時のねらいを実現した子どもたちなりの表現で
ある。ということは，本時のねらいと本時の問い，発問・指示に整合性が図ら
れていないと，問題解決的な授業が成立しないことを意味している。

　前節では，発問・指示の構想に当たって，社会的事象の見方・考え方を働か

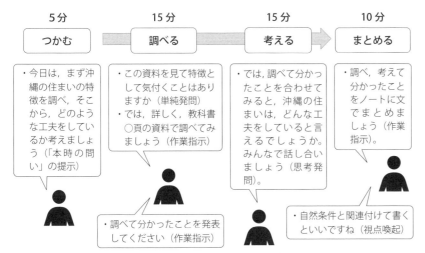

5分	15分	15分	10分
つかむ	調べる	考える	まとめる

・今日は，まず沖縄の住まいの特徴を調べ，そこから，どのような工夫をしているか考えましょう（「本時の問い」の提示）

・この資料を見て特徴として気付くことはありますか（単純発問）
・では，詳しく，教科書○頁の資料で調べてみましょう（作業指示）

・調べて分かったことを発表してください（作業指示）

・では，調べて分かったことを合わせてみると，沖縄の住まいは，どんな工夫をしていると言えるでしょうか。みんなで話し合いましょう（思考発問）。

・自然条件と関連付けて書くといいですね（視点喚起）

・調べ，考えて分かったことをノートに文でまとめましょう（作業指示）。

**図7.3　見方・考え方を働かせる「発問」と「指示」の展開例
（5年「温かい土地（沖縄）のくらし」）**

図7.3の例は，沖縄の家のつくりを丹念に調べ，雨温図などと関連付けながら，沖縄では，気候の特色に合わせた家づくりを行っているということを捉えさせる授業である。

せることができるようにすることを述べたが，最後に，5年生の授業を例に，本時の問い，発問・指示がどのように組み合わさって授業が展開されるかを例示した。もちろん，これ以外に，「構造化」や「評価」「説明」などの発言が加わって授業は展開される。学習過程に対応させながら図7.3を読み取り，授業イメージをつかんでほしい。

〔中田　正弘〕

8章 資料の活用

8.1 社会科における資料の役割

　社会科の授業には，必ずといってよいほど資料が登場する。資料を扱わない社会科授業は，まず想定できない。たとえ教科書だけを使う授業であっても，教科書には，写真，グラフ，年表，地図，図解，コラムなど実にさまざまな種類の資料が掲載されている。教科書の本文も，文字資料と考えることもできるだろう。このほか，社会科の授業で使われることが想定される資料として，新聞，図書，動画，Webサイト*なども挙げられる。さらには，教室に持ち込まれる実物やゲスト・ティーチャーとして招待される人々もある意味で資料といえる。教室を出て，フィールドワークを行う際に出会う，モノ・ヒト・コトも広い意味でいえば資料と考えることができるだろう。

　このように考えると，社会科の授業で使用される資料には，実に多種多様なものがあることが分かる。社会科の授業でこうしたさまざまな資料を扱うことを通して，子どもたちにどのような能力を培う必要があるのだろうか。

　まずは，社会科の授業において資料を活用することの意味について考えておこう。図8.1に，一般的に想定される授業における資料の位置を示した。

　例えば，教師が社会に関する何らかの内容を教えようとする場合，その教えたい内容は教師の社会認識として，教師の内面（主観的世界）の中に存在する。

*インターネット上にあるウェブサイトそれ自体も資料と見なせなくはないが，サイトは文字資料，写真，グラフ，動画などが埋め込まれた総合的な媒体であるため，ここではそこに含まれる個々の資料について検討したい。

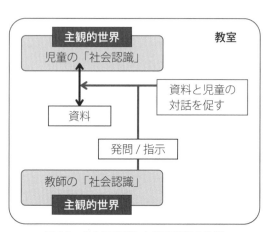

図8.1　社会科授業における資料の位置

その内容をそのまま子どもの内面世界に直接伝えることはできない。そこで，用いられるのが資料である。教師は，資料を通して，自身のもつ社会認識の内容を子どものうちに形づくろうとするわけだが，それには子ども自身が資料を読み，考えるプロセスが必要になる。そこで教師は，子どもと資料との対話を促すために，発問や指示によって資料を読み解くことを求めるのである。

しかし，資料を読むのは子どもであるため，教師がもっている社会認識と子どもが作り上げる社会認識が必ずしも合致するとは限らない。子どものもつ資料の読解力を考えると合致しないことの方が多いかもしれない。むしろ，教師が言葉で解説する方がより直接的にイメージを伝えやすく，誤りも少ないのではないか。それでもなお，資料を用いるのはなぜなのだろうか。

社会科の授業で資料を用いる第一の理由は，指導内容の「実証性」である。子どもたちに教える内容は，教師の憶測や想像，思いつきや意見ではなく，より間違いの少ない，客観的な根拠をもつもの，誰もが事実として確認できるものである必要がある。教えたい内容を単に言葉で伝達するのであれば，子どもは教師の話を信じるほかはない。資料を示すことで，教師の指導内容が現実のものとして，また根拠づけられたものとして理解されるわけである。

第二の理由は，「具体性」である。資料を用いることで，教科書の文章にある概念的な用語や抽象的な言葉を具体的な事実でもって示すことができる。資料が示されることで，子ども自身が社会的事象を豊かな事実認識を基に理解することができる。資料を基に具体と抽象を往復しながら考え，判断することができるのである。

資料は，教える側からすれば，指導内容の実証性・客観性を担保するものであり，学習者の側からすれば，学ぶ内容をより具体的に理解していくための手段であるともいえるだろう。

8.2　社会科で活用する資料の種類

次に，社会科の学習で使用されるさまざまな資料の特性について考えよう。社会科で活用される資料にはさまざまな種類があり，またその整理の仕方もさまざまな方法がある。ここでは代表的な方法を紹介しよう。

(1) 作者による分類

まず，資料をその作成者によって分類する方法がある。作者が収集・記録・作成した情報をそのままの形で掲載した資料が一次資料，あるいは原典資料である。これに対し，一次資料を基に，情報を編集したり，分かりやすく加工したりした資料が二次資料である。以下はその事例である。

学習における資料の位置
学習における資料の位置付けとして，本文では社会的事象を理解するための媒介物として，その特徴を説明してきた。
この他にも，児童が社会的事象について調べて理解したことを表現するために参照したり，根拠として活用したりする素材として資料を位置付けることもできるだろう。資料を表現（説明や議論）の素材として位置付ける場合でも，まずは児童が資料を読み解くという過程が基盤にあるという点は，共通している。

○　一次資料（原典資料）
　　　　例：大日本帝国憲法，野菜品目ごとの県別生産統計
　　○　二次資料（編集・加工された資料）
　　　　例：大日本帝国憲法と日本国憲法の特徴を比較した一覧表
　　　　　　レタスの生産量上位県が全国生産量に占める割合を示したグラフ

メディアリテラシーとしての資料の特性理解
フェイクニュースやSNS上のデマなどが氾濫する現代社会において，情報の正確さや適切さ，バイアスの有無等を考えながら，他者とコミュニケーションを図る能力やスキルが求められている。資料の特性を理解することは，こうしたリテラシーを身に付けるうえでも欠かせない。社会科においても，授業での資料の扱い方を工夫することで，こうしたリテラシーの獲得につなげることが求められるだろう。

　教科書や資料集にも，多くの二次資料が掲載されている。「大日本帝国憲法と日本国憲法の特徴を比較した表」はその典型といえる。二次資料は，一次資料の情報を編集・加工することで，読者の理解を容易にするという特徴がある。例でいえば，二つの憲法を比較した表にすることで，日本国憲法と比べた大日本帝国憲法の特徴を端的に理解させることができる。例えば，天皇主権と国民主権の違い，基本的人権の制限に関する表現の違いなどが整理され理解しやすくなっていよう。また，それによって日本国憲法の民主的憲法としての特質が浮かび上がるようになっているのである。

　しかし一方で，二次資料は編集・加工されたものであるため，編者・加工者の意図が含まれている点には十分に注意したい。先の例でいえば，日本国憲法と比較することで，「大日本帝国憲法は基本的人権の保障がなされていない」との認識をもつとすれば，それは誤りであろう。実際の憲法の条文を見れば，江戸時代には個人に対し全く保障されていなかった，居住や移動の自由，裁判を受ける権利など，さまざまな自由や権利が，制限付きとはいえ保障されていることが分かる。大日本帝国憲法の成立時点では，そうした条文が書き込まれたことにこそ歴史的意義があることに気付けるだろう。

　教材研究においては，扱う資料の種別を確認し，可能な範囲で原典にも目を通しておきたい。二次資料だけでは見えない新たな発見が得られるし，資料作成の意図にも気付くことができるだろう。それらを踏まえたうえで，自らはその資料をどう活用するのかを考えることが重要なのである。

(2) 社会的事象の理解の仕方による分類

　多様な資料を社会的事象を理解する方法との関連で分類する方法もある。森分孝治は，社会科の学習における資料と事象の理解の質的関係を，**表8.1**のように整理している（森分，1984）。

　まず社会的事象を理解するために用いられる資料には質の異なるさまざまな種類がある（表の右列）。またそれぞれの資料に応じて，情報を理解するための活動も異なってくる（左列）。このことは，事象を理解する際の「理解の質」に大きな影響を与える（中央）。理解の質は，大きく「①記号による理解」「②画像・音声・映像による理解」「③行動による理解」の三つに分けられる。

表 8.1　社会科における情報理解の仕方に基づく資料分類

理解のための活動	理解の質	理解のための資料・媒体	
見る・聞く・読む	記号による理解	地図・図表・グラフ・統計	教科書・副読本・その他の文献の説明文，教師や子供による説明
見る・読む	画像・音声・映像による理解	絵画	記録・書き物
見る・聞く		写真	放送・録音
見る・聞く・ふれる		テレビ番組・映画・模型	
事象を見る・聞く・ふれる	行動による理解	現場・実物	
模擬的状況でなってみる・やってみる		シミュレーション・ロールプレイングごっこ・ゲーム	
現場でやってみる・なってみる		実体験	

（出所）森分（1984）p.177 の図を改変

☞ 研究のポイント
児童の社会的事象の理解を促すうえで，**表 8.1** で示した資料や媒体による理解の質の違いを，具体的資料を用いて自ら検討しておくことが大切である。例えば，自動車生産の仕組みを，画像，言語，図解の資料を用いて理解する，あるいはシミュレーションなどの体験を通して理解しようとする場合，どのような違いが生まれるだろうか。この違いを具体的に把握しておくことが，子どもの学習の様子に応じて，どのような資料や内容の説明を補うべきかの判断を支える材料にもなる。授業を組み立てる前の段階で取り組んでみるのもよいだろう。

「①記号による理解」は，図表，グラフ，説明文などを見聞きし，読むことで得られる理解である。資料の作者が事象について理解したことを，意図や目的をもって伝えようと表現したものを理解するという形をとる。資料は，社会的事象に見られる傾向や特色，因果関係など知るべき内容を端的に示すものであり理解しやすい。一方で，そうした資料による理解は，数値や言葉などの記号を通した抽象的な理解にとどまりやすい点，作者のものの捉え方を直接反映した資料であることから，事象に対する見方や態度を強く方向付ける可能性がある点には留意すべきである。

「②画像・音声・映像による理解」は，記録された画像，文書，写真や録音，映像，模型などを見聞きし，読み，触れることで得られる理解である。記録された資料は，事象を細部にわたり具体的に描写するものであるため，知るべきこと理解すべきことがリアルに伝わるし，情緒にも訴えるものとなる。一方で，記録は，事実をそのまま写し取ったもののように見えるが，記録者のものの捉え方を表現したものであり，事象に対する見方や態度を方向付ける可能性がある点には留意すべきである。

「③行動による理解」は，実体験やシミュレーションやロールプレイなど現場や模擬的状況で，なってみる・やってみることで得られる理解であり，現場や実物に触れることで得られる理解である。経験によって五感を総動員して得られる理解であり，最も直接的で具体的な理解となる。その一方で，体験による理解は個別の一回的なものであるため，社会的事象の一般的な特色や傾向を正確に掴むことは難しい。学校での米作り体験をいくら積み重ねても，日本の農業の特色や傾向，課題を正確に捉えられるわけではない。

事象の理解を図るうえで不可欠な資料ではあるが，それぞれの資料に応じた理解の方法や利点がある一方で，課題もあることを踏まえておきたい。

(3) 資料の特性とその利用

　先に挙げたさまざまな種類の資料は，どのように活用すればよいのだろうか。ここでは，社会科の授業で最もよく使用される，画像，言語，図解などの資料の活用について**図 8.2** を基に考えてみよう。

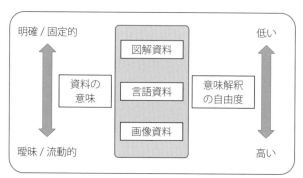

図 8.2　資料の特性を踏まえた利用の方法

　先に説明したように，図表やグラフなどの図解資料は伝えようとすることが明確であり，資料の意味するところは固定的である。これに対し，画像（絵画や映像等）資料は，資料それ自体の意味は曖昧で流動的である。言語資料は，画像ほど意味の曖昧さはないが，図解ほどの明確さはないだろう。資料の情報を基に事象を理解しようとする場合，画像の資料は事象について自由にイメージし解釈できるのに対し，言語資料や図解資料は情報の意味自体が作者によって編集され明示されていることから，イメージや解釈の自由度は低い。事象について，自由に気付きを得させたいのか，明確に理解させたいのかによっても，扱う資料は異なってくるのではないだろうか。

8.3　育成すべき資料活用の能力

(1) 育成すべき資料活用の能力

　2017 年版学習指導要領社会科の目標の (1) では，資料活用について「様々な資料や調査活動を通して情報を適切に調べまとめる技能を身に付けるようにする」としている。また各学年の目標 (1) でも，学年ごとに示される資料は，3 年・4 年が「地図帳や各種の具体的資料」，5 年が「地図帳や地球儀，統計などの各種の基礎的資料」，6 年が「地図帳や地球儀，統計や年表などの各種の基礎的資料」というように違いはあるものの，「情報を調べまとめる技能を身に付ける」という資質・能力に関わる表現は一貫している。小学校社会科の学習は，さまざまな資料を子ども自らが情報を調べまとめるものであることが想定されているのである。

　また示される資料が学年で異なるといっても，それら以外の資料を用いない

☞ **研究のポイント**
図 8.2 で示した資料の特性を活かした授業の展開について考えたい。事象への関心や疑問を引き出したい場合には，多様な視点から資料を捉えたり解釈したりすることのできる画像資料の活用が有効である。逆に，調べる活動を通して，さまざまな事象や出来事を比較したり関連付けたりして，事象の特色や意味を考えさせるうえでは，図解資料を丁寧に読み解くことが役立つだろう。資料の特性を理解し，学習過程におけるそれぞれの段階のねらいや子どもの学習の様子に応じて，資料を柔軟に使い分けることが大切である。

わけではない。社会科の学習で働かせることが期待される「社会的な見方・考え方」には，空間的な見方・考え方，時間的な見方・考え方，事象や人々の相互関係の見方・考え方などがあり，どの学年でもこうした見方・考え方を働かせることが求められる。例えば，3学年で市の様子の移り変わりを学ぶ際には，調査活動で得た情報や地図に加え，時間的変化を示す資料が必要であるし，それを子ども自身が「年表などにまとめること」も求められている。

(2) 資料活用の技能

　2017年版学習指導要領は，小学校から高校までに育成する「技能」を，情報を「収集する」「読み取る」「まとめる」の3段階に沿って整理している（表6.1参照）。ここでは資料活用の面から，これらの技能育成の留意点を考えよう。

　まず「情報を収集する技能」には，「野外調査活動」「社会調査活動」などの「調査活動を通して」情報を収集する方法，「諸資料を通して」情報を収集する方法が挙げられている。野外調査は，教室外に出向いて，現地で調査を行う方法である。学校の周りの土地利用の様子，市町村での生産や販売の仕事の様子を実地で観察する場合が挙げられよう。社会調査は，アンケートやインタビューなどを通して，目的に応じた情報を収集する活動である。アンケートには，対面以外にもメールやオンラインのアンケートフォームを用いた方法がある。インタビューも，現地に赴いて行う方法もあれば，オンラインで行う方法も考えられる。いずれにしても，実際に児童がこれを行う際には，事前に関係者や関係機関との連絡調整を密に取っておくことが重要である。「諸資料を通して」情報を収集する技能については，先に述べた資料の種類や特性に留意して，情報を収集したい。安易にWebの検索システムに頼るのではなく，それも一つの情報源として考えるべきであり，またWebにもさまざまな質の情報があることを子どもに理解させたい。

　「情報を読み取る技能」では，「必要な情報を選んで」読み取る技能に着目したい。必要な情報を選ぶといっても，まずは「事実を正確に読み取る」ことが重要である。例えばグラフを読む際に，縦軸と横軸が何を，どんな単位を示すものなのかを押さえなければ，正確な読み取りは難しい。そのうえで「有用な情報を選んで読み取る」こととなる。この場合は，資料の主題・タイトルに着目したい。グラフでいえば，グラフに示される個々の情報を単純に読むのではなく，主題で表現されている内容を読み取ることである。「A市の人口と廃棄物処理量の変化」であれば，年度ごとの人口や処理量を数え上げるのではなく，それらがどう変化しているかを読み取るのである。当たり前のようだが，初学者である子どもがこの技能を確実に身に付けることが重要である。また情報を読み取る際に，「信頼できる情報について読み取る」技能も大切である。身に

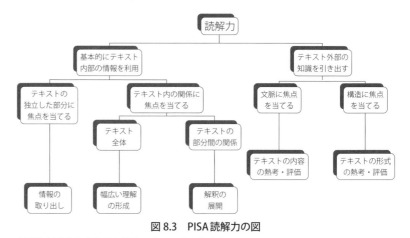

図 8.3　PISA読解力の図

（出所）国立教育政策研究所（2004）p.97 を一部改変

付けさせるうえでは，資料の出所に着目したい。例えば教科書の資料には必ず出典が明記されている。なぜ出典を示すのか。出所・出典の語義とともに，それを示すことの意味について理解させることが大切である。他にも，複数の資料に当たって確からしさを担保する方法もある。情報が氾濫する社会を生きるリテラシーとしても特に重要な技能として位置付けておきたい。

　情報を「収集する」「読み取る」「まとめる」というどの段階の技能も重要であるが，とりわけ，社会科の学習が資料の提示と読み取りなしには考えられないように，「情報を読み取る技能」の育成は，これらの技能の中でも中核的位置を占めると考えられる。思考力・判断力を育成するうえでも，情報の読み取りはまさにその基礎となるものである。

　では具体的にはどのような読み取りが求められるのか。この点で参考になるのが，図8.3の国際的学力調査PISAが示した読解力の各項目である。例えば，社会科の授業で頻繁に使用されるグラフなどはどのように読み取ればよいのだろうか。PISAの読解力を参考に，テキストをグラフに置き換えて考えよう。[*]

　グラフを読み取る作業は，図の左側の「テキスト内部の情報を利用」する部分に当てはまる。ここでは，以下の3点が読み取りのポイントとなる。

> ①情報の取り出し　　　　　　　　　　　　《資料の独立した部分に焦点》
> ②資料（グラフ）全体の傾向の読み取り　　《資料内の関係に焦点》
> ③資料（グラフ）の部分間の関係の読み取り《資料内の関係に焦点》

　例えば，小学校5年の「我が国の食糧生産」の学習で，「食生活の変化と食糧生産の関係」を捉えさせるために，「食料品別輸入量の変化」のグラフがしばしば使用される。小麦，大豆，牛乳・乳製品，果物，肉，野菜，米などの主

*PISAの読解力で示されている「テキスト」とは，文を連ねた文章テキストだけではなく，グラフや統計，図表など，いわゆる非連続型テキストも含まれるとされている。したがって，グラフの読み取りについても，参考にすることが可能と考えられる。

要な食料品がどの程度輸入されているのか，その経年変化を示すグラフである。こうしたグラフを読み取る場合，児童からは次のような答えが出てくると想定される。

＊『新しい社会5 上』（東京書籍，2019，p.117）を参照。

　①「果物の輸入量が1991年から急に増えている。」
　　「1993年から94年だけ米の輸入量がとても多い。」
　②「数十年間，主な食料品の輸入量は，大豆を除き増え続けている。」
　③「多くの食料品の輸入量が増えているが，果物の輸入量の伸びが大きい。」

　①〜③の回答の質的な違いが説明できるだろうか。①は，果物や米など，特定の食料品に着目して，その輸入量の変化を述べている。個々の数値・数量など個別の情報を取り出した回答である。②は食料品全体の輸入量の変化を述べている。全体としての傾向を捉えた回答である。③は他の食料品の輸入量変化と比べた，果物の輸入量変化の特徴を述べている。比較・関連付けによって特徴・変化・対照性のある部分について回答している。

　グラフといっても，読み取りの観点が違えば，取り出される情報の質は全く異なってくる。重要なのは，一人ひとりの児童が，これらすべての観点からグラフを読み取れるかという点にある。授業でグラフを提示し，「気付いたことを発表しよう」と投げかけ，クラス全体でいずれかの観点からの回答を出し合うだけでは，本当に個々の児童の読解力を向上させることができているか定かではない。したがって，以下の点には十分に留意しておきたい。

> ① 個々の子どもがどの視点からも資料（グラフ）を読めるのかを，確認しているか。
> ② 個々の子どもがどの視点からも資料（グラフ）を読めるよう，手立てを取っているか。

　こうした基本を踏まえたうえで，さらに求められるのが，資料を相互に比較したり関連付けたりして考え，判断するという過程である。先の食料品輸入の例でいえば，そもそも輸入量が増え続けることの背景や要因，またそれによる社会への影響はグラフだけを見ても分からない。背景・要因を知るには変化した日本人の食生活と輸入される食料品を関連付けることが必要だし，影響を知るには，国内の農業生産量や田畑の耕地面積，宅地面積の変化を調べたり，輸入品に対抗する各地の戦略や食糧安全保障の考え方について調べることが必要だろう。そうやって資料を比較・関連付け，背景や要因，さまざまな影響を，具体的な事実の連鎖として説明できることが何よりも重要である。

8.4 資料活用の方法

　授業は，一つの資料を読み取ることがゴールではない。社会的事象についての理解を深めていく「探究の文脈」に，さまざまな資料を位置付け，子ども自身がそれらを活用して，思考・判断していくことが重要である。したがって，学習過程の段階によって，資料活用の意図や方法は異なってくる。

　まず導入の段階では，これから学習する主題や中心となる社会的事象への興味や探究意欲を引き出すことを重視したい。資料活用の点で言えば，教室に実物を持ち込んだり，子どもにとっての意外性や驚きを生む事実や数値を示した資料を活用したい。また数値を示すにしても，子どもの生活経験の延長で感じとれるような単位に置き換えることである。レタス生産全国1位の長野県の年間生産量が，22万tと示されるより，1個500gのレタスが4億2200万個とされる方が，その膨大さをイメージしやすい。興味や驚きから，さらなる疑問を引き出し，学習問題の立ち上げにつなげたい。

　単元の導入の場合は，その単元の学習内容を最も象徴するようなモノ・ヒト・コトを示す資料を提示して，単元の内容に興味を持たせる方法や，単元で扱うさまざまな資料を予め用いて，数時間先に学習する内容も含めて，単元の全体像をイメージさせ，さまざまな疑問を引き出しておき，その後の各時間での導入資料としても活用するという方法も考えられるだろう。単元の学習過程において資料は繰り返し何度でも使うことを前提に考えたい。

　展開過程では，学習の問題への答えを探し，子ども自身で考えをつくる手段として活用する。さまざまな資料の読み取りを丁寧に行い，把握した事実を基に，事象や出来事の意味や特色，事象相互の関連について考察したり，課題に対する自身の関わり方を考えたりする。この際，資料は，事象について知る手段である一方で，自らの考えや判断を形作る際の手段となる。

　まとめの段階では，資料は，学習の問題への自分の答え，考えや判断を表現する際の根拠として，あるいは他者に対して自らの考えを説明する際の，あるいは議論において相手を説得する際の根拠として活用するものとなる。

　資料活用の能力は，1時間や1単元の学習で容易に身につくものではない。しかし，毎時間の授業の積み上げがなければ十分な力が身につくはずもない。大切なのは，社会科の年間指導計画や小学校4年間のカリキュラム全体を見据えた中・長期的なビジョンをもって，日々の授業で子どもの能力を徐々に高めていくという成長論的な考え方ではないだろうか。

［溝口　和宏］

☞ **研究のポイント**
資料の選定をするうえでは，子どもが社会的事象を捉えるための見方・考え方を働かせることができるかどうかも選定のポイントとなる。例えば，レタス畑の空間的広がりからその広大さを捉えさせるのか，膨大な数のレタスが列ごとに整然と植えられている様子から，種うえに係る人々の工夫を捉えさせるのかによって，選定する資料も異なれば，学習による気づきも異なってこよう。授業で扱う資料とそれを読み解く上で働かせる見方・考え方（視点や方法）のつながりについても目を向けておきたい。

9章

地図, 地図帳, 地球儀の使い方

9.1 社会科における地図, 地図帳, 地球儀の役割

地図研究家の今尾恵介が「地図帳は世界の入門書」(今尾, 2019, p.3) というように, 地図帳は, 身近な地域～日本～世界まで, さまざまな情報を掲載しており, 小・中・高の社会科系教科では, 欠かせない図書でもある。

2017年版学習指導要領より, 第3学年から地図帳 (教科用図書 地図) が配布されることとなった。1955年に第4学年から配布される教科用図書として地図帳が定められて以降, 初めてのことである。これは, 社会的見方・考え方の段階的な学習指導を行うことや, グローバル化の影響から, 早期から世界各国・地域の情報に触れることなどを踏まえ, 実施される。『解説 (社会)』の「第4章 指導計画の作成と内容の取扱い」には, 日常的な地図帳の活用によって, 位置や空間的な広がりに着目して社会的事象を捉える見方・考え方を養うことができることや, 地図帳が問題解決のための教材となることが示されている。そして, 日常の指導の中で, 折に触れて, 地図の見方や地図帳の索引の引き方, 統計資料の活用の仕方などを指導し, 地図帳を自由自在に活用できる知識や技能を身に付けるようにすることが大切であるとしている。現在の地図帳は, 都道府県や各地方, 日本列島, 世界の諸地域等の地図だけでなく, 主題図や統計・索引・写真・挿絵・グラフ・鳥瞰図等も掲載され, 内容が豊富である。学習の諸場面に常に, 地図帳があり, 「地図帳のどこを見たらよいのか」という問いとともに, 学習を展開させたい。

また, 地球儀については, 2008年版以降の学習指導要領の第5学年と第6学年の目標に地球儀の活用が記されている。地球儀の活用によって, 世界を球体として正しく把握するのはもちろんのこと, 世界の位置関係や大きさのイメージを正しく把握することにもつながる。できれば教室に少なくとも1台地球儀を置き, 常に眺められる学習環境を作っておきたい。

近年, **GIS (地理情報システム)** や**GPS (全地球測位システム)** * の発展により, 国土地理院によるウェブ地図の地理院地図やIT企業による地図検索サービス, 地方自治体による地域防災マップなど, 日常生活の中で, ローカルからグローバルな規模まで多様な地理空間情報が提供され, 接する機会が増えている。これらの地理空間情報は, 文字情報だけでは捉えきれない地域や社会の複雑な仕組みや構造の理解を可能にし, まちづくりや防災, 環境などの社会をとりまく

*GISとGPS
GIS (地理情報システム) とは, 地理情報を, コンピュータの地図上に可視化して, 情報の関係性, パターン, 傾向をわかりやすいかたちで導き出す技術のことである。地図上に可視化されるので, 表データで示されるよりも理解しやすいのが特徴である。
GPS (全地球測位システム) とは, 地球上における位置を求めることを目的に打ち上げられた衛星の電波を受信し, 地球上どこにいても正確に位置を知ることができる仕組みのこと。自動車のカーナビゲーションシステムやスマートフォン (携帯電話) などに搭載されている。

さまざまな問題解決の手助けにもなっている。

　学校教育においても，地理空間情報を活用した問題解決能力の育成は必須であり，それは地図や地図帳，地球儀の活用によって達成されるだろう。地図帳は，各地域の地図だけでなく，気候や産業・交通・歴史など，さまざまな主題図や統計・挿絵・グラフ・鳥瞰図等を掲載し，多くの地理空間情報に触れる機会を提供している。また，デジタル地図帳も提供され始め，地図の表示要素を選択したり，統計データを地図化したりなど，地理空間情報を学習者自らの選択判断で，構成することも可能となった。地球儀もビーチボールタイプのものからデジタル化されたものまで，さまざまな地球儀が開発され，目的によって使い分けできるようになった。

　以上より，社会科の学習では，学年や発達段階に応じた地図や地球儀の見方を働かせる支援を行い，さまざまな地図・統計等の地理空間情報を積極的に活用させることで，社会的事象の空間的な仕組みや構造をより深く認識させることができる。

9.2　地図の見方と段階的な地図の活用方法

　授業で地名が出てきたら地図帳の索引を引き，その位置を調べるといった活動が一般的に行われている。だが，地名の位置を確認するだけで，地図帳を閉じてしまえば，活用しているとはいえないだろう。寺本潔は，『社会科の基礎・基本―地図の学力』(2002) において，地図を読む力や描く力は，練習することで高まることを述べている。つまり，小学校社会科では，地図を読むことと描くことを適切に段階的に取り組ませることが重要になる。

　子どもの手描き地図を手掛かりに，子どもの知覚環境の発達について研究を行った吉田和義は，『手描き地図分析から見た知覚環境の発達プロセス』(2018) において，小学校第1・2学年の段階は「線的な表現のルートマップの形成期」であり，第3・4学年が「広い空間が描かれた面的な表現のサーベイマップへの移行期」に変化する「転換期」にあたることを明らかにしている。同様に，アメリカのD. ソベル (David Sobel, 1998) でも小学生の地図づくりについて，9〜10歳から11〜12歳にかけて，簡単な配置図から平面図や鳥瞰図を描くことに移行する時期と捉えている。

　また，カナダのオンタリオ州のカリキュラムでは，地図・地球儀のスキルのマトリックスが示され，学年段階ごとに身に付けるべき地図・地球儀のスキル目標が示されている。一つ事例を挙げると，方位について，第1学年では位置や動きの表現を前後左右の表現で示すこと，第2〜3学年では四方位を使って表現すること，第4〜6学年では八方位を使って表現することが示されている。

このように地図の読み描きスキルは，段階的に，そして積み重ねによって高まることが，国内外の研究やカリキュラムからも示されている。

　地図は，点記号・線記号・面記号で構成されている。そして，地図の見方の基本は，記号（凡例）と方位，縮尺（スケール）等を読むことである。さらに，記号の相互関係性（いわゆる位置や場所・地域の特性）を読むためには，方位や距離の概念が必要である。距離を測るには，縮尺が必要である。これらの基本を，まずは教師が理解しておくことが大切である。

　では，これらをどのように段階的に指導していったらよいだろうか。

　小学校では，これらを発達段階に応じて，指導していくことが求められる。ここでは，3段階に分けて，地図の学習方法を提示したい。

(1) 身近な生活環境の地図化

　まず，地図の導入前に，教室や身近な地域（学校周辺）の地図化を行いたい。簡単な配置図から始めることでよい。写真や絵，色を使い，その場所を伝える記号を考えたり，前後左右など方位につながる表現や，自分から近い・遠いなど距離・スケールにつながる表現を用いたりして，ポスター等の平面図やブロック等を利用した立体図といった地図作成の学習活動を行い，事前に地図の見方の基礎を培いたい。

　例えば，通学路のルートマップを描くことや，学校の校舎や校庭の配置図をブロックやつみきを使ってつくってみてもよい。図9.1-①②は，学校の正面からみた景観と真上からみた配置図を示したものである。なるべく立体的に配置図（模型）をつくり，景観と配置図を見比べて，地図の基本を捉えさせたい。

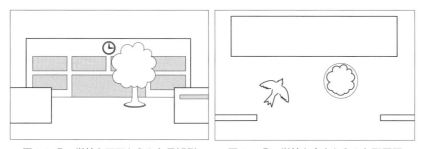

図9.1-①　学校を正面からみた景観例　　図9.1-②　学校を真上からみた配置図

(2) 境界や面／形に着目する

　次に，点や線記号とともに，交通網の広がり方や都道府県の形など，地図における境界や面にも着目させる。産地調べで市町村や都道府県，外国の地名が出てきたときには，地図帳を使い，位置や産物の絵記号だけでなく，対象となる地域の形や大きさに着目したり，地域を構成する色の読み取りから地形や土

＊地図の記号
地図では，四つの基本的な記号（点記号，線記号，マトリックス状の面記号，入れ子状の面記号）を用いて事象を表現している。点記号は，建物の位置などの事象を示す。線記号は，河川や交通網などのネットワークに関連した事象を示す。マトリックス状の面記号は，地域区分や土地利用などの区分に関わる事象を示。入れ子状の面記号は，等高線や等値線を利用した，量的な違いが見られる事象を示す入れ子状の面記号である。四つの記号は，明確に区分できるものではないが，地図はこのような基礎的な記号によって，社会的事象を表現する。

図 9.2　群馬県庁 26 階にある巨大ジオラマ

（筆者撮影）

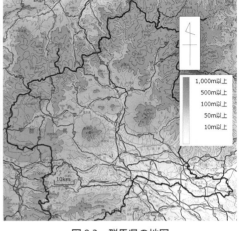

図 9.3　群馬県の地図

（出所）地理院地図より作成

地利用の特色を捉えたり，それらを比較したりする活動を行うことが考えられる。

　例えば，図 9.2 と図 9.3 のように，立体模型と地図を比較することで，地図では高いところが茶色に塗られていることや高い地域の広がり方を確認することができる。

(3) 空間的な相互関係に着目する

　最終段階では，空間的な相互関係を地図で捉えさせたい。例えば，関東地方の野菜生産に着目すると，関東地方の野菜生産の分布図，人口の分布図，主要道路の分布図を関連付けると，内陸部の野菜生産の多さと人口の多い首都圏（消費地）に気付く，そしてそれを結ぶのは，主要道路の広がりであることが分かる。このように事象の空間的な相互関係を地図の比較や重ね合わせを通して行うことができる。

　また，歴史領域の学習においても，地図帳には，歴史の舞台となった主な場所やむかしの境界についても地図で示され，歴史的事象を空間的な位置関係から確認することができる。

　以上，地図の段階的な指導の概要をまとめた。この三つの段階は，低学年，中学年，高学年を目安に提案しているが，子どもの実態や学習目的に応じて，適用していくことが重要である。次に，現在の学習指導要領の内容や学年段階に従って，具体的な地図や地図帳の指導について述べる。

9.3　中学年の地図，地図帳の使い方

　第 3，4 学年にあたる中学年は，先述した通り，サーベイマップの形成期にあたり，地図指導において大切な時期である。ここでは，第 3 学年では位置付

ける指導，第４学年では経路を追う，重ね合わせる指導として地図指導の重点
を捉えた。

(1) 第３学年：位置付ける指導

第３学年では，位置と方位を捉え，分布や地域間のつながりを読み取り，地
図に表現することを中心とし，主な地図記号と方位について扱う。『解説（社
会）』(2017) において，事例として挙げられた地図記号（下記および図 9.4）は，
建物や施設に関わるものと土地利用に関わるもの，交通に関わるものである。

> 主に点記号：建物や施設（学校，警察署，交番，消防署，工場，神社，寺院，
> 　市役所，図書館，博物館，老人ホーム，郵便局，銀行などの金融機関，病院
> 　など）
> 主に線記号：交通（鉄道，駅，道路，橋，港，空港など）
> 面記号：土地利用（田，畑，果樹園，森林など）
> 方位：四方位と八方位（八方位は第４学年修了まで）

図 9.4　地図記号の例

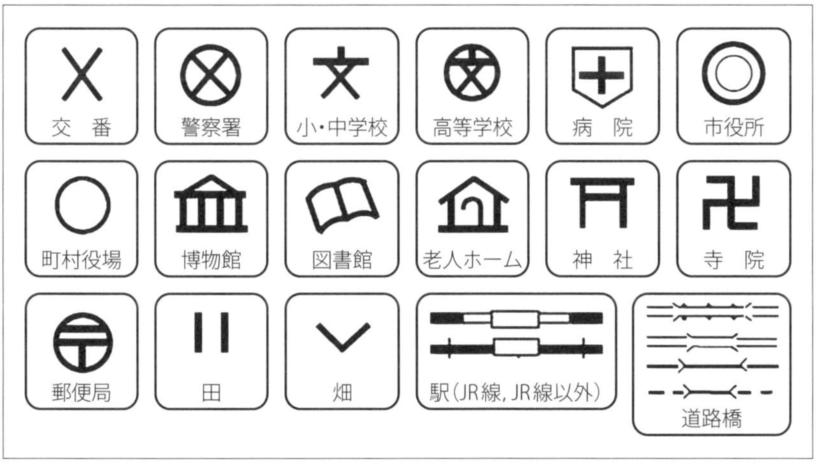

(出所) 国土地理院 (2017) より抜粋

具体的な指導としては，絵地図を描くことが考えられる。例えば，市の様子
の学習では，市を紹介する絵地図を描く活動が挙げられる。ここでは，市の様
子について調べたことを，地図に表現することで，まとめる。子どもたちのオ
リジナルの地図をつくることになるので，絵や着色を工夫し，地図上に位置付
けることを大切にしたい。また，地図をつかって他者に道や名所を案内するこ
とも考えられる。

その他，商品調べ等では，日本地図や世界地図も扱うことになるが，自分の

暮らす市からの距離や方位を意識して位置を確認させたい。市の移り変わりでは，地図をつかって，土地利用や交通の変化をみる学習が多い。

　以上より，第3学年では，事象を地図上に位置付けたり，位置を読み取ったりする指導を中心としたい。

(2) 第4学年　経路を追う，重ね合わせる指導

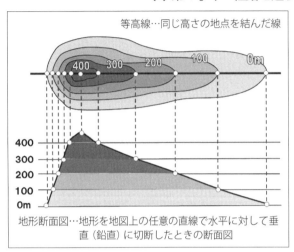

等高線…同じ高さの地点を結んだ線

地形断面図…地形を地図上の任意の直線で水平に対して垂直（鉛直）に切断したときの断面図

図9.5　等高線と地形断面図の例

（出所）国土交通省国土地理院「キッズページ・断面図を作ってみよう」を基に編集作成

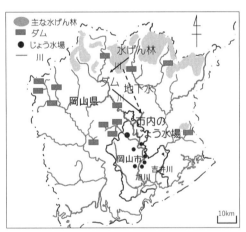

図9.6　飲料水の供給に関する地図のイメージ（岡山県および岡山市を事例として）

　都道府県を学習対象とする第4学年では，地形・主な産業，交通網，主な都市の位置などに着目することとなり，より線や面への着目が重視される。特に，第4学年では，第3学年で扱う地図記号に加え，等高線や地形断面図等（図9.5）の「高さ」や縮尺を使い「距離」をはかるスキルを習得させたい。

　そこで，第4学年では，ルートや経路に着目し事象のつながりや広がりに着目させたり，地図の重ね合わせをしたりして，地域を総合的に捉える指導が考えられる。

　例えば，ルートや経路については，県全体の学習の場合，高速道路は，県内のどこを通っているのかを地図を指でなぞって考えさせ，地形や都市とのつながりに気付かせたりできる。また，飲料水の供給の学習では，地図で水源林・ダム・河川・浄水場を線で結びつけ，供給の仕組みと距離や地形との関係を追究する活動（図9.6）が考えられる。

　また，地図の重ね合わせは，県内で自然災害が過去に起こった場所を示す地図と，県内の地形を表す地図を重ねあわせることで，自然環境との関わりを確認することができる。地図の重ね合わせの方法は，ベースとなる白地図の上に，複数の透明シートを用意し，それぞれのシートに地形や交通・都市などの情報をかき，シートを選択しながら重ね合わせる方法が手描きで行う方法である。最近では，GISソフトを使い，コンピュータ上で，比較的簡単に作成しやすくなっている。

9.4　高学年の地図，地図帳の使い方

　高学年にあたる第5，6学年では，中学年で培った地図のスキルを活かした使い方をしたい。第5，6学年は，学習対象の地域規模が日本や世界に広がり，より一層地図の出番が多くなる。特に主題図が多く使われており，地図の読み描きのステップアップが求められる。

(1) 第5学年　範囲やスケールを意識した指導

　第5学年では，国土と産業の学習となる。第5学年の始めは，地球儀や地図を使い，世界の大陸や海洋の位置関係や日本の構成や範囲を確認する。ここでは，メルカトル図法やモルワイデ図法の地図が使われることが多い。特に，地図によって世界の見え方が異なること[*]にも留意して，世界や日本の位置関係を読み取る活動を取り入れることが期待される。

　これ以降の第5学年の学習では，主題図が多く登場し，それらをどのように読み取り表現するのかが大切である。例えば，工業生産の学習では，日本の主な工業の種類や工業の盛んな地域の分布を示した主題図と交通網や外国との関わりを示した主題図の関係を読み解くことで，工業生産における貿易や運輸の役割を捉えることができる。また，事例地を選択して，事例地での工業生産の様子を学習する単元もある。その他，食料生産や森林・防災・公害を扱う自然環境と国民生活との関連にかかわる内容についても同様に，二つの地図を比較して関連性を読み取ったり，日本全体のことと事例地のことなどを扱ったりする。よって，範囲やスケール（地域の規模）に留意しながら，諸要素の相互関連性を子ども自ら発見させるような指導を行いたい。

(2) 第6学年　地図や地図帳を活用する指導

　第6学年は，主に政治・歴史・国際に関する学習なので，地図や地図帳は比較的関係ないと思われがちだが，第6学年こそ，これまでの地図学習の集大成として，地図や地図帳を多く活用したい。

　歴史に関する学習では，分布やルート，範囲に着目して地図を読んだり，描いたりするとよい。例えば，全国の国分寺の分布を示した地図を使うと，国分寺が多い地域と少ない地域はどこか，なぜそうなのかを考え，当時の大和政権の広がりを考察することにつながる。また，文化や人の伝来のルート（ここではあえて「ルート」という）を追う学習では，地図を見てどこからどこまでかを子どもに発見させる学習も考えられる。地名・方位・距離の概念を使いながら，どのように広がっているのか，どこからどこまでなのか地図を見て表現させたい。また，地図帳には，日本の昔の地名や範囲，年表，世界遺産などが掲載さ

＊世界地図の図法
球面である地球表面を平面の地図で表すと，さまざまなひずみが生じる。ひずみとは，大陸や海洋を平面に引き延ばしたときに生じる面積や距離等の拡大や誇張のことである。世界地図では，面積・方位・距離・角度などすべてを正しく表すことはできない。教師側は，今つかっている世界地図がどんな図法の地図なのかを留意して使用したい。

れている。例えば，鎌倉幕府が置かれた場所を地図帳で確認すると，その地形的特色も分かりやすい。

　国際関係の外国の人々の生活と文化を調べる学習では，地図帳を使い，各地域の地図にある絵記号で示される地域の特色ある事象を発見したり，写真や統計資料にも触れたりすることができる。

　以上のように，第6学年では，地図や地図帳を積極的に活用し，事象の空間的な関係性を読み解く指導が考えられる。

9.5　地球儀の使い方

　地球儀は教室に常備し，子どもたちがいつでも触れられるようにしておくことが理想である。学習指導要領には，第5学年から地球儀の活用が記されているが，教室には学年問わず常備しておくとよい。

　地球儀は，主に2種類あり，国や地域の区分を中心とした行政図のもの，自然環境を中心とした地勢図のものである。また，北極点と南極点に軸受がある回転できるものと，球体のみのものがある。用途によってこれらを使い分けすることとなる。

　地球儀の使い方の基本は，①球体として眺め，国や地域，都市，地形，大陸などの位置や形，位置関係を確認すること，②赤道・緯線（緯度）・経線（経度）を確認すること，③東西南北の半球や傾きを確認すること，④距離や方位を測ること（図9.7）である。具体的には，①〜④を関連させて地球儀を活用することとなる。次にいくつかの事例を提示したい。

＊**戦前から戦後の地球儀活用**
明治初期にはすでに地球儀利用の重要性が認識されており，小学校向けの地球儀利用の書籍がいくつか刊行されている。徐々に，地球儀の利用は教授書の中で記述されなくなり，その重要性は薄れていったという。戦後，1950年代後半ごろになって再び地球儀の重要性が指摘されるようになり，2008年版学習指導要領より，地球儀の活用が目標に明記された。

距離の調べ方：地球儀の2点間に紙テープをはり，距離をはかる。その地球儀で，1cmが何kmか調べ，実際の距離を計算する。

方位の調べ方：2本の紙テープを経線に直角になるようにはり合わせ，方位を調べたい地点にその交わった部分を置く。

図9.7　地球儀での距離と方位の調べ方

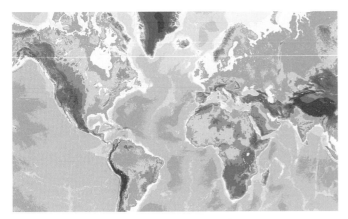

図9.8　地理院地図の世界地図
（出所）地理院地図より作成

図9.9　地理院地図Globeでみたアフリカ大陸
（出所）地理院地図Globeより作成

(1) 大陸や海洋の大きさ比べ（形状や面積の比較）

　大陸や海洋の大きさ比べは，一番基本的な地球儀の使い方である。第5学年で扱う世界の大陸と海洋の学習では，積極的に地球儀を使いたい。地球儀と地図では，描かれる大陸の形が異なる。地球儀を観察し，大陸の大きさの順位づけなどの活動が考えられる。

　例えば，アフリカ大陸の大きさ（図9.8および図9.9）は，緯線と経線が垂直に交わるような世界地図では，実際より小さく見え，それが子どもたちのアフリカ大陸の広さの認識につながってしまうこともある。実際に地球儀で確認すると，ユーラシア大陸に次ぐ大きさである。地図では，帯状に示されがちな南極大陸も地球儀でその形が確認できる。

(2) 日本と世界各地の位置関係（方位や距離）

　東京とほぼ同じ緯度にある都市の一つに，イランのテヘランがある。東京からみたテヘランの方位は，地球儀で調べるとおおよそ北西にある。アメリカ合衆国のサンフランシスコは北東にある。このように，正しい方位を知ることは，一般的にみる地図とは異なった世界観を得ることができる。

　同様に距離も含めて捉えていくと，例えば東京を中心としてみた場合には，東京中心の正距方位図のような世界観になるが，地球儀の場合には，どの都市や地域でも中心にみることができるので，自分の住んでいる地域や他の地域からみた世界を認識する手助けとなる。

(3) 航行ルートを考える

　船で日本からイギリス（ロンドン）まで行くとしたら，どこを通ると近いだろうか。紐やビニールテープを使って，ルートと距離を考えることができる。

北極海を通るルートが一番近いのだが，実際には，厚い氷に阻まれて通れないので，スエズ運河を通るルートを選択している。だが，近い将来，北極海ルートが可能になる日が来るかもしれない。

かつて日本の航空路線では，ブラジルへの直行便として，ニューヨーク経由の航空便があった。なぜ，アメリカ西海岸やハワイなどを経由せず，ニューヨークなのか。地球儀で，ブラジルを目指すと，ニューヨーク近郊を通過することを発見できる。いわゆる大圏コースを確認することにつながる。

(4) 時差や気候の違いを考える

地球儀では，時差や気候の違いを考えることもできる。定番ではあるが，地球儀（軸受つき）にスポットライトをあて，自転の様子や気候（季節）の変化を確認することができる。社会科の学習では，赤道や本初子午線，日付変更線の位置をはじめ，緯度や経度に着目しながら，地球儀をみることができるとよい。

(5) その他

アメリカでは，低学年から中学年で，ビニールボールやクッションタイプの地球儀を使い，投げ合ってボールをキャッチしたときに，右手人差し指が陸か海かをカウントして，地球は陸より海の方が広いことを確認する有名なアクティビティがある。また，日本では地球儀を手作りする方法を提案している書籍やウェブサイトもある。その他，家庭用から博物館用に至るまで，デジタル地球儀＊も多様なものがある。

9.6　地図，地図帳，地球儀の活用における課題

社会科学習において地図や地図帳，地球儀を扱うことの重要性は，昨今より一層高くなり，周知されつつある。それは，社会科の目標に，地図や地図帳，地球儀の文言が入ったことから明確である。また，それに伴い，地図や地図帳，地球儀を扱う技能の体系化も必要なことである。『解説（社会）』（2017）では，参考資料として「社会的事象等について調べまとめる技能」を掲載している。表9.1は，その中の地図や地球儀に関わる文言を抽出したものである。

表では，情報収集する技能として，地図や地球儀を用いること，情報を読み取る技能として，地図から傾向や正確な事実を読み取ること，情報をまとめる技能として，地図上にドットでまとめたり白地図にまとめたりすることを挙げている。

小学校社会科の地図・地球儀指導では，子どもの空間認識の発達段階が大きく関わっている。表を参考にしながらも，子どもたちの実態を教員が捉え，地

＊デジタル地球儀
Google Earthや地理院地図globeなど，パソコンやタブレット等で操作して観察するものや，地球儀をタッチペンで触れると情報音声が流れるタイプのもの，地球儀型のディスプレイに衛星画像やテーマ別の地球の映像を映し出し，実際に触れながら観察できるものなど多様化している。

☞ 研究のポイント
子どもの実態の捉え方
子どもの実態の捉え方には，事前アンケートやテストを行ったり，授業中に子どもたちの様子を見取ったりする方法等がある。地図，地図帳，地球儀活用の技能についても，先に紹介したような発達段階の指標や学習指導要領で示される目標や内容をもとに，診断的に評価するテストを作成したり，授業中に取り組む課題を作成したりして，子どもの実態を捉え，授業開発に活かしていきたい。

表 9.1　社会的事象等について調べまとめる技能（地図，地球儀関連）

	技能の例
情報を 収集する技能	手段を考えて課題解決に必要な社会的事象等に関する情報を収集する技能 【1】調査活動を通して ・地図を現地に持って行き，現地との対応関係を観察し，情報を集める 【2】諸資料を通して ・地図（さまざまな種類の地図）や地球儀から，位置関係や形状，分布， 　面積，記載内容などの情報を集める
情報を 読み取る技能	収集した情報を社会的な見方・考え方に沿って読み取る技能 【1】情報の傾向性を踏まえて ・位置や分布，広がり，形状などの全体的な傾向を読み取る ・量やその変化，区分や移動などの全体的な傾向を読み取る 【2】必要な情報を選んで 〇事実を正確に読み取る ・方位，記号，高さ，区分などを読み取る（地図）
情報を まとめる技能	読み取った情報を課題解決に向けてまとめる技能 【1】基礎資料として ・地図上にドットでまとめる 【2】分類・整理して ・位置や方位，範囲などで整理して白地図上にまとめる

（出所）『解説（社会）』（2017）を参考に作成

図や地球儀の指導を行いたい。それとともに，教師としても地図・地球儀に関わる技能も向上させていく必要がある。

[宮﨑　沙織]

ICTの活用

10.1 社会科で活用されるICT

(1) ICTとは

ICTとは，Information Communication Technologyの略で情報通信技術のことである。ICTを活用することで，次のようなことが学習において可能となる（文部科学省，2019）。

　　・文章の編集，表・グラフの作成，プレゼンテーション，調べ学習，試行の繰り返し，情報共有
　　・思考の可視化，学習過程の記録，ドリル学習
　　・瞬時の共有，遠隔授業，メール送受信

社会的事象について調べ，その特色や意味などを考える社会科学習においてはこれらの機能を効果的に活用していくことが期待される。

(2) 情報活用能力とは

『解説（総則）』(2017) には，次のように，急激に変化していくこれからの社会の中で情報活用能力が重要であると示されている。

> （前略）児童が情報を主体的に捉えながら，何が重要かを主体的に考え，見いだした情報を活用しながら他者と協働し，新たな価値の創造に挑んでいけるようにするため，情報活用能力の育成が極めて重要となっている。

また，同『解説（社会）』(2017) には，社会科の学習で重視する点が次のように示されている。

> （前略）社会の変化に自ら対応する資質・能力の育成を図る観点から，学び方や調べ方を大切にし，児童の主体的な学習を一層重視することが必要である。すなわち，児童一人一人が自らの問題意識をもち，問題解決の見通しを立て，必要な情報を収集したり，収集した情報を読み取ったり，読み取った情報を分類・整理してまとめたりする学習活動を構成することが大切である。

これらのことから，社会の変化に自ら対応する資質・能力を育成するために

情報活用能力を向上させることが必要であるといえる。[*]

　以上を踏まえると，情報活用能力の育成のためには，ICT活用に関わって次の四つの学習活動を充実させることが重要となる（文部科学省，2017b）。

　　・文章を編集したり図表を作成したりする学習活動
　　・さまざまな方法で情報を収集して調べたり比較したりする学習活動
　　・ICTを使った情報の共有や協働的な学習活動
　　・ICTを適切に活用して調べたものをまとめたり発表したりする学習活動

　これらの学習活動を子どもが繰り返し経験することによって，情報活用能力が向上するとともに，社会の変化に自ら対応する資質・能力の育成を図ることができるのである。

(3) 社会科におけるICT活用の目的

　社会科においてはICT活用の目的について二つの方向性がある。

　第一は，ここまで述べてきたように，社会の変化に自ら対応する資質・能力の育成のために活用するという目的である。その際は，子どもがICTを活用することへの必要性を感じられるようにすることや，ICTの活用場面や活用方法を，教師が具体的に想定しておくことが大切である（文部科学省，2017a）。

　第二は，児童の発達支援のために活用するという目的である。「教育の情報化に関する手引」（文部科学省，2019）では，発達障害のある子どもが学習意欲をもったり集中力を高めたりして学習への参加度を高められるよう，ICTを活用することが示されている。例えば，映像資料を提示して視覚的に情報を得られるようにしたり，プレゼンテーションソフトで動きを示して注意喚起を促したりすることが考えられる。

　つまり，社会科でのICT活用の目的とは，子どもの発達を支援しつつ，社会の変化に自ら対応する資質・能力を育成することであるといえる。

　以下，社会科におけるICT活用として，「資料提示場面でのICTの活用」「調べる活動におけるICTの活用」「ICTを活用したまとめ，表現の活動」について具体例を混じえながら述べていく。

10.2　資料提示場面でのICT

　ここでは，教師による資料提示場面でのICT活用を提示する。

　『解説（総則）』（2017）には，大型提示装置（例：大型テレビ，プロジェクター）で資料を提示することが，児童の興味・関心を高め，課題をつかませることに有効であると示されている。表10.1は，資料提示場面での使い方について筆者が整理したものである。

*社会科以外では例えば次のようなICT活用が例示されている。
・算数―データを表に整理した後，グラフに表す。
・図画工作―カメラで自らが発見した身近にある形や色などのよさや美しさや自分たちの活動を記録する。
（参考：文部科学省，2019）

表 10.1　社会科における資料提示場面での ICT 活用

項目	具体的な方法
①注目箇所の強調	・マスキングをし，少しずつ剥がしながら見せる。
②段階的な提示	・画像の半分程度を隠し，徐々に開ける。
	・2 枚の写真が徐々に変化するように見せる。
③資料の読み取り指導	・グラフを途中まで見せた後，全体像を見せる。
	・グラフに動きを付けて見せる。
④既習の活用	・既習単元や前時の板書，既出資料を提示し，本時との関連を示す。

（1）注目箇所の強調と段階的な提示【第 5 学年「環境を守るわたしたち」】

　この単元のねらいは，公害に対する行政や地域の人々の取組を理解するとともに，自分たちにできることを考えようとする態度を育むことである。ここでは，熊本県で発生した水俣病を取り上げ学習した。

　第 2 時で，公害が深刻化していた当時の海が，現在は大きく改善されていることに着目させた。改善への取組に問題意識をもたせるために，ICT を活用し資料提示を行った。

　図 10.1 の上段の写真は 1950 年代の水俣湾の写真である。工場からの排水が水俣湾に流れ込んでいることが分かる。ICT を用いてこの場面を提示した段階で，海が工場排水によって大変な状況になったことに，子どもは強い関心を示した。その後は，70 年ほど後の水俣湾の様子（下段の写真）を提示した。長い年月を経て改善されていることに児童は驚き，「環境を改善するために，誰がどのような取組を行ったのか」という問題意識をもつようになった。

　段階的な提示はプレゼンテーションソフトを用いたものである。ここでは，

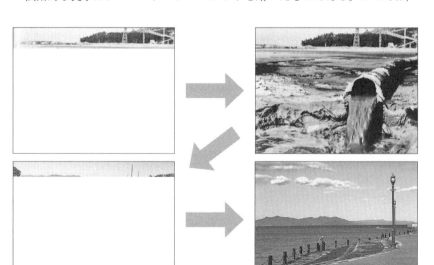

図 10.1　第 5 学年「環境を守るわたしたち」での ICT 活用

＊外尾（2013）p.18 より引用。（写真：塩田武史）

＊＊エコパーク水俣提供。

＊＊＊この時間では，「地域の人々が汚れを取り除いたのではないか」「漁業をやっている人たちが積極的に取り組んだのではないか」「市や工場も取り組んだのではないか」などの問いが見いだされた。これらを整理し，「公害が発生した水俣市は，どのようにして環境モデル都市になったのだろう」という学習問題を設定した。

この場面での授業の様子（抜粋）
T：（上段左の写真を提示しながら）1950 年代の海の様子なんだけど，こうなっていたんだよ。（マスキングを外す）
C：パイプから，すごい汚れが出されている。生き物がいなそう。
T：（下段左の写真を示しながら）さっきの写真の頃から 70 年ほど後の様子，どうなったと思う？（マスキングを外す）
C：すごくきれいになった！なんでこんなにきれいになったんだろう。

時間的な経過にそって写真を提示した。ICTの活用によって，子どもにストーリー性を感じさせ，人々の取組について問題意識をもたせることができた。

(2) 資料の読み取り指導 【第5学年「水産業のさかんな地域」】

　この単元のねらいは，水産業に従事する人々の取組やそれに関わる社会の仕組みを理解することである。

　第6時に，日本の水産業が抱える課題を捉えられるようにするために，ICTを活用した。このグラフ（図10.2）は，水産業のうち沖合漁業・遠洋漁業・沿岸漁業の生産量が年々減少していること，特に沖合漁業・遠洋漁業がある時点を境に急激に減少していることを表している。

　ここでは，全体的な傾向に加えて特徴的な傾向も子どもが読み取れるようになるために，プレゼンテーションソフトを用いて提示した（図10.2）。子どもは，各業態が減少傾向であることを捉えただけでなく，ある年代を境に急激に減少していることも捉えることができ，その社会背景への関心を高めた。

　このようにICTを活用することで，子どもの資料活用技能の育成を図ることができるのである。

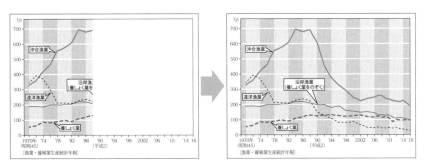

図10.2　第5学年「水産業のさかんな地域」でのICT活用

(3) 既習の活用 【第5学年「情報を活用する産業」】

　この単元のねらいは，情報の活用によって産業が発展するとともに，国民生活も向上していることを理解することである。

　本時（第5時）では，「産業が，集めた情報をどのようなことに活用しているのか」を問いとして学習した。本時では，前時（第4時「どのような情報を集めているのだろうか」）の学習を活用することが重要である。そこでICTを活用して前時の板書を提示した。*

　前時のノートを確認させると同時に，大型提示装置でも板書を表示するようにしたことで，前時の学習を具体的に想起させることができた。

＊各時間の連続性を意識させたい。1時間ごとの授業で完結するのではなく，「単元」を意識して学習を進めることが重要である。既習を活用する態度を身につけることは，自律的な学習者の育成につながる。
（参考：文部科学省，2017b）

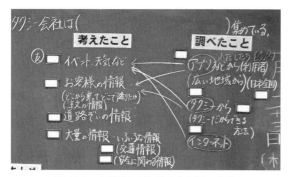

図10.3　大型テレビに映した前時の板書

　以上，見てきたように，資料提示場面でICTを活用することで，次の3点の効果が期待できる。第一は子どもの意識を焦点化させられることである。こうすることで，本時（本単元）で追究すべき問いを子どもが見いだし，問題意識を高めることができる。第二はプレゼンテーションソフトのアニメーション機能を用いることで資料の読み取り指導を行えることである。第三は，板書を撮影しておいて提示することで臨場感を感じさせながら既習を振り返らせることができるということである。加えて，このように教材をデジタル化しておくことで，学年内で資料を共有することができ，質の高い素材を効率よく活用することもできるようになる。

　なお，以上の3点の効果は，特別な支援を要する子どもへの支援ともなるため，授業のユニバーサルデザイン化につながるものでもある。

10.3　調べ話し合う活動におけるICTの活用

　ここでは主として，調べる活動における子どもによるICT活用について提示する。情報を集める場面，情報を基に話し合う場面での活用である。

(1) ICTを使った情報収集

　ICTを使って情報収集をする場合，インターネットサイトを閲覧することが考えられる。インターネットサイトなどを活用することで，例えば，工業生産に携わっている人の思いや願い，工夫や努力など，詳細な情報を手に入れやすくなる。また，教科書や資料集では，発行時点の情報となっているが，インターネットサイトを活用することによって，最新の情報を得ることもできる。

図10.4　インターネットでの情報収集

　一方，教科書や資料集などは学習に合わせて記述が整理されているため，情報を見つけることは，子どもにとってそこまで困難ではない。しかし，インターネットサイトの場合，必ずしも授業で活用することを目的とされておらず，羅列的に情報が記述されている可能性もある。そのため，インターネットサイトのようなデジタルテキストを扱う場合には，子どもが明確な目的をもって情報収集に臨む必要がある（国立教育政策研究所，2009：3）。これはインターネットサイトを活用する際の指導事項といえる。

加えて目的を明確にもって取り組む態度の育成につながるともいえる。※

　電子メールの他に，Web会議システムを使って情報収集を行うことも考えられる。例えば，第5学年「あたたかい土地のくらし」において，沖縄県に住む人にインタビューし，台風に対する具体的な備えや気温が高い中での暮らしの工夫などを聞く。そうすることで，実感を伴いながら情報収集することができる。Web会議システムでは，リアルタイムかつ双方向にやり取りができるため，相手が回答してくれたことに対してさらに質問をするなど，対話的な活動を充実させることも可能である。

＊インターネットサイトで調べる際はリテラシーの面で配慮すべきことがある。それは，インターネット上の情報は玉石混交だということである。中には不適切な情報もあり，活用の際には発達段階を考慮する必要がある。インターネットの活用に不慣れな児童がいる場合，教師が選定したインターネットサイトを提示することも視野に入れておきたい。これは，情報リテラシーの育成にもつながることである。

(2) 情報を基に話し合う場面でのICT活用

　話し合いをする際に根拠を示すことは重要である。子どもは教科書や資料集などから集めた情報を根拠として，自分の考えを発表するだろう。しかし，他の子どもにはその根拠がどこから来たものなのかが伝わりにくい。このような場面では，用いた資料を大型提示装置で表示し，根拠とした情報を示すようにさせると伝わりやすくなる。具体的には，タブレットPCなどで資料を表示しておき，必要に応じてピンチイン・ピンチアウト（拡大縮小の操作）して提示させると効果的である。

図 10.5　根拠となる箇所を拡大して説明

　ICTを活用し根拠を明確にしながら話し合うことは，論理的思考力の育成につながる。また，視覚情報を用いながら進めることで対話が充実するとともに，配慮を要する子どもに対する支援にもなる。

(3) 全員の考えの位置づけを把握し話し合うICT活用

　『解説（社会）』には「（前略）考えたことや選択・判断したことを説明したり，それらを基に議論したりする力を養う。」とある。例えば，第6学年政治単元で「市が，『小学生が無料で診療を受けられる制度』をやめようとしている。市民に負担を掛ける政策はよいのだろうか」という議論を行うとする。ここでは「よい」「悪い」を両端としたスケール上に，子どもが考えを示すようにする※※。このような場面で学習活動ソフトウェア（例えば，Sky株式会社の「SKYMENU Pro 2020」など）を用いることで「議論」を活発に行うことが可能となる。具体的には，次のような手順で進める。①タブレット端末で自分の考えとその根拠を書く。②スケール上に自分の考えを位置付ける（各自の位置づけが全児童のタブレット端末に共有される）。③他の児童が位置付けた考えを表示して内容を把握し，その相手と話し合う※※※。

＊＊この時間のねらいは「政治は対象となる人々と優先事項を考えて政策を行っていることを理解する」ことである。この議論で「よい」とする際の根拠は「他の政策にも予算が必要だから」ということになる。この議論をした後「政治はどのようなことを考えて進められていると言えますか」と発問し，ねらいにせまるようにしている。

＊＊＊ Sky株式会社のサイトには，ポジショニング機能の事例が紹介されている。政治学習での展開は，この事例を参考に構想している。https://www.skymenu.net/skymenupro2020/point02.html（2021年1月10日最終閲覧）

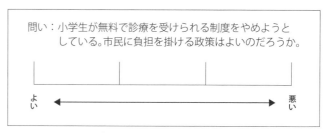

図 10.6　児童の考えを画面上に位置付けるスケール

　ICT を活用することで，全員の考えが一覧となって表示されるとともに，その内容をすぐに確認することができ，考えを深めることができる。45 分の授業時間では発言できる児童の数は限られるが，このように ICT を活用することで全員の考えが把握でき，すべての児童が主体的に学習に参加できるようになる。

　以上見てきたように，情報を集める場面，情報を基に話し合う場面，全員の考えの位置づけを把握し話し合う場面で ICT を活用することで，情報を集める目的を明確に意識できるようになること，情報を自らつなぎ合わせて有意味化できるようになること，位置づけを把握しながら考えを深めることが期待できる。つまり，「目的に合わせて自ら情報を集め活用する力を育成すること」，「深い理解を形成すること」ができるのである。

10.4　ICT を活用したまとめ，表現の活動

　ここでは，子どもがプレゼンテーションソフトを使って学習をまとめ表現する活動と，子どもが自らの学びの足跡を振り返って次の学習に生かそうとする ICT を用いたポートフォリオを提示する。

(1) プレゼンテーションソフトを使った発表

　単元の終末では関連図や年表，白地図など，作品にまとめる活動を設定することが多い。これらに加えて，プレゼンテーションソフトを用いてまとめる活動を行うことも考えられる。プレゼンテーションソフトを活用する目的は，「プレゼンテーション」の名称が示すとおり，自分の考えを他者に筋道立てて伝えることである。したがって，学習したことを確かめ合う場面で用いるよりは，「これからどうすべきか」「これからはどのようなことが大切か」など，よりよい社会に向けて自分の考えを提案する場面で用いる方がその機能を効果的に発揮できると考えられる。

図 10.7 は第 5 学年の情報単元での「情報とよりよく関わるにはどうすればよいか」という問いについて，各グループがプレゼンテーションソフトを用いて意見交流をしている場面である。子どもは，自分たちの主張を伝えることを目的に，発表のストーリーを構成している。ここでは，聞き手を説得するために必要な根拠を整理し，写真やグラフ，言葉などを画面上に配置して視覚的に伝える工夫が見られる*。

プレゼンテーションソフトを活用することで論理的思考力の育成が期待できる。

図 10.7　プレゼンテーションソフトを用いた主張

＊プレゼンテーションソフトは道具であり，使うことの目的は，主張を効果的に伝えるためである。次のような手順で作成させると目的を意識した活動となる。
①主張を言語化する。
②主張を支える根拠を書き出す。
③（手書きで）スライドの構成を考える。
④ソフトで作成する。

(2) ICT を用いたポートフォリオ

ICT を用いたポートフォリオを構成し学習を振り返らせる活動も考えられる。ポートフォリオとは，ある目的のもとに収集した学習成果物のことである（西岡，2003）。自分の学習成果をデジタル化して残しておくことで，自分の成長に気付き，次への目標をもつことができる。

例えば，図 10.8 の写真のようにポートフォリオを構成することで，学習を振り返りやすくなる。これは，世田谷区で導入されている Web 学習システムである（LoiLo 株式会社）。ここに，子どもが作成してきた単元のまとめ作品（この場合は関連図）を各自の専用ページにアップロードし随時確認できるようにしておく。こうすることで，成果物を容易に確認することができるようになる。子どもが自身の成長を実感しやすくすることにもつながるであろう**。

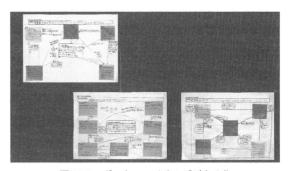

図 10.8　ポートフォリオのデジタル化

＊＊ポートフォリオ評価法
「ポートフォリオづくりを通して子どもの自己評価を促すとともに，教師も子どもの学習と自分の指導を評価するアプローチ」（西岡，2003，p.39）である。「メタ認知」に関わる力の育成に通じる評価方法であり学習活動である。

社会科授業における，教師による ICT 活用，子どもによる ICT 活用について見てきた。ICT を用いずアナログ的手法で学習を構成することも十分可能であるし，これらの機器が導入されなかった頃にも優れた授業実践は行われてきた。そうは言っても社会が急激に変化するなか，今後，ICT を学習で活用することはさらに増えていくであろう。ICT を活用する際に最も重要なことは，「何のために ICT を活用するのか」「ICT をなぜ活用すべきなのか」という目的意識を教師も子どももつことである。目的を明確にすることができれば，ICT の表面的な機能に溺れることなく子どもが力を伸ばしていくととともに，教師の授業改善にもつながるであろう。

［横田　富信］

11章 板書・ノート・ワークシートの活用

11.1 板書の役割

(1) 板書とは

　明治以降，近代の学校教育では，西欧の文化にはやく追いつくための新しい知識を伝える場として，教師は授業において黒板を活用してきた。そこでは，ともすると子どもに暗記させたい知識が羅列され，それを写すことが子どもの学びの中心だった。この知識を効率的に教える教育システムが一定の成果を上げてきたことは事実だが，こうした板書では，今求められている学力観からすると成果を期待できない。しかし，今でも用語・語句に関する知識や子どもの発言内容だけが羅列され，黒板が書ききれなくなるとすべて消して，また新しいことを書き続けていくといった板書を時おり見かける。そうした場合，子どもも板書をノートに写すことだけに追われたり，何色ものペンを使用してきれいに書くことだけに気持ちが注がれたりしていることが少なくない。このように，授業において伝え手の教師と受け手の子どもといった構図がはっきり描かれるような授業であると，子どもは学習した気にはなっても，真に何を学べたのかがよくわからないといった状況になる。

　板書について，『社会科教育指導用語辞典』(1993) を参考にしつつその役割を整理すると，次のように説明することができる。

> 　板書とは，教師が教えるための教具であり，子どもと協働して学習を形成していくための教具でもある。板書は，学習のプロセスの中で生きてゆくものであり，そこには教師と児童を中心とした授業に関わるすべての者たちのコミュニケーションの場である。つまり，板書について語ることは授業について語ることにつながるのである。

　また北俊夫 (2020) は，板書について，学習内容を学ぶための教材とは別に，「もう一つの教材」として機能させることが重要であるとして，次のように説明している。

> 　板書の内容は子どもたちの思考を促し，理解を深めさせる重要な教材としての機能がある。板書は教師が身に付けたい大切な授業力である。板書の内容を「もう一つの教材」として機能させるために何より重要なことは，

先を見通しながら，意図的に板書していくことである。板書は，授業のゴールをイメージするためだけではない。子どもたちの思考や理解と深く関わっているという認識をもち，「もう一つの教材」として機能させる必要がある。

（北，2020，p.98 の要点を整理・要約）

　このように板書には，単なる知識の伝達ではなく，教師や子どもを中心としたコミュニケーションの場として，また子どもの思考や理解と深く関わる教材としての役割があるといえる。板書は，1時間の授業のイメージとともに，子どもたちの思考や理解を視覚的に表すものであるため，学習指導案の事前や事後の検討でも授業研究の一つの材料として重視されている。最近では教科書等の指導書や研究授業等での学習指導案に板書計画を掲載することも多い。

　これらを踏まえ，今求められている問題解決的な学習における「主体的・対話的で深い学び」の実現に向けた板書を構成する主な要素とその際の教師の配慮事項を整理すると次のようになる。

〔板書を構成する要素〕　　※五つの要素を1枚の黒板に整理する。

1　本時の問い（1時間のねらい）
　　学習計画に基づき，子どもが1時間の授業で何を解決していくのかを理解できるように，分かりやすい言葉で子どもと確認しながら設定する。

2　問いについての予想
　　解決への方向性を示すものとして，子どもたちから出される予想やその理由を，箇条書きで書く。

3　各種資料（写真，イラスト，図，表，グラフ等）
　　1時間の学習過程にあわせ，子どもの見える大きさで掲示する。
　　（資料の表題も書く）

4　子どもの反応
　（1）調べて分かったこと
　（2）調べて分かったことから考えたこと
　　・発言した子どもの言葉をできるだけ生かし，どの子どもにも分かるように箇条書きで書く。
　　・子どもの考えの関連点や対立点が見えるように線や矢印を効果的に使い，話し合いの方向性を整理する。

5　問題解決のために理解しておきたい用語・語句
　　教材構造図に示した用語・語句を中心に，□で囲んだり色を付けたりして，問題解決に向けて意識できるようにする。

6　1時間のまとめ（振り返り）
　　学習した内容や方法を振り返り，本時の問いのまとめとして子どもが自分の言葉で整理したことを分かりやすく書く。次の時間に向けての子どもの問題意識や意欲を高めるようにする。

---

(2) 板書の例

つかむ（学習問題から学習計画をたてる）場面の板書例

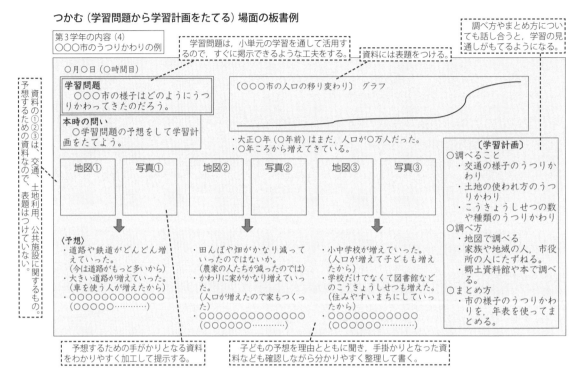

図11.1　板書例（つかむ場面）

調べる場面の板書例

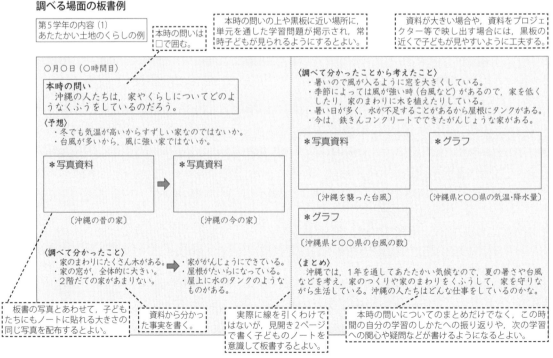

図11.2　板書例（調べる場面）

11.2　ノートの役割

(1) ノート指導における基本的な考え方

　以前に比べて少なくなったとはいえ，今でも時おり授業を観察していると，「先生，それは書いた方がいいですか」「どこに書くのですか」といった子どもの声を聞くことがある。板書をノートに写すことが無意味だとはいわない。写すことで学習内容を理解するということもあるだろう。しかし，今求められていることは，問題解決的な学習における主体的・対話的で深い学びに向けた授業改善である。上記のような子どもの声が聞こえてくる授業は，やはり主体的な学びとはいえないだろう。

　先に述べた板書と子どものノートは，表裏一体である。子どもの問題解決的な学びを支援するのが板書で，支えるのがノートである。社会科の授業を通して，学習内容をしっかりと理解し，資質・能力を身に付け，生涯にわたって能動的に学べるようにするためには，板書もノートも機能させる必要がある。ノート指導を行う前に，改めて主体的・対話的で深い学びを実現するために必要な三つの視点を確認する。

> ○見通しをもって粘り強く取り組み，自己の学習活動を振り返って次につなげる「主体的な学び」が実現できているか。
> ○子供同士の協働，教職員や地域の人との対話など，自己の考えを広げる「対話的な学び」が実現できているか。
> ○知識を相互に関連付けてより深く理解したり，情報を精査して考えを形成したり，問題を見いだして解決策を考えたり，思いや考えを基に創造したりすることに向かう「深い学び」が実現できているか。
>
> （中央教育審議会 (2016) より要点を整理・要約）

　これらを踏まえると，子どものノート指導における基本的な考え方は次のようになる。

> ○子ども自身が問題解決的な学習の流れを意識し，単元全体や1時間の授業において学習問題や本時の問いに対する見通しをもち，授業や単元の終末に学習したことを振り返ることができるようにする。
> ○子ども同士の学びやゲストティーチャー等の考え，資料から学んだことなど，自己の考えを広げることにつながることをノートに十分に反映させる。
> ○調べて分かった事実と，それらを比較・関連・総合してつくられる考えが十分に表現されるようにする。その思考過程においては，文章や図，イラストなど，子ども一人ひとりの学びの個性が表れるようにする。

(2) ノートの形式

　問題解決的な学習の足跡をどう残すかは，通常の市販のノートの他，教師が
ワークシート等を準備するなど，さまざまな方法がある。それぞれによさはあ
るが，学校として3年生から系統的に指導し，学習の質を高め，資質・能力を
確実に育んでいくことの効果に期待して，最近ではノート指導に重点を置く学
校が多い。1冊のノートを子どもの作品として考え，1冊が終わるころには子
ども自身が学習に対する成就感，達成感がもてるようにしたい。どのようなノー
トを使用するかは，学校，学年で子どもの発達段階や実態を踏まえて決める。

(3) ノートのきまり

　話す時，聞く時のきまりがあるように，ノート指導においても一定のきまり
が必要である。剣道や茶道では「守破離」という言葉で修行段階を考えるが，
ノート指導も同様で，最初は型を忠実に守り身に付けることからはじめ，教師
の指導や友達のノートからよいノートを学ぶようにしていくと，発達段階が進
むにつれて自分なりのノートをつくれるようになる。最初に，子どもに指導す
るノートのきまりについては，例えば主に次のような事項が考えられる。

◆板書と子どものノートの
　主な項目は一致させる。

◆項目は長いものもあるの
　で，学級で簡潔に表す記
　号を作ってもよい。
　(例)
　本時の問い→問

〈ノートの主なきまり〉
○1時間の授業で，見開き2ページを使用することを基本とする。
○主な項目
　　①授業日　　②本時の問い　　③本時の問いの予想と理由
　　④調べて分かったこと　　　⑤調べて分かったことから考えたこと
　　⑥まとめ
○授業で活用した資料を添付する。(表題を書く)
○参考になった友達や学習協力者の考えを書く。(名前を書く)
○解決に必要な用語や語句とその意味を簡潔に書く。

(4) ノートの構成と指導の実際

　子どもは，上記の主な項目についてノートに書いていくことになるが，見開
き2ページの構成を1時間の授業の流れに沿ってつくり，左ページの上から下
へその次に右ページの上から下に向かって書くように指導する。

〈授業日〉

　ノートは学習が進むにつれて何度も振り返ることが望ましい。授業日ととも
に，"1時間目"など，小単元の何時間目の学習かが分かるようにしておくと，
自分だけでなくみんなで前の学習を振り返ることも容易になる。

〈本時の問い〉

　1時間のめあてについては，○色を使って□で囲むなど，学級(学年，学校)

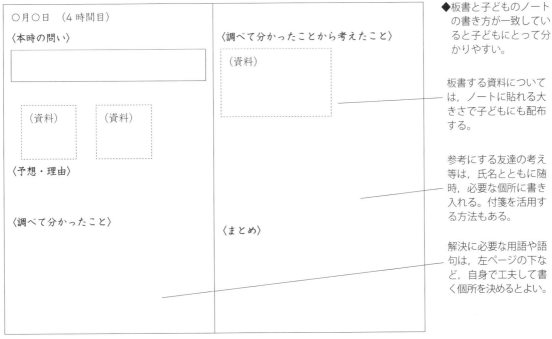

図11.3 見開きノートの構成例

図中のテキスト（左ページ）:

〇月〇日 （4時間目）

〈本時の問い〉

（資料） （資料）

〈予想・理由〉

〈調べて分かったこと〉

図中のテキスト（右ページ）:

〈調べて分かったことから考えたこと〉

（資料）

〈まとめ〉

図の右側の注釈:

◆板書と子どものノートの書き方が一致していると子どもにとって分かりやすい。

板書する資料については，ノートに貼れる大きさで子どもにも配布する。

参考にする友達の考え等は，氏名とともに随時，必要な個所に書き入れる。付箋を活用する方法もある。

解決に必要な用語や語句は，左ページの下など，自身で工夫して書く個所を決めるとよい。

として決めておくとよい。本書では，本時の問いとしているが，学習課題，めあてといった言い方をする場合もある。

〈調べて分かったこと〉

資料から読み取ったことを箇条書きで簡潔に書くよう助言するとよい。丸写しではなく，必要な情報の要点を書けるようにすることも育てたい力の一つである。

〈調べて分かったことから考えたこと〉

調べて分かったこと（事実）を比べたり，関連させたりして思考する場面なので，時間を十分に確保してノートに（じっくり）表現できるようにする。文章だけでなく，内容や子どもの特性にあわせて図やイラストなどで表現することもできる。

〈まとめ〉

本時の問いに対して解決した結果を自分の言葉で表現するように伺す。ここでは，その時間の学習内容と学習方法を本時の問いに沿って振り返り，次の時間につながること（新たな疑問，追究意欲）も書けるように指導していく。

（例）海の環境を守るためには，プラスチックを使わない方がいいけれど，便利な生活を送る私たちがすべてをやめることは難しいことが分かった。しかし，何もしないわけにはいかないから，公害の時のように行政や企業も何かしているのではないかと思う。インターネットで調べてみたい。

☞ **研究のポイント**
学習指導案，実際の授業，子どものノート記述の比較分析をしてみよう。教育実習や参観した授業の後に，この分析を行い，教師の指導と子どもの学びがどのようにすすんだかを研究すると，子どもの側に立った学習プロセスの理解が深まる。
（子どものノートについては，個人情報になるので，その扱いに留意する。）

(5) ノート指導の工夫と活用

　子どものノートづくりについて，中田（2014）は次のようなことも勧めている。

○トップページを使わずに空けておき，ノートを1冊すべて使い終わったらページ番号をふり，トップページに目次（小単元名など）を書く。

○巻末の数ページは資料ページにする。

　こうした質の高いノートは，一つの作品として学年が進んでも活用できる。

　またノートは，主体的・対話的で深い学びを実現するための道具としても有効に活用したい。例えば，調べたり考えたりした後は，ノートをもって友達と交流する。全体で発表するよりも短時間で多くの友達と交流することができる。そして，友達の参考になる考えは氏名とともにノートに書きこみ，全体の場で伝える。ノートをこのように活用していきたい。

　一方教師も，子どものノートの記述内容を評価資料（評価の材料）にするだけでなく，よいノートを積極的に全体に紹介し，そのよさを学び合えるようにすることで全体のレベルアップを図ることができる。

11.3　さまざまなワークシートとその活用

　ワークシートには，作業用紙，課題用紙といった意味があるが，その目的や種類は多様である。本書では，問題解決学習としての主体的・対話的で深い学びを支えるノートの活用を重視しているので，ワークシートについては目的を明確にし，補助的に活用する場合についての例を示す。

① 図やイラスト，グラフなどとともに子どもの作業を促すワークシート

　地図や写真など子どもがノートに書き写すことが難しい資料を活用する場合は，ワークシートでそれらを含めて課題を示したほうが効率的に調べられ，その後の活動に時間を割ける。作業後にワークシートをノートに貼ると，何を調べ考えた時間なのかを振り返りやすい。

【例　＊5年（内容1）】

◆ワークシートは，できるだけ作業後にノートに貼ることを想定して作成する。

◆作業後の学習で分かったことや考えたことは，ノートに書くようにする。

② 見学・調査等の学び方が分かり，持ち歩けるようにしたワークシート

社会科では，インタビューやフィールドワークなど，体験を通して身に付けていく技能もある。子どもの主体的な問題解決を支援するためには，学び方も含めて見学・調査の結果を記入できるワークシートが有効である。

【例　＊3年（内容2）】

スーパーマーケットたんけん　　　　　　名前（　　　　　）

①調べてくること
　お店の人のくふう，お客さんの気持ち

〔お店の中〕
・品物のしゅるい

・品物のならべ方

・ねだんのつけ方

・その他

〔お店の外〕
・入口のようす
・外の売り物

〔お客さんへのインタビュー〕
・どれくらい利用しているか
・どこに住んでいるか
・なぜこのスーパーにくるのか
・このスーパーのよいところは何か

【インタビューの約束】
・あいさつ，おれいをする。
・インタビューの目的を伝える。
・えがおでていねいな言葉で話す。
・

見学，調査などのワークシートは，大まかな項目だけ記し，子どもと話し合いながら作成していく。事前・本番，事後で使用する。インタビューの約束などの学び方を入れておくと，次の見学・調査時にも活用できる。

③ 友達と異なる事項を調べて，後で共有して学び合えるワークシート

スーパーマーケット見学や日本の自然災害調べなどでは，子どもの興味・関心に合わせ，同じ視点で分担して調べさせると子どもの学びが主体的になる。その際，重要になることは，それぞれが調べたことを比べたり関連させたりして学ぶことがしやすくなるようワークシートを工夫することである。

【例　＊5年（内容5）】

日本の自然災害

調べること ＼ 災害の種類	地震災害	津波災害	風水害	火山災害	雪害
・いつ・どこで ・被害の様子 ・その時の対策 ・国や県の災害を減らす対策 ・自分たちが考えること					

調べる自然災害をグループ内で分担し，共通の項目で調べる。調べた後に，グループ内で調べた自然災害を報告し合い，友達からの情報をワークシートに書き入れていく。

［吉村　潔］

社会科における表現活動・まとめの活動

12.1 調べたことを書く・話す活動

社会科の学習の特質として，調べる活動と調べたことや考えたことを書き，話し合う活動に多くの時間を費やすことがあげられる。

2008（平成20）年1月の中央教育審議会で教育内容に関する主な改善事項の一つに「言語活動の充実」が挙げられた。2017年版学習指導要領においても，社会科では，観察や見学などの調査活動を含む具体的な体験を伴う学習やそれに基づく表現活動の一層の充実を図ること，考えたことや選択・判断したことを説明したり議論したりするなどの言語活動の一層の充実を図ることが示されている。言語活動には「読む」「書く」「聞く」「話す」の4領域がある。

社会科において「読む」とは，グラフや表，統計，地図などの資料を活用して読み取る活動である。「読む」活動は，事実認識を深めるために不可欠なことであり，思考や判断の前提となるものである。

「書く」とは，調べて分かったことや考えたことを整理して表現することである。文字や文章で書く他に，グラフや図表，年表，絵やイラストなど数字や記号などの非言語による表現活動も「書く」ことに含まれる。

「聞く」とは，教師，友達，地域の人などの話を聞くことである。聞く活動は話す活動と一体に展開される。

「話す」とは，調べて分かったことや疑問に思ったこと，考えたことなどを発言することであり，説明，報告，発表などの活動がある。話し合う活動を通して集団思考が働き，よりよい考えをつくり出すことができる。

この4領域から「書く」ことと「話す」ことについて詳しく見ていく。表12.1は，文部科学省の提示する「社会的事象について調べまとめる技能」の概要をまとめたものである。

まず，「書く」ことについてだが，表12.1を横に見ていくと分かるように，調べる活動では，集めて読み取った情報は，そのままにするのではなく，さまざまな方法で，言語または非言語によりメモに残したり，地図や年表，図に整理されたりすることが求められている。つまり，調べることを通して獲得した情報が，児童の頭の中で内言的，内面的，主観的に捉えられていく過程を，教師や他の児童に分かるように言語的，視覚的，外面的，客観的にしていくことが大切なのである。

表 12.1　社会的事象について調べまとめる技能（表現活動・まとめの活動関連）

情報を収集する技能	情報を読み取る技能	情報をまとめる技能
□調査活動を通して ・野外観察活動 ・聞き取りやアンケート □資料を通して ・地図や地球儀から ・年表から ・表やグラフから ・新聞や図書の文書から ・音声，画像や映像から ・体験活動から ・博物館などの施設から ・コンピュータ活用から □情報手段の特性や情報の正しさに留意して	■情報全体の傾向を踏まえて ・位置や分布，広がり ・量やその変化，区分や移動 ・博物館などの展示品の配列 ■必要な情報を選んで ・形状，色，数，種類，大きさ 　名称 ・方位，記号，高さ，区分 ・年号や時期，前後関係 ・学習課題につながる情報 ・目的に応じた情報 ・信頼のできる情報 ■複数の情報を見比べたり結び付けたりして ■資料の特性に留意して ・地図の主題や統計の単位 ・歴史資料の目的，時期，作者	◆基礎資料として ・聞き取ってメモにまとめる ・地図上にドットでまとめる ・数値情報をグラフに転換 ◆分類・整理して ・項目やカテゴリーに整理 ・順序や因果関係などで整理して年表にまとめる ・位置や方位，範囲などを整理して地図にまとめる ・相互関係を整理して図にまとめる ・デジタル情報を統合，整理する。 ◆情報の受け手に向けた分かりやすさに留意して ・効果的形式　　・主題に沿って ・レイアウト　　・数値を地図に

（出所）『解説（社会）』（2007）pp.152-153 より作成

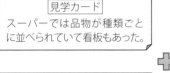

図 12.1　見学の記録から考えた工夫を表現する

　3年「地域の販売の仕事」で調べ考えたことを書いた作品を見ていくと，スーパーを見学して切り取った情報の記録を基に考えたことが書かれている（図12.1）。

　このように書くことを通して，児童が書き残した情報を分類したりつなげたりして販売の仕事に携わる人の工夫を考える学びのプロセスが見えてくる。

　次に，「話す」ことについて詳しく見ていく。話し言葉による活動は，質疑・応答，説明，報告，発表，話し合い，討論などさまざまな活動形態があり，その人数によってもペア，小グループ，学級全体と集団の大きさもさまざまに設定することが可能である。

　よい話し合いができる学級は，発言の仕方がしっかり指導されている。社会科らしい発言の仕方を身に付けたい（表12.2）。

　また，充実した話し合い活動にしていくためには，いくつかの条件がある。

　ペアやグループで話し合ったあとに，学級全体で発言する授業はよく見かけ

表 12.2　社会科における発言の仕方の例[*]

Aパターン	Bパターン	Cパターン	Dパターン
①～を見たことがあります。 ②だから，これも～だと考えます。	①～の～ページの ②～という資料に ③～とあるから ④～だと考えます。	①私の考えは～です。 ②その理由は，～だからです。	①Aさんは～と言いました。 ②Bさんは～と言いました。 ③私は～と考えます。

る。より多くの児童が自分の分かったことや考えたことを伝えることができ，学級全体の話し合いでも発言しやすくなるメリットもある。

　しかし，授業の重要な山場となる話し合いでは，下記の四つの条件から話し合い活動を吟味することを通して内容の深まりを求めていきたい。

①「何のために話し合うのか？」
　　→話し合う目的や話題が明確になっていることが必要
②「何を手掛かりに話し合うのか？
　　→空理空論ではなく，資料など根拠となる情報が必要
③「どのようなルールや方法があるのか？」
　　→効果的に話し合いを進めるには一定の手続きが必要
④「どのくらいの時間を設定するのか？」
　　→ある程度の深まりを期待するには時間が必要

12.2　吹き出し等を活用した表現活動

　吹き出しを活用した学習指導はさまざまな教科で行われている。例えば，国語では登場人物の心情を表現する場面で，算数では問題解決する過程での気付きや考えを記述する場面で，道徳では人物の立場に立って考えたことを書く場面で，特別活動では活動を振り返る場面でなどさまざまある。その目的を分けると，次の二つの理由から吹き出しが活用されていると考えられる。

①人物の立場で考えやすくするため
②気付きや振り返りをメタ認知的に表現しやすくするため

　社会科の場合は，①人物の立場で考えやすくすることに大きな効果を発揮する。なぜなら，社会科の学習自体が，社会で働く人の工夫や努力を考えたり，歴史上の人物の業績などを手掛かりに学習を進めたりすることが多いからである。また，吹き出しに書くことで，心情的に人物に寄り添い，人物の願いなどを推測し意欲的に表現することが可能になるからであり，どの学年でも広く活用が可能な表現活動である。図 12.2 に活用例を紹介する。

3年「地域の工場の仕事」（5／10時間）
ねらい：染物職人が，どのような工夫や努力を
　　　　しているのか調べる。
ポイント：吹き出しへの表現を通して，伝統的
　　　　　な技術を受け継ぎ守る職人の誇りを捉
　　　　　えさせる。

「●●さんは，
どのような考え
で仕事を続けて
いるのでしょ
う」

4年「先人の開発」（1／10時間）
ねらい：江戸の人々の飲み水不足の状況に気付
　　　　き学習問題を設定する。
ポイント：吹き出しへの表現を通して，江戸に
　　　　　暮らす人々の飲み水確保への願いを捉
　　　　　えさせる。

「水売りから
水を買ってい
た人は，どの
ような願いを
もっていたの
でしょう」

5年「雪の多い地域の生活」（5／6時間）
ねらい：雪の多い地域の人々の生活の様子や愛
　　　　着について理解する。
ポイント：吹き出しへの表現を通して，雪の多
　　　　　い気候に適応している様子や愛着を捉
　　　　　えさせる。

「●●さんになっ
て，東京の人に雪
国のくらしを紹介
しよう」

6年「天皇中心の国づくり」（4／6時間）
ねらい：大仏造営を調べ，聖武天皇の願いや権
　　　　力の大きさを考える。
ポイント：吹き出しへの表現を通して，聖武天
　　　　　皇の仏教により国を安定させる願いを
　　　　　捉えさせる。

「聖武天皇はどのよ
うな思いで大仏をつ
くったのでしょう」

図12.2　各学年における吹き出しの活用例

　吹き出しに表現する場合には，事前にその人物の仕事や生活，社会的背景な
どを資料などから調べておくことが必要である。調べたことを基に人物の立場
から考え，自分の言葉で表現できるようにするのである。

　そして，これらの吹き出しに書かれる言葉は，児童一人ひとり違っている。
吹き出しの内容を紹介し合ったり質問し合ったりすることで考えをさらに深め
ていくことができる。

12.3　表やグラフを使ったまとめ

　表やグラフは数量などの情報を整理して視覚的にわかりやすくした図である。
グラフは数量を整理して特徴を分析するのに対して，表は数量以外の情報につ
いても，分類，整理，比較し，俯瞰的に見たり多角的に見たりして分析するこ
とができる。

　グラフは数値の時間的変化や大小関係，割合などを視覚的に表現した図であ
る。小学校社会科で活用するグラフとしては**表12.3**のものなどが挙げられる。

☞ **研究のポイント**
表現活動は，例えば，町の様子
を観察して見つけたことを白地
図に表すなど，表現活動を通じ
て理解を深める場合もあれば，
単元のまとめとしての整理とし
て表現活動を行うなど，活用場
面や方法は多様である。小学校
社会科の教科書では，多様な表
現方法が紹介されている。3年
から6年までの単元ではどのよ
うな表現活動が取り入れられて
いるかを調べ一覧表に整理して
みるとよいだろう。

表 12.3　グラフの特徴や活用法

グラフの種類	特徴・活用法
①棒グラフ	縦軸にデータの量をとり，棒の長さで大小を表したグラフ。データの大小を比較することに適している。
②折れ線グラフ	横に時間，縦にデータの数値をとり，折れ線で結んだグラフ。増減の傾向を分析することに適している。
③帯グラフ	同じ帯の中で構成の割合を表したグラフ。二つ以上の構成比を比較することに適している。
④円グラフ	円に占める割合の構成比を扇型であらわしたグラフ。扇型の面積で構成の大小が明確に分かりやすい。

　算数の学習との関連が深く，棒グラフを扱うのは 3 年生からであり，統計資料を扱う機会が増える 4 年生以上では，さまざまなグラフを扱うことになる。

　社会科では調査結果をまとめる際にグラフが活用されることがある。

　例えば，棒グラフを学習する前の 3 年生では，一人ひとりが調べてきた家庭の買い物の調査結果を，店ごとの買い物の回数や品物の種類の数の多さを比較できるよう，種類別の色シールを種類ごとにはり高さで表してグラフにまとめ，どの店で何を買っているかを考える学習がある（図 12.3）。

　その他にも，3 年生の市の移り変わりを扱う単元では市の人口を「グラフ②」のようにまとめ，人口の移り変わりの様子を読み取り説明する学習がある。人口の経年比較ができるよう，年ごとの人口の多さを棒の高さで表したものである（図 12.4）。観察・調査活動が重視される第 3・4 学年の学習では調査結果を学級でグラフにまとめることで，学級共通の資料が作成され，自分の考えを伝える際の根拠とすることができる。

　グラフが数量を中心に表すのに対して，「表」は，数量以外の情報を表すことができ，さまざまな目的での活用が可能である。例えば，算数では，数量の分類整理を 2 年生で学習したり数量やその関係性を 3 年生で学習したりする。また，学級の当番表などを表で一覧にしたり，社会科では表の中に調べた物事

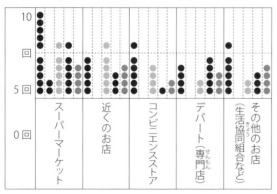

図 12.3　グラフ①「買い物調べの結果」

（出所）新宿区副読本より引用

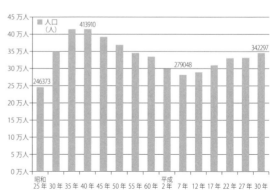

図 12.4　グラフ②「新宿区の人口推移」

（出所）新宿区副読本より引用

表 12.4　表に整理する内容と活用例

①数量など	変化や特徴的な値に着目して，その関係を言葉で表したり，変化の理由などについての考えをまとめたりする根拠とできる。
②事項など	事項ごとに表に記入された情報を比較して，抜けているところや重なりに着目し，その理由や結果についての考えをまとめる根拠とできる。
③意見など	同じ情報や違う情報について着目して，その理由や結果についての考えをまとめる根拠とできる。

を共通の観点で整理したりすることがある。国語では場面ごとの登場人物の気持ちを表に整理することもある。

　表で整理する対象とその効果をまとめると表 12.4 のように分類することができる。

　表 12.4 ①〜③の社会科における具体的な事例と作成手順を挙げる。作成する際には，単元の目標が実現できるように活用する必要がある。

① 「数量など」の表の事例【4 年「自然災害から地域の暮らしを守る」】

　　目的：年ごとの水害の回数の増減と市の対策を関連づけられるようにする。

　　手順：①年ごとの水害の数を記入する，②県や市の対策を記入する，③水害が大きく減った時期を見る，④県や市の対策と関連付ける。

年	17 年	18 年	19 年	20 年
水害	21 回	19 回	11 回	9 回
対策	市が〜した	市が〜した	県が〜した	

② 「事項など」の表の事例【5 年「自然条件と特色ある地域のくらし」】

　　目的：那覇市と野辺山原を比較して共通点と相違点を明確にする。

　　手順：①那覇市の様子を記入する，②野辺山原の様子を記入する，③二つの地域に共通する自然条件と暮らしの関係を見付け合う。

	那覇市	野辺山原
くらし		
観光		
特産品		
共通点		

③ 「意見など」の表の事例【6 年「我が国の歴史〜国づくりへの歩み〜」】

　　目的：時代ごとにまとめた歴史的特徴を比較し，変化の様子を考えることができるようにする。

　　手順：①縄文時代の特徴を記入する，②弥生時代の特徴を記入する，③古墳時代の特徴を記入する，④三つの時代を比較し，その変化の様子を考える。

	縄文時代	弥生時代	古墳時代
遺跡			
くらし			
身分			
変化の様子			

12.4　年表や歴史新聞を使ったまとめ

(1) 年表

　年表は 6 年生の歴史学習のほか，例えば，3 年生では，市の移り変わりの様子を，4 年生では，地域の先人による開発の様子を，5 年では，国の公害対策や法律の制定の経過などをそれぞれ年表にまとめて読み取ったりするなど，活用場面は多い。また，低学年の生活科でも，入学以降の出来事や自分の成長の様子を絵や文で表すなど，発達段階に応じた年表の活用場面がある。既成の年

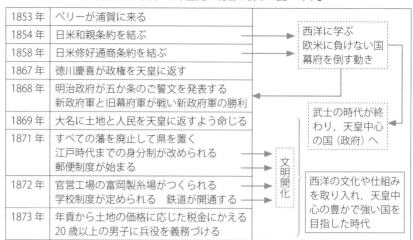

表 12.5　年表：6 年歴史「明治の新しい国づくり」

左側注記：
事例でとりあげた内容については、『解説（社会）』(pp.106-107) では、知識及び技能として次のように示されている。
（ケ）黒船の来航、廃藩置県や四民平等などの改革、文明開化などを手掛かりに、我が国が明治維新を機に欧米の文化を取り入れつつ近代化を進めたことを理解すること。
（シ）遺跡や材、地図や年表などの資料で調べ、まとめること

1853 年	ペリーが浦賀に来る
1854 年	日米和親条約を結ぶ
1858 年	日米修好通商条約を結ぶ
1867 年	徳川慶喜が政権を天皇に返す
1868 年	明治政府が五か条のご誓文を発表する／新政府軍と旧幕府軍が戦い新政府軍の勝利
1869 年	大名に土地と人民を天皇に返すよう命じる
1871 年	すべての藩を廃止して県を置く／江戸時代までの身分制が改められる／郵便制度が始まる
1872 年	官営工場の富岡製糸場がつくられる／学校制度が定められる　鉄道が開通する
1873 年	年貢から土地の価格に応じた税金にかえる／20 歳以上の男子に兵役を義務づける

注釈（右側）：
・西洋に学ぶ　欧米に負けない国　幕府を倒す動き
・武士の時代が終わり、天皇中心の国（政府）へ
・文明開化
・西洋の文化や仕組みを取り入れ、天皇中心の豊かで強い国を目指した時代

表を活用するだけでなく、児童が年表を自作することで、年表の有用性を理解することができる。

　一例を挙げよう。表 12.5 の年表では、単に、出来事を書くだけではなく、相互に関連づけて意味を考えてまとめこの時代の様子を捉えている。

(2) 歴史新聞

図 12.5　歴史新聞：6 年歴史「明治の新しい国づくり」

　歴史新聞は多くの情報を見やすく整理するのに適し、6 年生の歴史学習において活用されることが多い。上記、表 12.5 の年表の内容を歴史新聞にする（図 12.5）、①から⑤の手順で作成していく。

①新聞に掲載する内容を考えて見出しを決める。

②写真やイラスト、グラフなどの資料を入れる場所を考えてレイアウトを決める。

③5W1H を意識して調べたことを見出しごとに書く。

④新聞記者として、その時代の中心人物のインタビューやコメントを記事に付け足す。

⑤社説や編集後記に考えを書く。

12.5　社会科で活用されるまとめの例

　その他の社会科のまとめとしては、従前からある地図、ポスター、紙芝居、イラスト、かるた、すごろくなどに加え、近年は、プレゼンテーションや動画などICTの活用も進んでいる。以下、実際の作品例を紹介する。

(1) まとめの事例

① ガイドマップ【4年「東京都の様子」】

地図にさまざまな情報を加えたガイドマップは，地理的な学習内容のまとめに適している。

図12.6の作品は4年生が作成した「東京都ガイドマップ」で地形を表した地図を中心に四隅に特色ある地域の様子をまとめて東京都全体の様子を紹介して

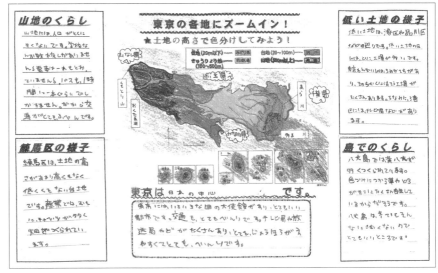

図12.6　ガイドマップ：4年「東京都の様子」

いる。そして東京都を概観して東京都の地形の特色をまとめている。

② 関係図【4年「地域の自然災害の防止」】

さまざまな立場の取組が相互に関連して形成されている社会的事象の様子について整理する際には，関係図が適している。左の作品は4年生が，水害を防ぐための都や区などの取組を関連付けて整理し，図から考えたことをまとめたものである（図12.7）。

③ 流れ図【5年「情報を活用して発展する産業」】

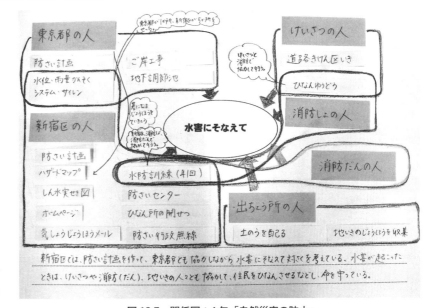

図12.7　関係図：4年「自然災害の防止」

物事の順序性や工程などを表現したいときには，流れ図が有効である。例えば，5年生の情報を活用する産業では，情報を集めて消費者のニーズを分析し，その結果を活用して商品開発や観光情報の発信をして観光業を盛んにする取組について調べたことを情報の流れに沿ってまとめるなどの表現活動が考えられる。

④ ポスター【4年「伝統文化の継承」】

文章が苦手でも絵が得意な児童が活躍できる表現方法も多くある。ポスターはタイトルにメッセージ性や意味を込め，絵と簡単な文章で表現できる。図12.8の作品は4年生が作成したお祭りの継承の大切さを伝えたものであり，実際に神社の例大祭において境内で掲示された。その他に，「商店の工夫を伝える」「地域の生産のよさを伝える」「ごみ減量を伝える」ポスターの作成が考えられる。

図12.8　ポスター：4年「伝統文化の継承」

⑤ イラスト【6年「歴史〜明治維新〜」】

高学年では知識を総合して考えたことを創造的にイラストに表現できる。図12.9の作品は6年生が作成したもので，江戸時代の人々の不満でひび割れてしまった日本を四民平等や廃藩置県，富国強兵などの政策というボンドでつなぎ合わせ，新しい日本を再生しようとする明治政府の人々の働きを表している。

⑥ 紙芝居【4年「先人の開発」】

紙芝居は，時間の経過を物語風に表現できるので，歴史的な内容のまとめに適している。例えば，4年生の先人の開発の学習では，紙芝居「玉川上水物語」の作成が考えられる。この作品では，江戸に水を届ける玉川上水の開発のストーリーについて，重要な場面を選択して絵と物語で表現することを通して，上水開発の苦心と江戸の人々の喜びを表現することができる。同様の表現方法として絵巻物（4年「水道水の旅」）やかるた（3年「警察の仕事」）などがある。

図12.9　イラスト：6年「歴史〜明治維新〜」

(2) まとめの作品の評価

上記②の関係図では，調べたことを立場ごとに整理できているか【技能】，各取組を相互に関連づけて説明できているか【思考・判断・表現】，まとめの文章で自然災害に対してさまざまな人が協力して対処していることを【理解】しているかを評価することになる。

このように，まとめの表現活動は学習評価に直結するので，単元の目標や評価規準を実現できるような表現活動を選択していくことが大切である。*

本章で紹介しているように，単元終末の表現活動はさまざまある。学年の発達段階や児童の実態を踏まえて適切に表現活動を教師と児童とが選択していくことが大切である。

［石井　正広］

＊まとめの表現活動は，学習状況の評価と密接に関連している。指導要録や通知表などに記載する評定や学習状況については，記録に残していく必要がある。単元の終末で行われるまとめの表現活動は，この記録に残す評価に直結する場合が多い（第4章学習評価を参照）。

IV部

社会科における学びの質保証

13章 教材作成とその手順

13.1 教材研究の視点

授業は，図 13.1 のように子どもと教師と教材の三角形で成り立つといわれる。

「教材」という言葉は，主たる教材としての教科用図書（いわゆる教科書）のほか，社会科においては副読本や資料，施設・設備，具体物や実社会や地域の人材など，授業で扱うさまざまな対象を指す言葉として使われる。ここでは，教材を「学習者である子どもと学習内容とを結びつけるための材料」と規定する。

それらの材料を「どのように組織化してどのように子どもに届けるか」を考えることが教材研究である（ここでは，組織化することを「教材化」と称する）。その際，大きくは以下の三つの視点から考えることが必要である。

(1) 「目の前の子どもたちに適するか」という視点
(2) 学習指導要領の内容からみる「教材化の視点」
(3) どのように子どもに届けるかという「資料化の視点」

(1) 「目の前の子どもたちに適するか」という視点

教材研究というと，教師が子どもにその教科等の内容を学問として教え授けるための材料と考えがちであるが，子どもにとっての学習上の価値についても考える必要がある。「地域の実態，学校の実態，子どもの実態を踏まえて教師が創意工夫すべき」といわれる理由は，教材が単に指導事項を形にしたものではなく子どもにとっての主体的な学習の材料になることが重要だからである。

地域の実態を踏まえるうえで大切な視点は，学校を取り巻く地域の人的・物的資源のよさや地域に見られる課題である。学校教育に協力してくれる人々，授業に活用できる施設・設備など人的・物的資源を生かす，その一方で地域に

*教材研究
主たる教材が教科書である以上，教材研究は一義的には教科書研究になる。学習指導要領の内容に照らして，教科書がどのように表現されているのかを研究することが大切である。

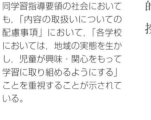

**地域の実態，学校の実態
2017 年学習指導要領の総則には，教育課程の編成において「各学校においては，児童や学校，地域の実態及び児童の発達の段階を考慮」することが示されている。
同学習指導要領の社会においても，「内容の取扱いについての配慮事項」において，「各学校においては，地域の実態を生かし，児童が興味・関心をもって学習に取り組めるようにする」ことを重視することが示されている。

図 13.1 授業が成立するための三要素

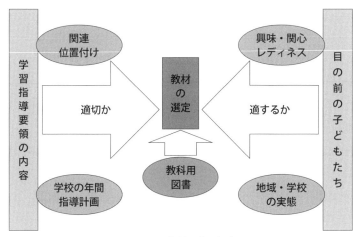

図 13.2　教材研究の視点

は伝統的なものや見学できる場所などが少ない，安全面からの留意事項があるなどの課題についても視野に入れることが大切である。

　学校の実態を踏まえるうえで大切な視点は，学校の歴史や規模（児童数），教具や環境の整備状況，教職員の指導体制，PTAや保護者の協力体制，学校としての年間指導計画などである。

　子どもの実態を踏まえるうえで大切な視点は，子どもたちの学校生活や家庭生活の様子，それまでに学んで身に付けていること，今興味・関心のあることなどである。また，どのように学習集団として形成されているか，教師と子どもの関係はどうか，といったことも関連する。こうしたことは日々の子どもたちの様子を観察する他に，アンケート調査などを通して調べておく方法もある。

　ただし，子どもに人気があるからと，ただ流行の素材を取り上げても，社会科の目標の実現が図られないことが懸念されるという課題点もある。

(2) 学習指導要領の内容からみる「教材化の視点」

　そのため，学習指導要領の内容からみる視点が必要である。例えば，第5学年の内容 (2) の「食料生産に関わる人々」【アの（イ）及び（ウ）とイの（イ）】を見ると以下のような記述がある。

ア（イ）食料生産に関わる人々は，生産性や品質を高めるよう努力したり輸送方法や販売方法を工夫したりして，良質な食料を消費地に届けるなど，食料生産を支えていることを理解すること。

イ（イ）生産の工程，人々の協力関係，技術の向上，輸送，価格や費用などに着目して，食料生産に関わる人々の工夫や努力を捉え，その働きを考え，表現すること

☞ 研究のポイント

社会科の教科書を小・中学で比べてみると大きく様相が異なることがわかる。小学校の教科書の多くは，問題解決的な学習の過程を紙面上に構成し，単元の学習展開に沿ってページが進む「問題解決展開型」になっている。それに対し，中学校の教科書は社会的事象を説明する知識や資料をふんだんに盛り込み広い視野からの学習に使える「資料集型」になっているものが多い。

この違いの理由は，小学校社会科では「調べて考える学習」が重視されているのに対し，中学校社会科では「諸資料を基に考察する学習」が求められていることや，小学校の教師は複数の教科を指導するため授業の進め方のサポートが必要であるのに対し，中学校の教師は，教科担当制なので，資料集型を課題解決型の授業に転換する工夫がより強く求められていることなどが考えられる。

このように，小学校と中学校の教科書，また小学校の複数の会社から刊行されている教科書の内容の構成や展開の仕方を比較して研究することが大切である。

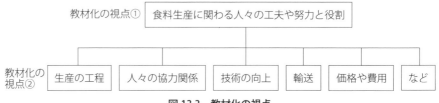

図13.3　教材化の視点

　ここから，内容から教材への組織化「教材化」の構成に教材化の視点を抜き出し図にまとめると**図13.3**のようになる。

　教材化の視点①は，子どもが最終的に理解する事項に関わる視点である。教材化の視点②は，子どもが具体的に調べたり考えたりする際の視点である。こうした視点を基にして，地域社会における実際の販売の仕事の様子を取り上げて教材とするわけである。

　「教材始めにありき」では，教師の恣意的な内容になりがちで，公立学校としての意図的・計画的な教育活動にはならないことも懸念される。学習指導要領の内容に関連するか，適するか，学校としての年間指導計画に位置づくかといった視点が不可欠である。

(3) どのように子どもに届けるかという「資料化の視点」

　教材化の視点を見いだしたら，それを形にして子どもに届ける準備である「資料化」が必要になる。社会科で活用する資料には，映像，画像，文書，図，データ（グラフや表など），実物，人材などさまざまなものがある。資料化は，例えば，「生産の工程」の視点で映像やデータなどの資料を作成することである。資料を作成することは，こうした作業を通して，子どもから教材の視点が見えるようにすることである。第3学年の「地域に見られる販売の仕事」では「消費者の願い」「販売の仕方」「他地域や外国との関わり」を通して「販売の仕事の工夫」が子どもから見えるようにすることである。それは例えば，「消費者の願い」は保護者からの聞き取りや客へのインタビューなどをしたデータを表やグラフにまとめて見えるようにする，「販売の仕方」は店のチラシや店内の写真，店内配置図で見えるようにする，「他地域や外国との関わり」は，商品のパッケージや段ボール箱，日本地図や世界地図などで見えるようにする，などである。

　資料化する際に参考にする方法としては次の三つが考えられる。

> ①　教科書を参照する
> ②　関係機関のホームページを調べる
> ③　現地に見学・取材に行く

① 教科書を参照する

教科書は学習指導要領の内容に基づいて作成されているため，教材化の視点がどのように資料に反映されているかを参照することができる。第3学年及び第4学年は，自分たちの生活する地域（市や県）の学習であるため教科書に掲載されている資料がそのまま使えることは少ないが，どのように教材化しているかは参考になる。一方，第5学年及び第6学年は，教科書の資料をそのまま使えることも多い。そのまま使えるようであればできる限り使いたい。子どもたちの手元にあり全員一緒に使えるからである。何より資料準備の大変さも軽減される。教科書の写真やデータは，よく吟味・検討されているものが多く，安心して使うことができるという利点もある。

② 関係機関のホームページを調べる

インターネットに掲載されている情報については，正しいか，子どもに適切かなど点検・チェックが必要である。情報の出典や時期などにも留意したい。その点，関係機関が立ち上げているホームページなら，それらの課題が少ない。関係機関とは，市役所や県庁，国土交通省，歴史資料館，ユニセフ協会，JA，漁業協同組合，放送局，自動車会社など，公的なものから民間に至るまで，取り上げる教材や内容に関わる機関である。最近では，小学生用の資料を掲載している機関も増えている。NHKが作成している各教科等の資料映像が掲載されている「NHK for SCHOOL」も参考になる。関係機関ではないが，インターネット上の地図もズームインやズームアップが手軽にでき活用しやすい。

③ 見地に見学・取材に行く

教師が事前に関係機関や現地へ行って取材すると，写真やVTRなど現地でしか得られない資料や情報が手に入ることが多い。特に第3学年，第4学年の内容については，実際に行ってみるまで分からない事象も多い。取材先の関係者とつながりができ，授業にゲスト・ティーチャーとして登場してもらう例も見られる。

一方で，第5学年の農業や水産業，工業の学習などについては，見学や直接会っての取材がしづらい地域がある。その場合には，ホームページで調べたり，電話や手紙などで取材したり資料を送ってもらったりする方法が考えられる。

13.2　教材作成で大切なこと

教材作成で大切なことは図13.4のように主に四つの項目に整理できる。

(1) 単元の目標を実現できること

教材を作成する際には，「その教材を通して学習すれば単元の目標を実現で

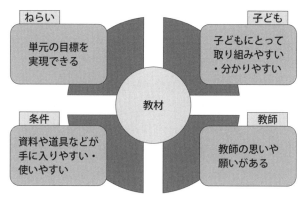

図 13.4　教材研究で大切なこと

きるか」を見極めることが大前提である。図 13.5 は第 3 学年の内容（2）「地域に見られる販売の仕事」の教材化の視点をまとめたものである。単元の目標の一つは，例えば「消費者のニーズに応えたり良質な商品を効率よく仕入れたりする販売の仕事の工夫を理解できるようにすること」である。そこで「消費者の願い」をどう資料化するか，「販売の仕方」「他地域との関わり」は何を取り上げて教材とするかなどの吟味・検討が必要である。教材化の視点を踏まえて「何をどのように」取り上げるかを決めるのが実際の教材作成であり，その際に見極めるべきは単元の目標を実現できるかどうかである。

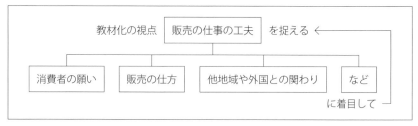

図 13.5　「地域に見られる販売の仕事」の教材化の視点

(2) 資料が手に入りやすい・使いやすいこと

　教材を具体的な形にして子どもに届けるには，その媒介として資料（実物，映像，文書，データなど）が必要になることはすでに述べた。しかし社会科の授業づくりで指摘されるのは，資料収集の作業の大変さや難しさである。教科書に掲載されている資料が効果的であれば使った方がよい。資料が身近にある，道具などが学校にありすぐに使用できるなど教師の手に入りやすいという条件，また実際に見学できる，直接作業ができるなど子どもたちが使いやすいという条件などが整っているかどうかも教材選定の大切な基準になる。教材作成を効率的に行うことも大切である。

(3) 子どもにとって取り組みやすいこと・わかりやすいこと

　子どもは学習活動を通して内容を習得する。教材を作成する基準として「学習活動との組み合わせをどう考えるか」を加えたい。例えば，第5学年の内容(4)「情報を生かして発展する産業」の内容は，販売や運輸などの産業が情報を生かして利便性等を向上させ，国民生活を豊かにしているとともに産業そのものを発展させていることを学ぶ。第3次産業の内容であり難しくなりがちである。そこで，この教材を取り上げるとどのような「調べる活動」が考えられるか，その教材を取り上げるとどのような「**体験的な活動**」*が考えられるか，などと吟味・検討することが大切である。「こんな学習活動だと子どもたちが確かめやすい」など学習活動と組み合わせて教材の作成を考えることである。

　また，学習指導要領の内容の文言はそのまま子どもに届くものではない。教師は内容の文言を十分に解釈して子どもに届く言葉に翻訳する必要がある。「この教材のもつ意味はどのような言葉にすれば子どもに届くか，それは子どもにとって分かりやすいか」を考えることも大切である。

(4) 教師の思いや願いがあること

　この学習を通して子どもたちにこんな成長を促したい，こんなふうに学習を終えるようにしたいなど，教師には授業への思いや願いがある。その思いや願いが一番込められるのが教材であると言っても過言ではない。「教材に惚れる」という言葉がある。教師がその教材に惚れるくらいの思いをもって，熱心に教材研究することをイメージした言葉である。そうした教材は，教師の意図を越えて子どもたちを豊かに育てるということが往々にしてある。

　その一方で，「教材に溺れる」という言葉もある。教師はその教材が気に入って強い思いをもっているのだが，それが自己満足的であって子どもに伝わらなかったり学習指導要領の目標や内容との関連が不明確であったりすることを指す言葉である。このことも念頭におきたい。

(5) 資料化のバランス

　最後に資料化のバランスについても加えておきたい。社会科の教材作成に際しては図13.6のように工夫することも大切である。

　「人々の思いや願い，考え」「実際（仕事，活動）の様子」「数値等のデータ」の三つである。均等にというわけにはいかないが，これら三つの要素はいずれも必要である。

　例えば，「人々の思いや願い，考え」だけで資料化すると，共感的な理解が促されるよさはあるが，その反面，道徳や国語の物語文の学習のようになることが懸念される。「実際（仕事，活動）の様子」だけで資料化すると，実感的な

＊体験的な活動
社会科においては従来から作業的な活動とともに体験的な活動が重視されている。
2017年版学習指導要領の社会では，「内容の取扱いについての配慮事項」において，「観察や見学，聞き取りなどの調査活動を含む具体的な体験を伴う学習」という文言であらためて体験的な活動を重視することが求められている。
『解説』では，実物や本物を直接見たり触れたりすることを通して具体的，実感的に捉えることができるようにすることの大切さとともに，社会科としてのねらいを明確にすることや事前・事後の指導を充実することなどの留意点が説明されている。

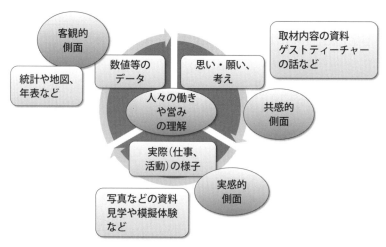

図 13.5　資料化の際のバランス

理解が促されるよさはあるが，その反面，「予想」や「解釈」が多くなり，前提としての事実から遠のくことが懸念される。「数値等のデータ」だけで資料化すると，客観的な理解が促されるよさはあるが，その反面，小学生には難しい内容になることが懸念される。

　したがって，これらの要素をできる限りバランスよく入れることが資料化の大切なポイントになる。始めからバランスを考慮して資料化を進めるというよりも，単元全体を見渡してどれかが欠けていないかと点検すると考えるとよい。

13.3　信頼のある資料の選択，作成

　社会科では，教材や資料が実社会に関連するものになる。そのため，その選択，作成には以下の留意が必要である。

(1) 多角的[*]に考えたり，事実を客観的に捉え，公正に判断したりできるようにすること

　各学年の指導において，社会的事象について多角的に考えたり，事実を客観的に捉え，公正に判断したりすることのできるよう指導することが大切である。社会科が学習の対象にしている社会的事象の捉え方は，それを捉える観点や立場によって異なることから，これらについて，一面的な見解を十分な配慮なく取り上げた場合，ともすると恣意的な考えや判断に陥る恐れがある。とりわけ，「多様な見解のある事柄，未確定な事柄」については，一つの意見が絶対的に正しく，他の意見は誤りであると断定することは困難であり，小学校社会科では学習問題の解決に向けて，一つの結論を出すこと以上に話し合いの過程が大切であることを踏まえ，取り上げる教材が一方的であったり一面的であったり

*多角的に考える
小学校社会科では「多角的に考える力」（第5・6学年）が学習指導要領の目標に示されている。『解説』では，「児童が複数の立場や意見を踏まえて考えることを指している。学年が上がるにつれて徐々に多角的に考えることができるようになることを求めている」と説明している。例えば，生産者（農業従事者など）と消費者（国民），支援する国（日本）と支援される立場の国（発展途上国）などと，立場を入れ替えながら考えることなどである。
ちなみに，中学校では「多面的・多角的に考察する力」が学習指導要領の目標に示され，『解説』では，「学習対象としている社会的事象自体が様々な側面をもつ「多面性」と社会的事象を様々な角度から捉える「多角性」とを踏まえて考察する」と説明している。

することのないよう留意して指導することにより，子どもが多角的に考えたり，事実を客観的に捉え，公正に判断したりできるようにすることが必要である。

(2)「有益適切な教材」を見極めること

資料に関しては，その資料の出典や用途，作成の経緯等を含め，十分に吟味したうえで使用することが必要である。吟味するうえでの観点は，以下の3点を挙げることができる。

① 教育基本法，学校教育法，学習指導要領等の趣旨に従っていること
② その使用される学年の児童生徒の心身の発達の段階に即していること
③ 多様な見方や考え方のできる事柄，未確定な事柄を取り上げる場合には，特定の事柄を強調し過ぎたり，一面的な見解を十分な配慮なく取り上げたりするなど，特定の見方や考え方に偏った取扱いとならないこと

（「学校における補助教材の適正な取り扱いについて」
（平成27年3月4日付け初等中等教育局長通知）より）

を挙げることができる。

社会的事象を公正に判断するとは，決して独りよがりの判断ではなく，社会的事象の意味について，複数の立場や意見を踏まえて多角的に考え，総合的に理解したうえで判断することである。

これらのことに配慮して，「よりよい社会を考え主体的に問題解決しようとする態度」を養うとともに，「多角的な思考や理解を通して，地域社会に対する誇りと愛情，地域社会の一員としての自覚，我が国の国土や歴史に対する愛情，我が国の将来を担う国民としての自覚，世界の国々の人々と共に生きていくことの大切さについての自覚などを養う」ことをねらう小学校社会科の目標が実現できるようにすることが大切である。

[澤井 陽介]

☞ **研究のポイント**
社会科に関心の高い小学校教師は，さまざまな分野のニュースから情報を集めたり，現地取材を意欲的に行ったりする。そうした教師の開発した教材や収集した資料等は授業を活性化する。その一方で，小学校では，1学年に複数の学級が存在することが多いため，そうした教材や資料の共有や活用の仕方の共通理解が大切になる。学校の教育活動は，一人の教師が勝手に進めるものではないからである。また，それらが蓄積されていき，年度を越えて引き継ぐことのできる財産にすることも大切である。そのため，デジタル化して保存し，毎年活用できるようにする方法などを積極的に研究していくことが求められる。

授業実践の記録と分析

14.1　授業実践の記録〜なぜ授業を記録するのか〜

(1) 授業記録の必要性：日々の授業を改善するために

　教師は，日々行っている社会科の授業をどのように改善していけばよいのだろうか。一般に，教師は日々の授業を行うなかで，「今日の授業は結構うまくいったな」「今日は子どもの反応が少なかったな」「Aさんの発言をきっかけに議論が活発になったな」など，授業の成否に関する情報と実感をもとに授業を振り返っている。次の授業を行う際には，こうした振り返りの実感をもとにしながら，有効であったと考えられる授業方法を繰り返し用いたり，さらにそれをアレンジして用いたりすることも多い。

　例えば，中学校や高等学校の社会科教師の場合，担当するクラスの数だけ同じ授業を繰り返し行うことになるため，最初のクラスでの授業の反応を見て，次の授業の対策を考えることができる。先に行ったクラスでの実感を頼りに，次のクラスの授業内容や方法を改善するわけである。

　では小学校の場合はどうか。専科の担任でない限り，同じ年度内に単元を繰り返し授業する可能性は低いだろう。担当する学年を持ち上がったり，勤務校そのものが変わる可能性を考慮すると，次に同じ単元を授業するのは何年後かも分からない。また次年度への準備として，すでに行った授業を分析したり改善することは，次の単元の学習にはあまり役立たないのではないか。

　授業改善を図ることは重要であるとしても，それはどのような目的をもって行うのか。同じ授業を繰り返す頻度の少ない小学校教師にとって，授業の記録をとったり，その改善を考えたりすることのそもそもの意義はどこにあるのだろうか。

(2) 授業改善への取組と授業記録の意義

　まず授業の改善は，個人で取り組むのか，集団で取り組むのかによってもその性格は大きく異なってくる。前者は，自分自身で授業を振り返り，改善の方向性を考える，自己省察的な授業研究[*]となる。後者は，自身や他者の授業を素材に，学校の教師集団，学校外の教育行政関係者や教育研究者などを含む集団での語りや討議を通じ，参加者それぞれの授業を見る視点や捉え方を交流し学び合うことで，新たな実践に繋げる協働的な授業研究となる。

＊授業研究
近年，教師の養成や研修を充実させる目的から，「授業研究」に関する理論的な考察や，様々な方法による授業研究が提案されている。その場合にも，授業の記録をどう残すのかは，重要な論点の一つになっている。例えば，木村他編 (2019) を参照されたい。

いずれの方法を取るにしても，授業の記録が極めて重要なものとなる。なぜなら，授業記録は，授業を単に感覚や印象で捉え語ることを防ぎ，実際に授業の中で起こっていた事態を客観的に再現するうえで重要な役割を果たすからである。授業を改善するにしても，授業での教師の行動，指示や発問，それに対する子どもの回答や説明などの事実が明らかにされなければ，改善の拠り所はすべて記憶に頼らざるを得なくなる。人間の記憶は曖昧であり，また物事の一面しか捉えられず偏った見方をしがちである。授業の改善を考えるうえでは，自分自身も含め，誰しもが共通に確認できる根拠をもとに授業を振り返ることが重要であり，それが授業を記録することの第一の目的である。

(3) 授業記録の多様性[*]：記録の目的と方法のつながり

　では授業の記録を取るとして，それは授業の何を記録することなのか。またその記録をどのように分析して，改善につなげるのか。これらの問いへの回答は一つではない。授業記録も，その記録を残す目的が異なれば，授業の何をどのように記録して改善につなげるかが変わってくるからだ。

　例えば，授業中における教師の子どもへの関わり方に着目し，グループ学習の時間帯で，教室内を机間指導する範囲や軌跡をマッピングするという方法がある。これにより，その時間帯に教師が，個々のグループにどの程度，関与したのかを時間や空間という指標を使って可視化することができる。自分の目に入る範囲のグループに掛り切りの教師の場合，行動範囲は目に見えて狭く，また単線的で一度きりの関わりで終わらせることが多い。経験のある教師ほど，個々のグループへの複数回の関わり合いが見られる。教師による支援のあり方や指導のバランスを検討できるだろう。

　授業中の教師による発言時間に着目して記録する方法もある。授業での教師の発言時間と子どもの発言時間を測定し，導入，展開，終結の場面で，どちらがどの程度まで話しているかを数量化する。教師による解説が中心の授業ほど，どの場面でも教師の発言時間は長く，子どもの調べ活動や対話活動が中心の授業ほど，どの場面でも教師の発言時間は短い。自分の授業ではなるべく子どもに発言させようと教師が考えていたとしても，実際の発言時間は，教師の方が圧倒的に長いこともある。発言時間という指標から教師の授業の特徴や傾向性を把握することができるのである。

　教師ではなく子どもにフォーカスする方法もある。授業中のグループ学習で，特定のグループの子どもたちの話す頻度や話の内容を記録し，個々の子どもの他の子どもへの影響の度合いを明らかにする。誰もが活発に発言しているグループと特定の子どもだけが活発に話しているグループとの学習の成果を比較したり，メンバー間の影響を読み取ったりすることを通して，どのようなメンバー

[*]授業記録の多様性
近年では，より長期的な視点から子どもの成長を捉えるための授業記録のあり方も模索されている。例えば，学期や年間のカリキュラムを通して学んだこと，その子どもにとっての学習の意味などをインタビューなどを用いて収集していく方法や，授業の評価規準表を示しながら，学期の始めや終わりのタイミングで，子どもによる自己評価や相互評価を記録として蓄積し，分析するといった方法も提唱されている。(秋田ら，2019)。

構成が学習を促進するのか考察することもできるだろう。

　授業を記録するといっても教師に焦点を当てたり，子どもに焦点を当てるなどさまざまな方法が考えられる。授業中に起こっているすべての現象を記録することは不可能なのだから，目的に応じた授業記録の方法を考える必要があるわけである。しかし，こうした記録の方法はどの教科の授業でも実施可能である。これに対し，特定の教科の授業改善を図るにはどのような記録が求められるだろうか。社会科の授業であれば，授業の何に着目し，どのように記録して，どのような手法で分析すればよいのだろうか。

14.2　授業記録の対象と方法
～教科の授業改善に向けた授業の記録～

　授業の記録は，その授業の指導案や教材，配布された学習プリントやワークシート，板書の写真，子どものノートや作品などさまざまなものが考えられる。しかし，これらを単体で残しても，授業の振り返りや改善を行うには不十分である。指導案と板書の記録があっても，そこからどのような子どもの学びが形成されたかは分からないし，逆に子どものノートだけでは，子どもの学びがどのような教師の手立ての中で生み出されたのか分からない。その意味で，記録は授業をどれだけ再現できるかが重要なポイントとなる。

　では，情報量が多く再現性も高いと考えられる映像や音声で授業を記録すればよいのだろうか。この場合にも留意が必要である。例えば，教室後方から授業を俯瞰する映像を残しても，個々の子どもの反応はつかみづらい。教材の提示，教師の発問や指示などに，子どもたちはどう反応したのか，授業のどの場面で子どもの学習意欲が高まったのかなど，子どもに焦点を当ててみなければ分からないことも多いからだ。また社会科の授業では，社会的事象について調べる際や調べたことについて多くの対話活動が行われるが，先に述べたように，あるグループの対話を録画や録音しても，それは一部の子どもの活動記録に過ぎない。

　映像や音声の資料は授業の再現性が高いとはいえ，それは授業全体の一部を捉えたに過ぎない。教室ではさまざまな子どもが，それぞれの学びを展開していることを考えれば，学習の成果物である子どものノートやまとめの表現も，授業を記録するという意味で重要な役割をもっているのである。授業記録の妥当性は，記録された情報の多寡によって単純に決まるのではなく，授業の何を捉えるのかという，その目的によって決まるのである。

14.3　授業記録を分析し，授業改善に生かす

(1) 授業記録を捉える視点：「教授—学習」としての授業

　記録した授業の情報は，どのように分析し，活用すればよいのだろうか。授業記録を授業の改善に活かすには，まずは記録した情報を分析する必要がある。さまざまな授業記録をどのような視点から整理すればよいか，図 14.1 を基に考えてみよう。

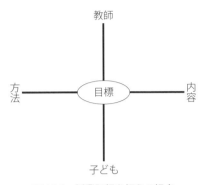

図 14.1　授業記録を捉える視点

　図は，授業記録を分析するうえで考慮すべき，基本的な視点や要素を整理したものである。まず縦軸には，教師と子どもを設定している。授業は，教える主体である教師の教授行為と学ぶ主体である一人ひとりの子どもの学習との相互関係の中で作られるものだからである。横軸には，授業の内容と方法を設定している。毎時間の授業は，特定の内容を何らかの方法で教え・学んでいくプロセスとして捉えられるからである。「内容」を捉えるということは，授業で「何を」教えたのか，子どもは「何を」学んだのかを知識や学習内容の面から捉えることである。「方法」を捉えるということは，教師は「どのように」教えたのか，子どもは「どのように」学んだのかを学習のプロセスや方法の面から捉えることである。

　そして，これら二つの軸が交差するところに「授業の目標」がある。すべての授業が何らかの教育的意図をもって行われる以上，そこには授業で達成すべき目標が自ずと設定される。目標（子どもの姿）を設定し，目標達成に向け，教える内容が整理されるし，子どもが内容を捉えるための教材（資料）や発問，学習活動，ワークシート，板書が準備されるわけである。

　したがって，授業記録の分析は，「目標」に照らして「教授—学習」の関係[*]を捉えていくことが何よりも重要であると言えるだろう。「目標」を基点に，教師の「教える」行為が十分であったか，子どもたちの「学び」が十分に深まっているか，教える内容と方法，学んだ内容と方法の両面から，それらの関係を検討する必要があるのである。

(2) 授業改善に向けた分析の方法と手順

　では分析はどのように行うのか。目標と関連させた授業の分析は，授業者の目標や意図が授業で達成できていたか，達成できていないとすれば，何をどのように改善すればよいかを検討する段階が基本である。授業者の意図を超え，社会科の授業としてよりよい授業を構想する[**]としたら，どのような目標・内容・方法の設定が考えられるかを検討する方法もあるが，それを行ううえでも基本的な分析は欠かせない。

＊「教授—学習」の関係
授業の改善となると，授業計画も含め教師の行動をどう修正するかに注目しがちであるが，授業が子どもの成長のためになされる以上，子どもの実態を踏まえない授業改善は机上の理論であり，空疎な意見になりがちである。
また学習は，すべての子どもで同じように展開するわけではない。同じ授業を受けても子どもの理解度は異なるし，関心の持ち方や思考の方法，理解の仕方も異なっている。授業改善には，多様な学びの実態を踏まえることが，まずもって重要である。

＊＊よりよい授業の構想
社会科の授業を分析し，その改善を図る検討や協議において，しばしば陥りがちな失敗が，そもそも目標の設定がよくないとして一刀両断に授業を否定してしまうことである。こうした意見は，授業を丁寧に分析した後に得られた結論であるならよいが，子どもの学びの成果だけを見て，結論づけるのは生産的ではない。
その後の授業に活かせる知見を得るためにも，まずは当初に設定した目標を十分に達成するための方法を検討したい。

① 学びの事実の確定と目標達成度の判定

　まずは教師が目標で意図した子どもの姿が，学習の成果を通して実際に現れているかを確認したい。学習の成果物であるノートや学習プリント，単元末に作成したポスターや学習新聞，レポートやプレゼン資料等に見られる記述や説明の表現をもとに，子どもたちの学びの実態を把握する。それらは，どこまで教師の意図するものとなっていたのか，何を達成できて何を達成できていないのか，どの程度の割合が達成できているのか，いないのかを把握する。また一人ひとりの記述や説明の仕方にも留意し，どこに乗り越えるべき課題があるのかを把握したい。

　例えば，5年生の学習で「気候を生かした農業」についての学習をまとめる学習新聞を作成したとしよう。当然ながら，紙面には「気候を農業に生かす」ということの意味を具体的に示す見出しや文章，そして地域の雨温図や作物の栽培方法や栽培時期に関する資料，さらには，その農作物が選ばれ作られている理由，その地域でその時期に生産されている理由など，気候を生かす工夫の説明が表現されねばならないだろう。しかし，子どもが作成した新聞が，作物の生産量の変化や出荷先の県名や国名，農作物を育てる工程などの事実を数多く挙げるだけであれば，それらがいかに表などに整理されていたとしても学習成果としては不十分であり，子どもの中で気候を生かす農業に関しての概念化や知識の構造化ができていない可能性がある。

　目標が達成できていない場合は，次の段階として，授業に立ち返って原因の分析を行うこととなる。

② 授業の構成および学習過程の分析

　目標の達成が不十分であったということは，教師の教える行為と子どもの学びとの間でズレが生じてしまった結果ともいえる。この場合，なぜ，どのようにしてそうした結果が生み出されたのかを，なされた授業と関係づけて分析する。ズレが授業のどこで，どのように生じたかを把握するわけである。

　分析には，(a) 授業構成を分析する方法と，(b) 授業での学習過程を分析する方法が考えられる。

(a) 授業構成の分析

　授業構成の分析*は，子どもの学びの実態から，計画段階の目標を達成するうえで指導内容，教材や発問，学習活動のそれぞれが，つながりのある筋の通ったものとなっていたかを改めて検討するものである。例えば，先の「気候を生かした農業」の学習新聞のように子どもの学びの成果物に概念化や知識の構造化が十分に見られない要因はどこにあるのか。そもそも指導内容において，気候を生かす農業の概念的知識と事例地に関わる個別具体の知識が十分に整理できていなかったのか，事例地での農業生産に係る事実を気候の活かし方という

＊授業構成の分析
子どもの学びの実態から授業の構成を分析する際は，授業の目標や授業で掴ませたい社会的事象についての認識内容と，学習課題，教材や資料，知識や事例，発問，板書，ワークシートなど授業を構成するさまざまな要素間の関連が妥当であったかを紐解いてく必要がある。
これらを検討したものとして，田口・溝口・田宮 (2009) がある。

点から考える思考過程に課題があったのか，あるいはそうした思考を行うための資料や発問が足りなかったのか。授業を構成する要素ごとに検討を進めるのである。

(b) 学習過程の分析

　学習過程の分析は，教師と子どもの対話などやり取りの記録を分析する。対話分析は，プロトコル分析とも呼ばれ，教師と子ども（場合によっては子ども同士）の会話をすべて書き起こし，どのような文脈の中で，どのような内容の学習がなされたのかを捉えていく方法である。例えば，先の学習新聞のように，学習の成果物において主題と学んだ事実の関連づけができていないのであれば，調べた事実をもとに，思考を練り上げる過程，事象の意味や特色について考える段階に要因があると仮定して，その場面の授業記録をプロトコルにして，分析を行う。*以下は，「気候を生かした農業」の学習過程におけるまとめの段階の一部を想定したものである。

> Ｔ：長野県川上村の，気候を活かした農業の工夫にはどのようなものがあったかな。
> Ｓ１：川上村では，１年で３億トンものたくさんのレタスを作っています。
> Ｓ２：長野県のレタスは夏場に多く東京などに出荷されています。
> Ｔ：他にあるかな。
> Ｓ３：レタスは暑さに弱いので，川上村の出荷場では，温度を一定にしたままコンテナで消費地まで運べるようになっています。

　授業のまとめの段階は，子どもが調べたことや考えたことを整理し，知識の構造化を促す意味で重要な段階である。その際，事象について調べたことを単に列挙するのでなく，それらの意味を考え，事実を関連づけて理解することが求められるだろう。しかし，上のプロトコルでは，そうした関連づけを促す教師の働きかけは見られない。他の子どもの発言を促してはいるが，関連づけを促すものではない。気候を生かした農業の工夫を問いたいのであれば，Ｓ１やＳ２の回答に対し，なぜレタスなのか（作物選定の理由），なぜ夏場が多いのか（作物の生産時期の理由）を問い返し，その説明をクラスで考えるべきであろう。こうした思考・判断を促すような学習過程を生み出すことで，子どもによる知識の構造化はなされていくのではないか。

＊プロトコル分析
授業における対話分析にはさまざまな方法がある。本文で紹介した，授業の目標との関連で，対話の過程を捉える方法も一つの方法であるが，それ以外にも，例えば，授業における子どもの発言のすべて，あるいはグループ学習での各グループ内の子どもの発言のすべてを記録し，そこで使用されている言葉，用語や語句の使用頻度を数量化して捉える方法や，そうした繰り返し使用される表現がどのような対話の文脈で使われているのかを分析する方法などが試みられてきている。
多様な子どもたちの学びを量と質の面から捉える方法が模索されているのである。

14.4 社会科を指導する教師に求められること
～授業を省察し，自己の授業観を拡充する～

(1) 授業を振り返る

　客観的な授業記録の分析をもとに授業改善を図る方法に加え，近年では自身が行った授業のある場面を，その場の状況と感情なども含めた教師や子どもの内面の動きも含めて詳細に振り返ることで，教師の授業観や教育観の見直しにつながる洞察を得ようとする方法も提唱されている。

　教師教育を専門とするF. コルトハーヘン（2010）によって提唱された**ALACTモデル**[*]は，教育実習生自身が実践の振り返りを通して自己の成長を図るうえでの，指導の方法として開発されてきたものである。ここで挙げられている，実践を振り返る際の局面や振り返るための多くの問いは，教育実習での授業の振り返りという文脈を離れても，実践を指向する教師が，授業を省察し，示唆を得ようとする際にも有効なフレームワークとして検討されている。

＊ALACTモデル
コルトハーヘン（2010）のALACTモデルは，それぞれの局面の頭文字をとって名付けられたものです。
第1局面　行為（action）
第2局面　行為の振り返り(looking back on action)
第3局面　本質的な諸相への気づき（awareness of essential aspects）
第4局面　行為の選択肢の拡大（creating alternative methods of actions）
第5局面　試行（Trial）
　　（中田，2019, p.39より）

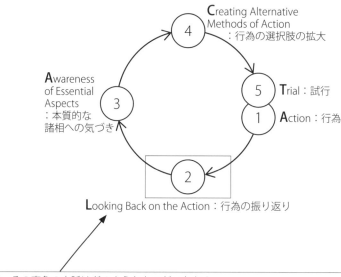

図14.2　コルトハーヘンの第2局面において具体化を促す「8つの問い」[**]
（出所）中田（2019）p.40

0. その事象の文脈はどのようなものだったか？	
1. 私は何したのか？	5. 相手は何をしたのか？
2. 私は何を考えたのか？	6. 相手は何を考えたのか？
3. 私はどう感じたのか？	7. 相手はどう感じたのか？
4. 私は何をしたかったのか？	8. 相手は何をしたかったのか？

＊＊第2局面において具体化を促す「8つの問い」
8つの問いは，1～4が「自私（教師）」，5～8は「相手（子ども）」を視点とした問いです。また，1・5はthink,2・6はfeel,3・7はwant,4・8はdoという構造になっている。
この8つの問いに対して満遍なく振り返ることが重要である。

　このモデルによる省察は，1.行為 → 2.行為の振り返り → 3.本質的な諸相への気づき → 4.行為の選択肢の拡大 → 5.試み（1-2.行為）という手順で進む。このうち，第2の局面である「行為の振り返り」が重要になるが，その局面では，

図 14.2 の問いを手掛かりに考察が進められる。

「8 つの問い」を使いながら，同僚とともに，授業のある場面における教師の働きかけと子どもの反応，その場での教師の思いと子どもの思い，教師と子どもの双方の内面の感情も含めた状況を深く考察する。

単元 1 時間目に子どもの問題意識や関心を高められなかった授業場面を例に考えてみよう。この場面を「私（教師）」と「相手（子ども）」を視点に「8 つの問い」を使いながら丁寧に振り返ると，私（教師）は，疑問をもたせたかったので用意した資料を見せ「疑問に感じることは何か」と発言したが，相手（子ども）は，何を答えてよいか困っていた。資料が何の場面かよくわかっていなかったようだ。私（教師）は，反応の弱い状況を不安に感じ，資料の説明をし，グループで話し合いをさせたが，相手（子ども）は，何を話し合えばよいか迷っていた。「面白くない」とも感じていたようだ……振り返りはさらに続くが，このように振り返りを深めていくと，やがて「子どもの既知や経験を生かせる教材研究と資料の吟味が不十分だった」などといった本質的な諸相に気付いていく。この気づきが第 3 局面である。ここでは，事例を離れ，違和感の背景にあった本質は何だったのだろうと考え言葉にしていく。ここで得たものは，社会科に限らず使うことができる。このような振り返りを通して，第 4 局面に向かう。第 4 局面では，自身が取り得る（取り得た）対応の仕方やその場での選択肢を考えることにつながっていく。先輩から助言をもらうのもいいだろう。学習問題や課題の立ち上げは今後の授業でも繰り返し行われるのであるから，導入で用意する資料や学習の進め方の再検討とともに，導入における教師の構えも重要となろう。無理に用意した問いに導くことはせず，子どもの関心を丁寧に拾い上げる時間として展開し，次時以降の学習で子どもの疑問を整理・統合して学習問題を見出すという展開も考えられるし，そうすることで調べる項目や柱立てがスムーズに展開できるかもしれない。授業の省察は，1 時間の振り返りにとどまらず，以後の授業を展開する選択肢の拡充，授業観の変容にもつながる可能性があるのである。

(2) 専門職としての教師に求められる資質

このような授業の振り返りが重視される背景には，教師を含め，医療，福祉など専門職としての職業人に求められる資質についての考え方がある。ショーン（2001）は，専門職の人々に共通に求められる，よりよい実践を生み出す力としての「省察する力」に着目する。「省察」とは，自らの実践を振り返り，改善するうえでの洞察を得ることであるが，その際には「行為についての省察」「行為の中での省察」という二つの省察を行う力，特に後者が求められると述べている。実践をよりよいものにしていくには，実践のあとで客観的情報を基

社会科教育観・授業観の成長
社会科の授業を記録し，分析をもとに改善を図る試みは，自身のもつ社会科教育観・授業観を見つめ，それと対話する試みでもある。なぜなら，分析する授業の成否がどうあれ，自分が社会科の授業を通して子どもにどんな資質を身につけさせたいのか，何を伝えたいのか，そのための方法として何が重要なのか，こうした社会科教育の根幹に関わることを否応なく考えることになるからだ。そしてこのプロセスを継続的に経験していくことが，自己を成長させ続ける教師としての職能を開発するのである。

に振り返り，改善を図る経験が重要であるが，それとともに，まさに現在進行中の実践においても，過去の省察を踏まえて，状況に臨機応変に対応しながら新たに実践を作りあげることが求められるからでもある。

　これを授業に置き換えて考えてみよう。教師は，子どもにとっての深い学びをもたらすような，子どものよりよい成長を図ることのできる授業を実践する力が求められる。よりよい授業を実践するには，事前の計画と準備を入念に行うことが極めて重要である。しかし，それと同程度に，教師には，授業の場面場面において，目の前の子どもたち一人ひとりの学習状況をつぶさに捉えながら，自己の経験の蓄積をもとにして，瞬時に授業計画を修正しながら，その場に合った授業へと柔軟に組み替えていく力も求められる。

　しかし，こうした力は一朝一夕に身に付くものではない。絶えず自己の実践を見つめ直し，自身で改善に努めた経験が蓄積されることも必要である。そうした省察経験の蓄積が，「行為の中での省察」を可能とするのである。

(3) 自己の社会科教育観・授業観を拡充するために

　ここまで述べてきたように，授業記録を取ることは，単に行った授業の成否を測ることが目的なのではない。授業の目標に照らして，授業が十分に効果的であったかどうかを検討するとともに，そうした検討を通して，一人ひとり異なる，子どもの学びの多様性と実態を理解すること，またそうした子どもたちに対応するために教師としての自己の経験を拡充し，多様な引き出しをもつ教師へと自己を成長させ続けることにこそ，その目的がある。

[溝口 和宏]

5章 これからの社会科授業づくりと実践

15.1 社会的事象の見方・考え方を働かせた学習指導とその実際

　第2章でみたように，2017年版学習指導要領の社会科の教科目標は，次に示す総括的な目標である前文と「資質・能力」の三つの柱（知識及び技能，思考力・判断力・表現力等，学びに向かう力・人間性等）に対応した具体目標からなっている。

> 社会的な見方・考え方を働かせ，課題を追究したり解決したりする活動を通して，グローバル化する国際社会に主体的に生きる平和で民主的な国家及び社会の形成者に必要な公民としての資質・能力の基礎を次のとおり育成することを目指す。
> （傍点は筆者）

　このように「社会的な見方・考え方を働かせ」ることは，課題を追究したり解決したりする学習（小学校では問題解決的な学習）の充実や社会科の究極的なねらいである公民としての資質・能力の基礎を育成する社会科学習指導の基盤として位置付けられている。なお，「社会的な見方・考え方」[*]は，小学校や中学校社会科の特質に応じた見方・考え方の総称であり，小学校社会科では「社会的事象の見方・考え方」と表記されている。それでは，小学校社会科における「見方・考え方」とは何か，「見方・考え方」を働かせた学習指導において留意すべき点は何だろうか。

(1) 社会的事象の見方・考え方とは

　「小学校学習指導要領（平成29年告示）解説　社会編」（以下，『解説（社会）』）では，「社会的事象の見方・考え方」について，社会的事象の意味や意義，特色や相互の関係を考察したり，社会に見られる課題を把握して，その解決に向けて構想したりする際の「視点や方法」だとしている。着目する視点は，地理的（位置や空間的な広がり），歴史的（時期や時間の経過），社会的（事象や人々の相互関係）なものからなっている。例えば，学習指導要領第3学年内容 (1)「身近な地域や市区町村の様子」を見ると，「市の位置，市の地形や土地利用，交通の広がり，市役所など主な公共施設の場所と働き，古くから残る建造物の分布など」と示されている。これら位置，地形，土地利用，などが「身近な地域や市の様子」の学習において着目する具体的な視点だと考えられる。

＊社会的な見方・考え方
「社会的な見方・考え方」は，小学校社会科の学年目標では「社会的事象の見方・考え方」と表記され，中学校社会科の地理的分野では「社会的事象の地理的な見方・考え方」，歴史的分野では「社会的事象の歴史的な見方・考え方」，公民的分野では「現代社会の見方・考え方」と示されている。
今次改訂においては，小学校社会科，中学校社会科，高等学校地理歴史科，公民科において，校種の段階や分野・科目の特質を踏まえた「見方・考え方」が整理された。「社会的な見方・考え方」は，これら社会科・社会系教科の「見方・考え方」の総称である。

(2) 社会的事象の見方・考え方を働かせた学習指導

社会的事象の見方・考え方を働かせるとは，上述したような視点に着目しながら社会的事象について調べ，調べることによって見いだした事象を比較・分類，総合，関連付けたりしながら考えたり，選択・判断したりする学び方のことである。

実際の社会科授業において，ある視点に着目しながら子どもの活動を追究へと向かわせるのは，具体的な「問い*」であろう。社会的事象の見方・考え方を働かせた学習において，子どもに発見させたい「問い」として次の三つをあげたい。

＊問い
『解説（社会）』(2017) では，問いとは「単元などの学習の問題はもとより，児童の疑問や教師の発問などを幅広く含むものである」と述べられている。発問については，第7章で詳しく解説している。

・社会的事象を見いだすための問い……「いつ，どこで，誰が，何を，どのように，どのような」

・社会的事象の特色や相互の関係，意味を考えるための問い……「違い（特色）は何か」「なぜか，どうしてか」「どのような意味があるか」

・社会に見られる課題を把握してその解決に向けて選択・判断するための問い……「どうしたらよいか」「もっといい方法はないか」

これらは社会科という教科の特質を踏まえた問いであり，社会科で大切にしたい基本的な問いである。そして，このような問いに基づく子どもの連続・発展的な追究活動が求められるであろう。

表15.1は，小学校社会科における追究の「視点」と「問い」を例示したものである。授業を通して子どもたちが獲得する知識は，これらの視点と問いの質に関わってくるであろう。このことから，社会的事象の見方・考え方を働かせた学習指導を構想する際には，追究のための視点とそれを生かした問いの設定について留意することが必要である。　　　　　　　　　　　　　　　[加藤寿朗]

表 15.1　小学校社会科における追究の「視点」と「問い」の例

「視点」の例	視点を生かした考察や構想に向かう「問い」の例
○位置や空間的な広がりの視点 　地理的位置，分布，地形，環境，気候，範囲，地域，構成，自然条件，社会的条件，土地利用　など	・どのように広がっているのだろう ・なぜこの場所に集まっているのだろう ・地域ごとの気候はどのような自然条件によって異なるのだろう
○時期や時間の経過の視点 　時代，起源，由来，背景，変化，発展，継承，維持，向上，計画，持続可能性 など	・いつどんな理由で始まったのだろう ・どのように変わってきたのだろう ・なぜ変わらずに続いているのだろう ・どのような工夫や努力があるのだろう
○事象や人々の相互関係の視点 　工夫，努力，願い，業績，働き，つながり，関わり，仕組み，協力，連携，対策・事業，役割，影響，多様性と共生（共に生きる）など	・どのようなつながりがあるのだろう ・なぜ○○と○○の協力が必要なのだろう ‥‥‥‥‥‥‥‥‥‥‥‥‥‥‥‥‥ ・どのように続けていくことがよいのだろう ・共に生きていくうえで何が大切なのだろう

(出所) 中央教育審議会答申 (2016) を参考に筆者作成

(3) 社会的事象の見方・考え方を働かせた授業の実際

① 授業の構想と準備

ここでは見方・考え方を働かせた授業の実際として，第5学年「情報化した社会と産業の発展」の実践を提示する。この単元は2017年版学習指導要領に示された「販売」「運輸」「観光」「医療」「福祉」などに関わる産業の中から運輸業を取り上げて学習する。具体的にはヤマト運輸が荷物を管理する際に活用している情報通信技術（NEKOシステム）を取り上げて，情報化の進展に伴う産業の発展と国民生活の向上について捉えられるようにする。

また，筆者はこの単元を通して児童に「問題解決学習の学び方」と「多角的な視点から社会的事象を考察する力」を養いたいと考えた。上記のことを踏まえたうえで，見方・考え方を取り入れた授業を行うために，次の三つの視点から本時（7時間目／全9時間）を構想した。

・見方・考え方を働かせる資料と提示の工夫

本時では児童が社会的事象の見方・考え方を働かせることができるよう，「30年前と現在の配達員が一日に行う宅配件数」と「共働き世帯数の推移」の資料を提示した。その際には，初めから資料の全体を提示するのではなく，近年から現在の部分を隠しておくことで，時間の視点での変化に注目して資料を読み込めるようにした。

・見方・考え方を働かせる問い*の設定

社会的事象の見方・考え方を働かせた学習指導を行うためには，まず児童が見方・考え方を働かせて考えることができる場面の設定が重要である。そのための手段として，児童の実態に即した見方・考え方を働かせるための適切な「問い」を設定することが有効であると考えた。本時のねらいは「情報通信技術の活用における産業の発展と国民生活の利便性の向上について具体的に考えること」である。しかし，このままの問いでは具体的に考えることが困難な児童もいるであろう。そこで「昔に比べて，宅配の何がよくなったのか」という違いを考える問いを設定した。こうすることで過去の宅配との比較を促し，変化したことについて具体的に考えることができるようにした。

・構造的な板書

本時では，情報通信技術の活用による変化を「何が」「○○のように変化した」というように書き込んでいった。変化したことを板書することで過去との違いが明確になるからである。また，黒板全体を「産業側の発展」と「国民生活の利便性の向上」の二つに分類し，整理した。そして，産業と国民生活の変化を線でつなぎ，関連付けることによって，情報通信技術の活用が一方だけの変化ではなく，双方にとってよいものであることに気付けるようにした。

資料の精選と提示の工夫
資料を選定する際には，この資料で「児童に何を読み取ってほしいのか」という，資料提示の意図を明確にもっておくことが大切である。
また，提示の仕方についても工夫をしたい。一つの資料の全体を提示するのか，一部分のみを提示するのか，複数の資料を同時に提示するのかなど。同じ資料でも提示の仕方が変わることで，児童がどのように思考するのかが変わってくるので，教材研究を大切にしたい。

＊見方・考え方を働かせる問い
社会的事象の見方・考え方を働かせる問いとしては以下のようなポイントがあると考える。
①社会的な見方である時間，空間，人間の相互関係，人の想いなどを含む言葉が含まれていること。
②比較や分類，総合というような考え方の方法が想起できるもの。これは文言として含まれていなくても児童が考え方として使うことができるようになっていればよいと考える。

② 指導計画 (全9時間)

学習過程	ねらい	○主な学習活動・内容	□資料 ※留意点 ○評価
つかむ (1・2時)	運輸業で運ばれる宅配物について「確実に届く」理由を話し合い，学習問題をつくる。	○宅配の利用経験について話し合う。 ・祖父母から野菜が届いたな。 ・旅行中に買ったお土産はちゃんと自宅に届いたぞ。 ○依頼伝票を調べ，学習問題をつくる。 【学習問題】18億件の配達物を確実に届けるために数字やバーコードの情報をどのように使っているのだろうか	□配達を利用した経験 □配達依頼伝票 ※伝票の中から「確実に届く」ために必要な情報を探し，調べる。 ○【思】資料を基に宅配物が確実に届く理由について考えている。
	ヤマト運輸で調べたいことを考え，学習計画を立てる。	○予想を出し合い，学習計画を立てる。 (学習計画) 12桁の数字とバーコードについて ・「誰が」，「いつ」使うのか ・「何のために」使うのか。 ○見学の際に見ることや質問したいことを整理する。 ・いつからこの数字やバーコードを使っているのか聞きたいな。	□配達依頼伝票 □不在通知伝票 ○【主】宅配物が確実に届く理由について解決の見通しをもっている。
調べる (3〜6時)	ヤマト運輸に見学に行き，情報通信技術の活用について調べ，理解する。	○営業所に見学に行き，情報通信技術が使われている様子を調べる。 ・荷物を預かるときに利用していた。 ・バーコードを読み取ることで「いつ」，「どこに」届けるかを確認できる。 ・運転手が荷物を積み込む時に利用していた。 ・依頼した荷物がどこにあるのかを確認できた。 ○営業所の方に情報通信技術の活用場面や感想について質問をする。	□運輸業で働く方の話 □実際に使用されている情報通信機器 ○【知】運輸業で活用されている情報通信技術について理解している。
	情報通信技術の活用の場面や活用の仕方を理解し，図にまとめる。	○見学をしてわかったことを出し合う。 ・営業所の人が荷物を預かるときに利用していた。 ・運転手が荷物を積み込むときに利用していた。 ・運転手が荷物の配達後に利用していた。 ・依頼主や届け主が配達状況を確認していた。 ○運輸業での情報通信技術の活用の様子を図にまとめる。	※「誰が」「いつ」「何のために」使うのかに着目しながら図にまとめる。 ○【知】運輸業で活用されている情報通信技術について表現している。
まとめる (7時・本時)	情報通信技術の活用による産業や国民生活の変化について考える。	○過去の様子と比べながら「情報通信技術の活用によって宅配のよくなったこと」について話し合う。 ・「いつ」「どこに」届けるかヤマト運輸の誰もが分かるから「より確実に」配達できる。 ・昔は地図を見て配達していたけれど，今は住所が表示されるから「短時間」で配達できる。 ・利用者も届けてもらう日時を決められるから，昔に比べて「便利になった」と思う。 ○産業側と利用者側の立場から情報通信技術を活用することの意味について考える。 ・宅配がよりよくなると会社は信用が高まるし，依頼も増えるから利益が上がる。 ・サービスが向上すると，国民の宅配の利用がさらに便利になる。	□配達員1日の配達件数 □共働き世帯数の推移 ※「立場」と「よくなったこと」に着目しながら考える。 ○【思】運輸業における情報通信技術の活用のよさを考え，表現している。
いかす	他の産業における情報通信技術の活用について調べ，産業の発展や国民生活の向上について考える。	○他の産業で活用されている情報通信技術について調べ，図にまとめる。 ・「福祉」の分野では，離れていても祖父母の健康状態を知ることができるから安心だ。 ・「防災」の分野では，どこにいてもすぐに災害の発生を知ることができるから，より安全・安心に過ごせる。	※「誰が」「いつ」「何のために」使うのかに着目しながら図にまとめる。 ○【思】各分野の活用場面を比較し，情報の進展に伴う産業の発展や国民生

○主な学習場面・予想される児童の反応	○評価
（8・9時）	○各分野での活用場面を比較し，情報の進展に伴う産業の発展や国民生活の向上について自分の考えをまとめる。 ・情報を活用すると，どの分野でも産業側と利用者側どちらにとってもよさがあるんだな。 ・これからも情報を上手く活用するとさらに産業は発展し，ぼくたち利用者のくらしも便利になるかもしれないな。	活の向上について考え表現している。

○評価について……【　】は学習評価の観点を次のように示している。　【知】…知識及び技能　【思】…思考，判断，表現　【主】…主体的に学習に取り組む態度

③ 授業実践の様子

【本時の展開と板書】(7時間目／全9時間)

○主な学習場面・予想される児童の反応	□資料　※留意点　○評価
①前時を振り返り，本時のめあてをつかむ。 ・NEKOシステムは荷物をどこに届けるか，いつどこにあるのか分かる仕組みのものだ。	※NEKOシステムの仕組みや活用される場面について振り返る。 □現在と30年前の1日の配達件数
NEKOシステムの活用によって，昔に比べ宅配の何がよくなったのか考えよう。	
②情報通信技術（NEKOシステム）の活用による宅配の変化について考える。 ・いつどこに届けるかヤマト運輸の誰もが分かるから「希望時間」に「より確実に」配達できる。 ・昔は地図を見て配達していたけれど，今はナビで表示されるから「短時間」で配達できる。 ・スマートフォンで確認できるし，届けてもらう日時を決められるから，利用者もとても便利になったと思う。 ③情報通信技術を活用する意味について考える。 ・システムの活用によって宅配がよりよくなると会社は信用が高まるし，依頼も増えるから利益が上がる。 ・サービスが向上すると私たちはもっと便利に宅配を利用することができる。 ④本時を振り返る。 ・情報通信技術のおかげで昔に比べ「より確実に」「より大量に」「より早く」荷物を届けることができる。 ・「いつでもどこからでも」配達の依頼ができて便利になった。情報通信技術は会社も私たちも便利にするものなんだ。	※昔の宅配と比べ，「違う点」や「新しくできるようになったこと」に意識を向けるよう促すことで，「よくなったこと」を具体的に考えられるようにする。 □共働き世帯数の推移 ※立場や変化した内容を整理して板書することで産業側の発展と利用者側の利便性の向上に気付けるようにする。 ※ふり返りの場面では情報通信技術の活用によるよさ（利点）についてヤマト運輸と利用者の関係をつなげながら考えるように促す。 ○【思】情報通信技術の活用のよさを考え，表現している。

考えをもてるようにする個別指導

子どもが毎時間の終末で理解を深めたり，考えを広げたりするためには，まず自分の考えをもつことが必要となる。しかし，なかには自分の考えを上手く説明できない児童もいる。そのような児童に対しては「主語」や「状態（変化の様子）」などに着目できるよう声かけをしたり，文型を提示したりすることも考えられる。

〈声かけの例〉
・何がよくなったのかな。
・どんなことが変わったのかな

〈文型の例〉
・情報通信技術を活用することで，（　　　　）が（　　　　）なった。

ヤマト運輸配達員の 1日の配達件数	
1980年ごろ	2017年
40件〜 50件	100件〜 120件
大国支店長さんの経験談より	

授業の初めに提示した，「配達員が一日に行う宅配件数」の資料

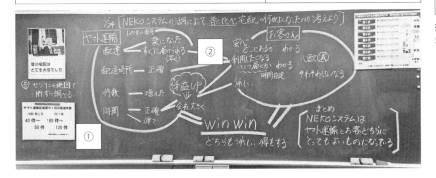

本時を次のように展開していった。(□数字は指導案・板書と対応)

(a) 見方・考え方を働かせる資料と提示の工夫

授業の初めに，見学に行った営業所の店長さんの話を振り返った。その際の

「昔の配達はとても大変だった」という言葉を共有したうえで，資料「30年前と現在の配達員が一日に行う宅配件数」を提示した。見学の際30年前の配達量については具体的な数を聞いていなかったため，資料を読み取った時には，「30年前と全然配達量が違う」というように変化を捉えた声や，「だから今こんなに（配達）できるのか」という本時でねらう気付きにつながる声も聞かれた。

授業の中盤では資料「共働き世帯数の推移」を提示した。利用者側の生活環境の変化に注目することで，情報通信技術の活用のよさを利用者視点からも具体的に考えることにもつながった。

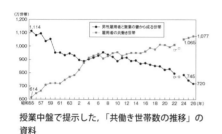

授業中盤で提示した，「共働き世帯数の推移」の資料

(b) 社会的事象の見方・考え方を働かせる問いの設定

本時では資料「30年前と現在の配達員が一日に行う宅配件数」を提示し，児童のつぶやきや気付きを共有した後に本時の問いを設定し，情報通信技術の活用の意味について迫っていった。初めから教師側が提示するのではなく，児童の想いや気付きが高まったうえで提示することで，より主体的な本時の学びにつながった。また，「昔に比べ何がよくなったのか」と「過去との比較」とともに「よくなった変化の様子」に方向付けをした問いにすることで，これまでの学びを基に過去の宅配の様子と比較しながら具体的に考える姿につながった。

(c) 構造的な板書

以下は本時終末の児童の振り返りである。

> 今日，NEKOシステムの活用によって何がよくなったかを勉強してみて，NEKOシステムのおかげで昔に比べて配達量が増えたり，場所を間違えることが少なくなったりしていることがわかりました。会社とお客さんどちらも得をするので情報通信技術を使うことはwinwinで，どちらにとってもすごくいいことだなと思いました。（A児）

「winwin」は本時の板書にもあるが，児童が発言し，学級全体で納得した言葉である。このように，振り返りからも情報通信技術を活用する意味について，産業側だけでなく，利用する側の国民生活も向上していることをつかんでいることが分かる。

④ 実践のまとめと考察

本時の学習をする前までは「情報通信技術の活用場面や方法」についての理解が主であったが，前述した三つの視点などを基に，本時で「情報通信技術を活用するよさ」について考えることで，本単元で目指す社会的事象への気付きや学びの姿に近づくことができた。一方で，社会的事象の見方・考え方を働かせた学習指導は本時だけでは成り立つものではない。単元全体の構成や既習単元での学びとそのつながりを明確にしながら，授業を構想することが大切であると考える。

［藤原良平］

15.2　対話的な学びを取り入れた学習指導とその実際

(1) 社会科で対話的な学びを取り入れることの意味

　『解説（社会）』(2017) では，「指導計画の作成と内容の取扱い」において，対話的な学びについて次のように解説している。

> 　対話的な学びの実現については，学習過程を通じた様々な場面で児童相互の話合いや討論などの活動を一層充実させることが求められる。また，実社会で働く人々から話を聞いたりする活動についても今後一層の充実が求められる。さらに，対話的な学びを実現することにより，<u>個々の児童が多様な視点を身に付け，社会的事象の特色や意味などを多角的に考えることができるようにすることも大切である。</u>（下線は筆者による）

　この解説からは，対話的な学びを取り入れることによって，

　・多様な視点を身に付けること

　・社会的事象の特色や相互の関連，意味などを多角的に考えること

などをできるようにすることが期待されていることが分かる。

　社会科は，教師による説明や解説を一方的に聞いたり，書かれていることを暗記したりする教科ではない。児童が，社会的事象の中から追究すべき学習の問題を見いだし，調べたり，考えたり，表現したりすることを通じてその解決を図ることを重視する。ここでいう解決とは，児童による一連の追究過程を通じて，社会的事象の特色や相互の関連，意味などを見いだしていくことである。

　対話的な学びはこの追究過程で実施される。もちろん自分自身と対話する自己内対話も大切である。しかし，多くの場合，それは，複数人で行われる。ひとりで調べ，考え，表現するだけでは，独りよがりの見方や考え方に偏ってしまうことがある。いろいろな視点があること，さまざまな考えがあることは，他者との対話を通じて獲得されていくのである。対話的な学びは，社会科の教科目標である公民的な資質・能力の基礎の育成にとって必要不可欠である。

(2) どのように対話的な学びを取り入れるか

① 誰と対話するのか

　先の解説文によると，「児童相互」，そして「実社会で働く人々」とも対話が期待されている。後者は，まさに社会科ならではのものといえよう。単に，働く人の話を聞く活動にとどまらず，学習を通じて調べ，考えてきたことを基に，意見交換したり，これからの地域社会のことを考えたりするような活動を行うことで，学習そのものが深まり，現実の社会の課題を捉え，追究，解決しようとする**オーセンティックな学び***になる。

*オーセンティックな学び
　（真正の学び）
オーセンティックとは，「本物の」「真正の」という意味である。一般的には，状況や文脈のある課題，つまり有意味な課題を設定することで，より深く学ぶことが期待されている学びのことである。
奈須正裕によれば，そもそも学習とは具体的な文脈や状況の中で生じるものであり，学ぶとはその知識が現に働いて生きて働いている本物の社会的実践に当事者として参画することであるという（奈須，2017, p.21）。

② どのような場面で対話的な学びを取り入れるのか─場の設定＊─

　対話的な学びは，学習過程を通じたさまざまな場で，「話合い」や「討論」などの学習活動として行われる。単元および1単位時間の学習過程に即して例示する。

〈単元の学習過程の中で〉

○導入（つかむ）段階で，教師から示された社会的事象（資料）を基に，疑問や興味・関心などを話し合い，単元の学習問題に集約していく。

○さらに，学習問題に対する予想を話し合い，学習の計画や見通しを立てる。

○終末（まとめ）段階では，学習したことを基に，例えば，くらしと環境問題（5年生）等について討論する。その際，ゲストティーチャーとして実社会で働く人や生活する人に参加してもらい意見交流することも可能である。

〈1単位時間の学習過程の中で〉

・導入（つかむ）段階で，本時の問いを把握する場面）で，経験や既知を基に予想などを話し合い，追究の見通しを立てる。

・展開（調べ・考える）段階で，資料を基に調べたことを，グループ等で話し合い，分かることや疑問に残ることなどを見いだしたり広げたりしていく。

・展開（調べ・考える）段階で，調べたことを基に考えを深める場面で，それぞれが根拠（調べて獲得した事柄）を示しながら，話し合ったり，討論したりする。

(3) 対話的な学びを行う際の留意点

　言語活動（読む・聞く・書く・話す）の性質や機能面から考えると，対話は，出力系の「話す」活動と入力系の「聞く」活動が中心になる（表15.2）。これらは，「書く」「読む」活動が思考を整理することに有効であることに対し，言葉による交流を通じて，自分なりのものの見方（着眼点）や考えを広げることに有効に働くといわれる。その際，次の点に留意する必要がある。

① 話し合う内容を明確にし，自分なりの考えをもって参加させる

　相互の考えを深める対話的な学びを実施するには，きちんと調べ，それに対する考えをもって参加させることを大切にしたい。何を調べ，考えるかは，その時間のねらいと関連する。ねらいを基に「県の交通はどのように広がっているのだろう」という「本時の問い」を設定した場合，児童は，交通網について調べ，そのうえで調べたことを根拠に「どのように広がっているか」を考え，話し合う。

② 自分の考えを相対化し，再構築する

　"対話する"ということは，自分の考えを発表することでも，押し通すことでもない。むしろ「自分はこう考えた。友達はどのように考えたのだろう」と，自分の考えに対して「相対化」の視点をもって話し合うことが大切である。そのことが視点や考えを広げ，深めることにつながり，個々の考えの再構築を可能にする。

〔中田　正弘〕

表15.2　言語活動の性質・機能からの分類

	文字言語	音声言語
入力系言語	読む	聞く
出力系言語	書く	話す

(4) 対話的な学びを取り入れた授業の実際

① 授業の構想と準備

　ここでは，対話を取り入れた授業の実際として，第6学年「長く続いた戦争と人々のくらし」の実践を提示する。この単元では，2017年版学習指導要領に基づき，「日中戦争や我が国に関わる第二次世界大戦」を取り上げて学習する。具体的には，「日本と中国の戦争」「太平洋戦争」「戦時中の国民生活」「終戦」を取り上げて，日本の戦時下の社会の様子を捉えられるようにする。筆者は，この単元の学習を通して，児童に戦争の悲惨さを理解させるだけでなく，社会を担う一員としての自覚，とりわけ政治への関わり方を考えようとする態度を養いたいと考えた。

　上記のことを踏まえたうえで，対話を取り入れた授業を行うために，次の四つの視点から本時（8時間目／全8時間）を構想した。

・問いの設定

　授業の中で対話を促すためには，児童が対話への必要性を感じることが重要である。本時で最も考えさせたいことは「これからも戦争をしないために大切なことは何か」である。しかし，この問いのままでは児童それぞれの意見が平行線となり，平坦な話し合いになる可能性が高い。そこで，「日本が戦争にならないために，当時の国民はどうすればよかったのだろうか」という問いを設定することとした。この問いについて話し合う際には，明確な結論を出せず葛藤を感じながら話し合うことになる。このような葛藤を感じる問いを設定することで対話が活性化し，児童が多角的に考えるようになると考えた。

・考えのもたせ方

　本時の問いについて話し合う前に，児童が自分の考えを整理する時間を設ける。その際には，根拠として活用できるようにするために，本時までに学習したことを振り返るようにさせる。

・座席の配置

　対話を活性化させるためには，互いの表情が見えていることが重要である。筆者の学級では，学級全体の座席をＵ字型に配置しており，本時でもこの形を用いるようにした。

・実社会で働く人（ゲストティーチャー）との対話

　本時の後半では，「戦争の語り部」に来校してもらい，児童との対話を設定した。葛藤を経た場面で，実社会で働く人や生活する人と対話することによって，自分たちの考えを捉え直すことになる。こうすることによって，当時の社会の様子を検討したり，これからの社会との関わり方を考えるようになったりすると考えた。

葛藤を感じさせる問いの設定
葛藤を感じさせる問いでは，結論を明確に示すことができないために，子どもが多角的に根拠を用いて話し合うようになる。次のような場面を提示することを筆者は意識している。
①選択肢のどれにもリスクがあるが，選択せざるをえない状況。
②選択肢に含まれるメリット・デメリットがトレードオフの関係になっている状況。

② 指導計画（全8時間）

学習過程	ねらい	○主な学習活動・内容	□資料　※留意点　○評価
つかむ（1時）	戦争によって都市が破壊される様子や戦後に占領されている様子について話し合い，学習問題をつくり，学習計画を立てる。	○空襲を受けた都市の様子や戦争による死者数，戦後，占領されている様子を調べる。 ・日露戦争に比べて，一般の国民にも死者が多い。 ・日本が外国のようになっている。 ○感じたことや疑問を出し合い，学習問題をつくる。 【学習問題】日本が終戦し大きな被害を受けるまでに，どのようなことがあったのだろうか。 ○予想を出し合い，学習計画を立てる。 （学習計画）・中国との戦争はどのようなものか。 　　　　　　・アメリカと，どのような戦争をしたのか。 　　　　　　・国民の生活はどうだったのか。 　　　　　　・戦争はどのように終わったのか。	□東京大空襲（写真） □占領下の東京（写真） □太平洋戦争の死者数 ※被害の様子や日本の変容に着目させる。 □年表 ○【主】終戦までの経緯について解決の見通しをもっている。
調べる（2〜5時）	日本と中国との戦争について調べ，日本が国際社会から孤立していったことを考え理解する。	○中国との戦争の経緯とその後の様子を調べる。 ・満州は資源や経済に重要な地域であり，世論は進出を支持した。 ・日本は国際社会から孤立した。 ○調べたことを基に中国との戦争の様子について考え，まとめる。 ・中国との戦争は，日本の不況を改善することが関係しており，国際社会の非難を浴びて国際連盟から脱退し孤立することにつながった。	□満州に対する世論 □満州事変への経緯 □日中戦争の展開 ※工業学習に着目し考える。 ○【知】中国との戦争について理解している。
	日本とアメリカやイギリスとの戦争について調べ，資源が戦争の要因となっていたことや日本が敗戦を重ねたことを考え理解する。	○アメリカ・イギリスとの戦争の経緯とその後の様子を調べる。 ・日本は経済制裁によって石油の輸入ができなくなった。 ・世論は戦争を支持したが，敗戦が続き日本の領土が縮小していった。 ○調べたことを基に太平洋戦争の様子について考え，まとめる。 ・アメリカやイギリスとの戦争は，日本の資源不足を改善することが関係しており，初期の勝利によって国民が支持していたが，各地で敗戦を重ねることになった。	□太平洋戦争，第二次世界大戦の範囲 □太平洋戦争への世論 ※石油資源や世論の形成にも着目して，太平洋戦争の様子を考えさせる。 ○【知】太平洋戦争について理解している。
	戦争中の国民生活を調べ，戦時体制に移行し国民が戦争を支える存在となっていったことを考え理解する。	○戦争中の国民生活を調べる。 ・国家総動員法が制定され戦争への協力が求められるようになった。 ○調べたことを基に法と国民生活との関わりについて考え，まとめる。 ・戦争中，国家総動員法が定められたことで，服装をはじめとして，国民生活は厳しく管理されるようになった。	□国民生活の統制（服装等） □国家総動員法 ※生活の影響を考えさせる。 ○【思】法と国民生活との関連を考え表現している。
	各地の空襲や沖縄戦，原子爆弾の投下について調べ，国民に大きな被害を出して戦争が終わったことを考え理解する。	○戦争が終わるまでの出来事を調べる。 ・1945年に沖縄にアメリカ軍が上陸し20万人以上の死者が出た。 ・世界で初めて広島・長崎に原子爆弾が投下され，大きな被害が出た。 ○調べたことを基に終戦への経緯について考え，まとめる。 ・各地の空襲や沖縄戦，原子爆弾投下によって国民に大きな被害が発生したことで戦争は終わり，日本は連合国に占領されるようになった。	□空襲，沖縄戦，原爆 □占領状況 ※敗戦の影響を考えさせる。 ○【知】日本が占領されるまでの様子を理解している。
まとめる	学習問題について話し合い，戦争を進める中，国際社会から孤立した	○これまでの学習を年表に整理する。 ○学習問題について話し合う。 ・資源が少ない日本は，国を改善することを目指して戦争を始めた。戦争によって国際的に孤立したり国民生活が犠牲になっ	※「資源不足」「世論形成」「政治の進め方（法律）」「国際的な孤立」などに着目して考えを書くよう

（6・7時）	り国民生活が統制されたりして，国民が大きな被害を受けたことを考え理解する。	たりした。 ・敗戦し大きな被害となるまでに，国の状況を改善するために戦争を始め，その後，国際社会から孤立したり国民生活が厳しく統制されたりした。	にさせる。 ○【知】年表にまとめ，国際社会からの孤立や国民統制があったことを理解している。
いかす（8時・本時）	学習したことを基に戦争を繰り返さないために重要なことを話し合い，国民としての在り方について考える。	○日本が長い期間戦争を続けたことと関連していることを出し合う。 ・日本の資源不足　・メディアによる世論形成 ・国際的な孤立　・政治の進め方 ○戦争にならないために当時の国民はどうすればよかったのか話し合う。 ○ゲストティーチャーと話し合い，国民としての在り方について自分の考えを書く。	□終戦記念日の新聞 ※当時の国民の立場から社会状況を考えさせる。 ※現代社会における国民の在り方を考えさせる。 ○【思】平和な社会を築いていくために必要なことを考え表現している。

○評価について……【　】は学習評価の観点。　【知】…知識及び技能　【思】…思考，判断，表現　【主】…主体的に学習に取り組む態度

③　授業実践の様子

【本時の展開と板書】（8時間目／全8時間）

○主な学習活動　・予想される児童の反応	□資料　※留意点　○評価
①日本が長い期間戦争を続けたことと関連していることを振り返り，本時のめあてをつかむ。 ・日本の資源不足　・メディアによる世論形成 ・国際的な孤立　・政治の進め方（法律）	□これまでの学習 □終戦記念日の新聞 ※学習問題について考えたことを振り返るようにさせる。
日本が戦争にならないために，当時の国民はどうすればよかったのだろうか。	
②国民はどうすればよかったのか話し合う。 ・「世論」が特に重要だと思う。国民が判断して意見を出したら，戦争をしなかったかもしれない。 ・国民が政治の進め方を判断し，意見を出していくことが大切だと思う。でも，できなかったかも。 ③ゲストティーチャーと話し合い，現代の国民としての在り方について自分の考えを書く。 ・戦争を経験した人は，遠くないうちにいなくなってしまう。だから，戦争の被害を国民が忘れないように努力しなくてはいけないと思った。 ・国民の一人として，政治に意見を伝えるなどしっかりと参加していくことが大切だと思った。	※社会背景に着目すると，現代のように国の在り方に国民一人一人が強く関与できるような状況ではなかったことに着目させる。 □戦争の語り部 ※ゲストティーチャーから子ども達に質問してもらい，考えを交流できるようにする。 ※国民の一人としてできることを考えるようにさせる。 ○【思】平和な社会を築いていくために必要なことを考え表現している。

考えをもてるようにする個別指導

対話に一人一人が参加するためには，事前に自分の考えをもっている必要がある。
しかし，なかには自分の考えをもつことが苦手な児童もいる。そのような児童に対しては文型を提示して思考を促すなどの手だてを行うことが考えられる。
〈文型の例〉
・当時の国民は（　　　　　　　）
　すればよかった。理由は
　（　　　　　　　　）。

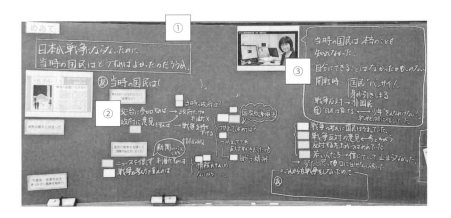

本時を次のように展開していった。（黒板の□数字は指導案との対応）

（a）対話を促す本時の問いの設定

戦争と深く関わる「日本の資源不足・メディアによる世論形成・国際的な孤立・政治の進め方（法律）」について振り返った後，現在まで日本が戦争をしていないことを提示し，子どもと本時の問いを「当時の国民はどうすればよかったのだろうか」と設定した。

児童は，前時までの学習を基に当時の国民がすべきだと思うことを書いていった。この時点では「政府に意見を言えばよかった」などの考えを書いている児童が大半であった。しかし，当時の社会背景を考えると「何もできなかったのでは」と考える児童もいた。後者の考えは，その後の学級全体での対話を充実させる伏線となった。

（b）本時の問いについての議論（対話的な学び）

対話は次のように進んでいった。（抜粋）

T：当時の国民はどうすればよかったと思いますか。

C：当時の国民は政治に参加すればよかったと思います。政府の判断だけで進んでしまったから大きな被害になってしまったのだと思います。

C：ぼくも似ていて，政府に意見を言い，戦争への支持をしなければよかったと思います。

C：違うことですけど，新聞を信じず国民一人ひとりが判断すればよかったし，戦争への考えを変えればよかったと思います。

C：みんなは，そういうふうに言っているんですけど，この頃は国家総動員法があったから，反対なんてできなかったと思うんですけど，どう思いますか。

C：私も同じです。反対したら捕まってしまうから，国民は自由に政府に意見を言うことはできなかったと思います。

C：それでもぼくは，捕まってでも反対すればよかったと思います。

C：ぼくは，違う意見です。自分のことで精一杯だったから，そこまでして反対はしなかったと思います。

C：「新聞を信じず，判断する」という意見があったけれど，当時は情報を得る手段がそれしかなかったから，判断することも難しかったと思います。

対話を生む「話し合い言葉」
対話を行うためには，児童同士が互いの考えをつなぎ合う意識をもつことが重要である。
筆者は「話し合い言葉」というものを設定し，児童に学習中に使うよう指導をしている。

〈話し合い言葉の例〉
・「○○さんに似ていて，〜です。なぜなら―。」
・「○○さんの考えに付け足しで，〜です」
・「○○さんとはちがって〜です。なぜなら―。」

問いについて議論する

(c) ゲストティーチャーとの対話的な学び

児童同士の話し合いを経て，ゲストティーチャーとの対話を行った。(抜粋)

> GT：皆さんが話し合ったように，法律や情報の問題があったので，当時の人々にできることはなかったのかもしれません。国民の中には戦争に賛成する人たちもいました。ある時，「日本は負けるよ」と言った人に対して，その子どもが「そんなわけない！」と反対したということもあったそうです。
> C：戦争に国民の考えは染まっていたのだと思います。
> C：ぼくも似ていて，戦争反対の意見は言えなかったのだと思いました。今の世の中とは違います。
> C：その意見に付けたしで，反対する方法が奪われていたんだと思いました。

本時の終末に「これからも戦争をしないために大切なこと」について自分の考えを書く活動を行った。

> これから国民として平和を考え，二度とあやまちを起こさないように，積極的に政治に参加していきたいと強く思った。また，戦争がどうして起こったのか，心に残しておきたいと思う。(B児)

自分の考えを書き込む

④ 実践のまとめと考察

本時の序盤では「当時の国民はもっと何かできたはずだ」と考える児童が多かった。しかし，対話によって「法律による難しさ」「情報を得る手段の限定」などに着目することで葛藤を感じ再検討したことで，多角的に当時の社会背景を捉えるようになった。このような過程を経たことで，「現代では，自分たち国民が政治に関われるようになっている」「国民が政治に関わることで国の在り方をよりよくできる」という思いをもつようになった。

対話を取り入れた授業を行うことで，考え方の視野が狭い児童が，多角的に当時の社会の様子を考えられるようになり，よりよい社会をつくろうとする態度形成につながったといえる。

［横田 富信］

15.3 社会科における選択・判断を取り入れた学習指導とその実際

(1) 目標と内容における「選択・判断」の位置付け

2017年版学習指導要領では，教科の目標の(2)「思考力，判断力，表現力等に関する目標」が次のように示された。

> (2) 社会的事象の特色や相互の関連，意味を多角的に考えたり，社会に見られる課題を把握して，その解決に向けて社会への関わり方を選択・判断したりする力，考えたことや選択・判断したことを表眼する力を養う。

社会科における思考力，判断力が，多角的に考える力と選択・判断する力として示されたのである。

この目標を受けて，各学年の「内容の取扱い」に「～を考えたり選択・判断[*]したりできるよう配慮すること」「多角的に考えて，これからの～の発展について，自分の考えをまとめることができるよう配慮すること」と示された。

以下はそれらが示された内容の一覧である。

表 15.3 内容の取扱いに「選択・判断すること」「多角的に考えること」が示されている内容の一覧

学年		内容	内容の取扱い
3	(3)	「地域の安全を守る働き」	選択・判断
	(4)	「市の様子の移り変わり」	発展を考える
4	(2)	「人々の健康や生活環境を支える事業」	選択・判断
	(3)	「自然災害から人々を守る活動」	選択・判断
	(4)	「県内の伝統や文化，先人の働き」	選択・判断
5	(2)	「我が国の農業や水産業における食料生産」	多角的
	(3)	「我が国の工業生産」	多角的
	(4)	「我が国の産業と情報との関わり」	多角的
	(5)	「我が国の国土の自然環境と国民生活との関連」	選択・判断
6	(1)	「我が国の政治の働き」	多角的
	(3)	「グローバル化する世界と日本の役割」	多角的，選択・判断

「多角的」に考えることも未来に向けてよりよい社会を考えることであるが，ここからは，「選択・判断する力」に絞って述べる。

(2) 「選択・判断する力^{**}」が求められた背景

選択・判断する力が求められた背景として以下の三つを挙げる。

① 社会に開かれた教育課程^{***}における社会科の在り方が求められたこと

2017年版学習指導要領のキーワードは「社会に開かれた教育課程の実現」であり社会科においても子どもが学習する内容が実社会につながることが重要

---

*内容の取扱い
学習指導要領は，目標，内容，内容の取扱いで構成されている。社会科における内容の取扱いでは，事例の取り上げ方，指導上必要な事項や配慮すべき事項などが内容ごとに示されている。

**選択・判断する力
中央教育審議会「幼稚園，小学校，中学校，高等学校及び特別支援学校の学習指導要領等の改善及び必要な方策等について（答申）」(2016) の別添資料3-3「社会科，地理歴史科，公民科における思考力，判断力，表現力等の育成イメージ」において，選択・判断する力は構想する力の発展過程として描かれた。そのため，「中学校学習指導要領社会」(2017年) では，「選択・判断」に代わって「構想する」という文言が使用されている。

***社会に開かれた教育課程
中央教育審議会「幼稚園，小学校，中学校，高等学校及び特別支援学校の学習指導要領等の改善及び必要な方策等について（答申）」(2016) においてこれからの求められる教育課程の理念として「社会に開かれた教育課程」が提唱された。主旨は，よい学校教育を通じてよりより社会を創ること，子どもたちが社会や世界に向き合い関わり自ら人生を切り開くことのできる資質・能力を育むこと，地域や社会教育と人的・物的に連携することなどである。

であった。そのため「社会への関わり方を選択・判断する力」や「よりよい社会を考え主体的に問題解決しようとする態度」等が教科の目標に盛り込まれた。

②「18歳選挙」が実現したこと

選挙権をもつ年齢が18歳に引き下げられ，高校生の一部が選挙権をもつようになった。投票するためには「社会に見られる課題を把握して」解決策について考え，各政党のマニフェストを読むことが必要であり，その基礎として，小学校から「社会に見られる課題を把握」する学習が必要となった。

③ 判断力の育成を重視したこと

従来から社会科では判断力を育成することが求められてきた。しかし社会論争問題などを取り上げても，知識を十分に持ち合わせていない小学生に判断を求めると「好嫌」「善悪」などが判断基準となり根拠の曖昧なまま意志表明を強要することになってしまうという懸念があった。そこで「選択・判断」として，いくつか示された課題やその解決策への協力の仕方などの中から「選ぶ」ことを重視した。

(3)「選択・判断する」場面を設定する際の留意点

留意点として以下の三つを挙げる。

① 適する内容とそうでない内容の選別

前ページの一覧表に示した学習指導要領の内容では選択・判断することが示されているが，それ以外の内容では示されていない。示されているのは主として「社会の仕組みや働きと人々の生活」に区分される内容，すなわち公民的な内容であることが分かる。これからの「社会への関わり方」を選択・判断することが求められているからである。示されていない内容において機械的に選択・判断する場面を取り入れると，子どもに難しい判断を求めたり過度の負担がかかったりすることが考えられるため，適する内容とそうでない内容を選別することが大切である。

② カリキュラム・マネジメント[*]

社会科の標準授業時間数が増えていないことにも留意する必要がある。「選択・判断できるようにすること」は内容の取扱いにおける配慮事項であり内容に示されたわけではない。したがって，そのための時間数が加算されているものではない。これまでの単元設計を見直す工夫によって選択・判断する場面を設定することが必要である。例えば，第3学年の内容「地域の安全を守る活動」では，消防の働きと警察の働きを学ぶ二つの単元で構成されることが多い。こうした場合，「選択・判断」する場面は，両方の単元末にそれぞれ設けるか，一つの単元だけで設けるか，「安全なくらしを守る」などと2単元を併せたまとめの場面を工夫しそこで設けるかと検討するなど，時間数を踏まえた内容の

*カリキュラム・マネジメント
2017年版学習指導要領総則に，「教育課程に基づき組織的かつ計画的に各学校の教育課程の質の向上を図っていくこと」としてカリキュラム・マネジメントの重要性が示された。社会科においても年間指導計画における単元配列や授業時数の配分等を実践に基づいて評価・改善することが求められる。

マネジメントに留意することが大切である。

③ 学習したことを基にすること

「あなたにできることは何か」「○○が発展するためには何が必要か」などといきなり問われても子どもは困ってしまう。困った子どもは「私がいつかやる」「国がやればいい」などと無責任な意見を述べることが懸念される。また、態度に関する目標との関連で「よりよい社会を考え」る方向が描かれているため、「人ごと」のような言葉を使って表現することも懸念される。そうした課題を解決するために学習指導要領解説には「学習したことを基に」することが説明されている。単元の学習の前半に実社会は大勢の人々が役割を分担しながら連携して成り立っている事実やそうした実社会における自分たちの立場を学び、その学びを基にして単元の後半あるいは終末に選択・判断する場面[＊]を設定するなど、子どもたちに選択・判断するための根拠となる学びが用意されるよう留意することが大切である。

[澤井　陽介]

＊選択・判断する場面
社会科においては、従来から「価値判断・意思決定」と称して判断場面を重視する教育実践が見られる。特徴としては単元の導入や展開などさまざまな過程で判断場面を設定していることである。一方、2017年版学習指導要領「社会」における選択・判断の場面は『解説（社会）』に「学習したことを基に」と記述されていることから、単元の後半や終末を想定していると考えられる。

(4) 「選択・判断」を取り入れた授業の実際

① 授業の構想と準備

本項では、「選択・判断」を取り入れた授業の実際として、第3学年「火災から地域の安全を守る活動」の実践を紹介する。本実践は、第3学年の内容「地域の安全を守る活動」に位置付くものである。この内容は、消防の働きと警察の働きを学ぶ二つの単元で構成されることが多い。本実践は、そのうちの一つである消防の働きを学習する単元の中で選択・判断する場面を取り入れた例である。本単元は小学校社会科において、選択・判断する学習が位置付く初めての単元であり、3年生という児童の発達段階を考慮すれば、学習したことを基に選択・判断する内容をより具体的に考えることができるようにするための配慮が大切になる。

そこで、児童が学習問題の解決に向けて学習した事項を整理しながら追究し、単元の終末において、それらの学んだことを基に選択・判断する学習活動がスムーズに展開できるよう、次のように指導計画を工夫した。

・「調べる」過程では、関係機関や地域の人の諸活動を調べることで、選択・判断する際に自分たちが協力する内容について理解できるようにしたこと。

・「まとめる」過程では、火災への備えや対処をしている人々を関係図に位置付けることで、選択・判断する際に自分たちが協力する対象を明確にしたこと。

・「いかす」過程を設定し、「火災から地域の安全を守る活動」で学んだことを生かして選択・判断する学習を位置付けたこと。

本実践での選択・判断の位置付け
本実践では、選択・判断する学習を以下のように位置付け、消防、警察それぞれの単元で学んだことを生かせるような構成にしている。両単元において、選択・判断する学習の時間を確保するために、カリキュラム・マネジメントを行い、他の単元の時数を調整している。

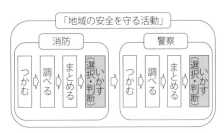

② 指導計画（全8時間）

学習過程	ねらい	○主な学習活動・内容	□資料　※留意点　○評価
つかむ（2時）	火事の原因や発生件数のグラフから火災発生件数の変化について話し合い，学習問題をつくる。	○火事の原因や発生件数のグラフから，火災発生件数の変化について話し合う。 ・自分たちの身近な場所で火事が起こる可能性があること ・川口市の火災の発生件数は減少していること ○感じたことや疑問を出し合い，学習問題をつくる。 【学習問題】火事を減らすために，だれがどのようなことをしているのだろう。	□火事の原因 □火災の発生件数のグラフ ※火災発生件数の変化に着目させ，学習問題につなげられるようにする。 ○【思】火事の原因や火災発生件数の変化から学習問題を見いだしている。
	予想を出し合い，分類し，学習計画をつくることを通して，学習の見通しをもつ。	○学習問題に対する予想を出し合い，分類し，学習計画を立てる。 （学習計画）　・消防署の人たちの仕事 　　　　　　　・地域の人たちの取組 　　　　　　　・地域の消防施設	○【主】学習問題に対する予想を基に学習計画を立て，解決への見通しをもっている。
調べる（3〜6時）	消防署の見学・調査を通して，自分の予想を確かめるために必要な情報を集める。	○消防署で働く人たちの緊急時への備えや対処などに着目して，見学・調査する。 ・消防署の様子 ・消防署で働く人の仕事の様子	※緊急時への備えに着目して見学・調査をさせる。 ○【主】自分の考えた予想を確かめるために，主体的に調べようとしている。
	消防署の見学・調査を振り返り，消防署の人たちは緊急時への備えをしていることを考え理解する。	○消防署での見学・調査を振り返る。 ・素早く出動するための準備をしていること ・確実に消火するための訓練をしていること ○消防署の働きについて考えまとめる。 ・消防署の人たちは緊急時への備えをしていること	□消防署見学の写真 □消防署の人たちの取組の写真 ○【知】消防署における緊急時への備えについて理解している。
	火災発生時の対応を調べ，関係機関は緊急時に消防署と連携して対応していることを考え理解する。	○火災発生時の対応について，指令課管制室を中心としたネットワークを調べる。 ・警察や水道局，ガス会社や電力会社などにも連絡がいくこと ○緊急時の関係機関の働きについて考えまとめる。 ・関係機関が相互に連携をとっていること ・関係機関は火災の被害を減らすために，対応していること	□指令課管制室からの連絡の仕組みの図 ※関係機関の緊急時への対応に着目させ，読み取らせる。 ○【知】火災発生時の対応について，図から必要な情報を読み取っている。
	地域や市役所の人たちは火災を防止するために様々な活動をしていることを考え理解する。	○火災を防止するための地域や市役所における取組について，写真資料などを活用して調べる。 ・市役所の人たちは，火災情報をメール配信したり，火災報知機を点検したりしていること ・地域の人たちは，火の用心の呼びかけをしていること ○火災を防止するための地域や市役所の働きについて考えまとめる。 ・地域や市役所の人々は火災防止に努めていること	□地域や市役所の人たちの取組の写真 ※地域の緊急時への対応に着目させる。 ○【知】地域や市役所の人々が火災の防止に努めていることを理解している。
まとめる（7時）	学習問題について話し合い，消防署の人々は関係機関や地域の人々と協力して火災の防止に努めていることを考え理解する。	○これまで調べたことを基に，火災を防止するための関係機関や地域の人々の諸活動などについて話し合い，学習問題の結論を導き出す。 ・学習してきたことを関係図にまとめること ・関係図を基に学習問題の結論を考えること ・消防署の人々は関係機関や地域の人々と協力して火災の防止に努めていること	※消防署・地域・市役所の人々の取組を総合し，自分たちの生活と関連付けられるようにする。 ○【思】火災を防止するために，消防署や市役所，地域の人たちが協力していることを考え，表現している。

いかす（8時・本時）	学習してきたことを生かし，火災から地域や自分自身の安全を守るために自分たちにできることなどを考え，選択・判断する。	○これまでに学習したことを生かし，火事を減らすために，自分たちができることについて考える。 ・火災の件数は減少しているが，年間100件以上起きていること ・取組に対して自分たちにできることを考えること ・自分が最も協力したいことを選択・判断すること ○考えたことの中から，自分が協力できることを選択・判断しワークシートに表現する。	□火災の発生件数のグラフ ※学習したことを中心に考えられるようにする。 ○【思】学習したことを基に，火事を減らすために，関係機関や地域の人々の取組に対して，自分たちにできることを考え，選択・判断している。

○評価について……【 】は学習評価の観点。【知】…知識及び技能　【思】…思考，判断，表現　【主】…主体的に学習に取り組む態度

③ 授業実践の様子

本時の導入資料

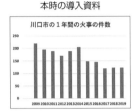

本時では，第1時で活用した火災発生件数のグラフを改めて見直すことで，本時の学習課題の提示につなげた。火事の件数は減少傾向にあるが，年間100件を超えており，0にはならないことに気付かせた。

【本時の展開と板書】（8時間目／全8時間）

○主な学習活動　・予想される児童の反応	□資料　※留意点　○評価
①前時までの学習を振り返るとともに，火災発生件数のグラフを読み取ることを通して，本時の課題をつかむ。 ・関係機関と地域の人が協力して，地域の火災からみんなを守っている。 ・火災の件数は減少しているが，100件以上起きている。 ・火災が起きるということは，命の危険がある。 ・もっと協力が必要だ。	※学習問題について考えたことを振り返らせる。 □火災の発生件数のグラフ ※「火災は今現在も至る所で発生しており，人々の命の危険を脅かしている」という地域の課題を把握させる。
火事をさらに減らすために，自分たちにできることを考えよう。	
②火災をさらに減らすために，関係機関や地域の取組に対して自分たちにできることを話し合う。 ・消防署の人たちがやっている，消防体験教室に参加することもできる。 ・火事があったときのために，119番通報の練習をしているといいかもしれない。 ・消火器がどこにあるのか，知っておくことも大切だ。	□学習してきた火災に対する取組 ※これまで学習してきた取組を中心に考えさせる。 ※グループで話し合わせ，より多くの協力の仕方を見つけられるようにする。
③火災を減らすために，自分が最も協力したいことを選択・判断する。 ・僕は消防体験教室に参加してみたいです。もっと火事を防ぐための方法を知ることが大切だと思うからです。 ・わたしは自分の家の近くの消火器の位置を調べます。もし火事があったときに，家の人にすぐに教えてあげることができるからです。	□ワークシート ※地域社会の一員としてできることを考えるようにさせる。 ○【思】学習したことを基に，火事を減らすために，関係機関や地域の人々の取組に対して，自分たちにできることを考え，選択・判断している。

(a) 選択・判断を促す場面設定

　前時において学習問題の結論（まとめ）を導き出した児童に，第1時に提示した火災発生件数のグラフを改めて提示した。最新の年数を読み取らせることで，児童に火事の件数が0になっていないことに着目させ，今もなお多くの火災が発生しているということに気付かせた。消防署の人々や関係機関，地域の人々が協力して火災の防止に取り組んでいることを学習している児童からは，「まだ協力が足りてないのかもしれない」「火災が1件でも起きているということは，命の危険にあっている人がいる」というつぶやきが聞こえてきた。そこで，「みんなにも協力できることはないのだろうか？」と問いかけた。すると児童から，「自分たちにもできることがあるはずだ」という声が上がった。このようなやり取りを通して，本時の学習課題である「火事をさらに減らすために，自分たちにできることを考えよう」を設定した。

　この場面では，さまざまな立場の人々の協力によって火災から自分たちの生活が守られているという児童の思考を揺さぶることを意識した。火災が年間100件以上も起きているという事実から「火災は今現在も至る所で発生しており，人々の命の危険を脅かしている」という課題を「社会に見られる課題[*]」として児童に把握させた。「社会に見られる課題」を把握させることによって，火災をさらに減らしていくためには，より多くの人たちの協力が必要であるという認識をもたせ，自分たちが協力できることを選択・判断していく学習へとつなげた。

＊「社会に見られる課題」
「社会に見られる課題」とは，『解説（社会）』において，「地域社会における安全の確保や，良好な生活環境の維持，資源の有効利用，自然災害への対策，伝統や文化の保存・継承，国土の環境保全，産業の持続的な発展，国際平和の構築など現代社会に見られる課題を想定したものである。」と解説されるように，地域社会において解決しなければならない諸課題である。本実践では，「地域社会における安全の確保」を「社会に見られる課題」として取り上げ，児童に把握させている。

これまで学習した取組を振り返りながら，協力の在り方を考える児童

黒板を見ながら自分の考えをワークシートに記述する児童

(b) 選択・判断に向けた話し合い（学習したことを生かす）

　自分たちに協力できることを考えるために，グループでの話し合いを行った。話し合いを始める前に「これまでに学習してきた取組に対して，自分たちにどのような協力ができるのか」という視点で話し合うことを指示した。話し合いは以下のように進んだ。（抜粋）

> C：いろいろな取組があったけれど，協力できそうなことはあるかな。
> C：消防体験教室になら協力できるよ。これは子ども向けにやっている
> 　ものだから，僕たちが参加することができるよね。
> C：消防教室に参加すれば，火事を消す方法を教えてもらえるから，家
> 　や近所で火事が起きたときに火を消すことができるよ。
> C：でも，私たちが火を消すのは無理だよ。
> C：大人になったら役に立つんじゃない。
> C：それだったら，ポスターをつくるのは？夏休みの宿題であるよね。
> 　あそこ　　　に火事の件数とかをかけば，見た人も火事に気をつけよう
> 　と思ってくれるんじゃない。
> C：そうだね。あと，自治会の見回りなら子どもでも参加できるんじゃ
> 　ないかな。
> C：火の用心をよびかけるやつ？
> C：そう，近所のおじさんが参加しているから，僕も火の用心の声かけ
> 　をして，火事を防ぎたいな。
> C：そうだね，それぐらいなら協力できるかも，そう考えると私たちで
> 　も協力できそうなことが，たくさんあるよね。家でできることとか，
> 　自分が気をつけていくことも簡単にできるよね。

　このようなグループでの話し合いを経て出てきた考えを，全体で交流し，板書にまとめた。板書には，これまで学習してきた取組に関する写真を掲示しておき，そこに児童が考えた協力の在り方を書き加えていった。これにより，児童が選択・判断する内容を明らかにした。

(c) 選択・判断の場面

　板書に挙げられた児童の考えの中から，自分が協力したいことを選択・判断させ，ワークシートに表現させた。ワークシートには，「消防署の人」「地域の人」「市役所の人」という三つの立場を示している。これは協力する対象（立場）を明確にすることをねらったものである。

　C児は「地域の人」の取組である自治会の見回り活動に協力することを選択

【C児のワークシートの記述】

【D児のワークシートの記述】

した。小学3年生である自分の立場を踏まえ，消火活動に協力することは難しいと判断し，火の用心の声かけに協力したいと考えたからである。

また，D児は「地域の人」と「市役所の人」が共同で行っている防災イベントに参加することを選んだ。D児は，将来のことを考え，大人になったときに消火活動に協力できるようになりたいという思いを表現している。他の児童も同様に，協力する立場や取組を明確にし，現実的な協力の在り方を考え，表現していた。

このように，ワークシートには自分が選択・判断したことと，その根拠を表現させた。

④ 実践のまとめと考察

選択・判断する学習を展開していくためには，まず，課題把握の場面が重要になる。本実践では，「火災は今現在も至る所で発生しており，人々の命の危険を脅かしている」という地域の課題を把握することで，自分たちに協力できることを選択・判断する学習へとつなげた。このように，地域や社会に見られる課題を的確に把握させることが，選択・判断する学習を展開していくうえで必要になる。

また，学習してきたことを基に考えるという点も大切である。本実践では，これまで学習してきた取組に対する協力の在り方を考えさせた。これは，学習してきた取組の意味を理解したうえで，考えるというプロセスを経たからである。選択・判断する学習は，問題解決の中での確かな学びのうえで成り立つということがいえるだろう。

選択・判断する学習は，社会に開かれた教育課程を実現するうえで大切な学習である。本実践のように地域の課題に対して，学んだことを生かして考えることは，思考力・判断力の育成にはもちろん，地域社会の一員としての自覚を養うことにつながるものであると考える。　　　　　　　　　　　　［千守　泰貴］

「地域社会の一員としての自覚」
2017年版学習指導要領において，社会科の教科の目標の(3)に位置付けられており，『解説(社会)』(2017)では，「地域社会についての理解を踏まえて，自分も地域社会の一員であるという自覚や，これからの地域の発展を実現していくために共に努力し，協力しようとする意識などを養うようにすることである」と説明されている。
選択・判断する学習は目標の(2)に位置付けられているものだが，目標の(3)の実現にもつながるものであると考える。

引用・参考文献

秋田喜代美・藤江康彦編著 (2019)『これからの質的研究法　15 の事例にみる学校教育実践研究』東京図書

有田和正・新見謙太 (1987)『社会科考えさせる発問の技術』明治図書出版

安藤輝次 (1993)『同心円的拡大論の成立と批判的転回』風間書房

安野功・加藤寿朗他編著 (2017)『小学校学習指導要領ポイント総整理 社会』東洋館出版社

今尾恵介 (2019)『地図帳の深読み』帝国書院

岩田一彦編著 (2009)『小学校社会科　学習課題の提案と授業設計―習得・活用・探求型授業の展開』明治図書出版

岩田一彦編著 (1991)『小学校社会科の授業設計』東京書籍

大森照夫・佐島群巳・次山信男・藤岡信勝・谷川彰英 (1993)『新訂　社会科教育指導用語辞典』教育出版

北俊夫 (2012)『なぜ子どもに社会科を学ばせるのか』文溪堂

北俊夫 (2020)『あなたの社会科授業は間違っていませんか』明治図書出版

北俊夫・加藤寿朗編著 (2017)『平成 29 年版小学校新学習指導要領の展開　社会編』明治図書

木村優・岸野麻衣編 (2019)『授業研究：実践を変え，理論を革新する』新曜社

光文社会科学習資料研究会 (2019)『社会科資料集 5 年（令和元年度）』光文書院

国土交通省国土地理院 (2017)『地図記号パンフレット「こんなにいっぱい地図記号」』https://www.gsi.go.jp/common/000189126.pdf（2020 年 11 月 14 日最終閲覧）

国土交通省国土地理院「キッズページ・断面図を作ってみよう」https://www.gsi.go.jp/KIDS/KIDS07.html（2021 年 1 月 4 日最終閲覧）

国立教育政策研究所 (2004)『PISA2003 年調査評価の枠組み』ぎょうせい

国立教育政策研究所 (2009)「OECD 生徒の学習到達度調査」

国立教育政策研究所 (2020)「「指導と評価の一体化」のための学習評価に関する参考資料 小学校社会」https://www.nier.go.jp/kaihatsu/pdf/hyouka/r020326_pri_shakai.pdf（2020 年 11 月 5 日最終閲覧）

コルトハーヘン，F. 著，武田信子監訳 (2010)『教師教育学―理論と実践をつなぐリアリスティック・アプローチ』学文社

澤井陽介 (2018)『小学校新学習指導要領社会の授業づくり』明治図書出版

澤井陽介 (2020)『授業づくりの設計図』東洋館出版

澤井陽介編著 (2019)『「見方・考え方」を働かせて学ぶ社会科授業モデル』明治図書出版

澤井陽介・小倉勝登 (2019)『小学校社会指導スキル大全』明治図書出版

澤井陽介・加藤寿朗編著 (2017)『見方・考え方［社会科編］』東洋館出版社

澤井陽介・寺本潔 (2011)『授業が変わる地球儀活用マニュアルブック』明治図書出版

社会認識教育学会 (2012)『新社会科教育学ハンドブック』明治図書出版

ショーン，ドナルド著，佐藤学・秋田喜代美訳 (2001)『専門家の知恵 反省的実践家は行為しながら考える』ゆみる出版

Sky 株式会社「SKYMENU」https://www.skymenu.net/（2020 年 9 月 21 日最終閲覧）

田口紘子・溝口和宏・田宮弘宣 (2009)「実践的な力量形成を実現する教員研修モデルカリキュラムに関する研究―「社会科授業実践力診断カルテ」の開発を通して―」『鹿児島大学教育学部教育実践研究紀要』第 19 巻，pp.13-22.

棚橋健治 (2007)『社会科の授業診断　よい授業に潜む危うさ研究』明治図書出版

中央教育審議会 (2008)「幼稚園，小学校，中学校，高等学校及び特別支援学校の学習指導要領等の改善について（答申）」（平成 20 年 1 月 17 日）

中央教育審議会 (2016)「幼稚園，小学校，中学校，高等学校及び特別支援学校の学習指導要領等の改善及び必要な方策等について（答申）」（平成 28 年 12 月 21 日）

中央教育審議会 (2019) 初等中等教育分科会教育課程部会「児童生徒の学習評価の在り方について

（報告）」（平成 31 年 1 月 21 日）

寺本潔（2002）『社会科の基礎・基本 地図の学力』明治図書出版

寺本潔（2020）『空間認識力を育てる！おもしろ「地図」授業スキル 60』明治図書出版

東京都小学校社会科研究会（2020）「社会科指導計画（第三次）」

永井政直（1992）『社会科授業の理論と実践』文京書院

中田正弘（2014a）「考える力を育てる発問の工夫」澤井陽介・中田正弘『ステップ解説社会科授業の作り方』東洋館出版，pp.113-118

中田正弘（2014b）「子供の学びを支えるノートの工夫」澤井陽介・中田正弘『ステップ解説 社会科 授業のつくり方』東洋館出版社

中田正弘（2019）「ALACT モデルを活用したリフレクション」一般社団法人学び続ける教育者のための協会（REFRECT）編『リフレクション入門』学文社，pp.38-45

中田正弘編（2020）『ポジティブ＆リフレクティブな子どもを育てる授業づくり―「学びに向かう力」を発揮し，協働的に学ぶエデュスクラム』学事出版

中村和郎・高橋伸夫・谷内達・犬井正編（2009）『地理教育講座第Ⅲ巻 地理教育と地図・地誌』古今書院

奈須正裕編著（2017）『教科の本質を見据えたコンピテンシー・ベイスの授業づくりガイドブック―資質・能力を育成する 15 の実践プラン』明治図書出版

西岡加名恵（2003）『教科と総合に活かす ポートフォリオ評価法』図書文化

原聡介編集代表（2008）『教職用語辞典』一藝社

外尾誠（2013）『患者さんが教えてくれた―水俣病と原田正純先生』フレーベル館

松下佳代編著（2010）『〈新しい能力〉は教育を変えるか 学力・リテラシー・コンピテンシー』ミネルヴァ書房

溝口和宏（2015）「授業の目標の立ち返る討議を」『社会科教育』明治図書出版，2015 年 9 月号，pp.80-81

森分孝治（1980）『現代社会科授業理論』明治図書出版

森分孝治（1987）「社会科授業研究入門」広島大学教育学部教育方法改善研究委員会『教職カリキュラムにおける理論と実習の統合に関する実証的研究』

森分孝治・片上宗二 編（2000）『社会科重要用語 300 の基礎知識』明治図書出版

文部科学省（2008）『小学校学習指導要領解説 社会編（平成 20 年 6 月）』

文部科学省（2017a）『小学校学習指導要領（平成 29 年告示）』

文部科学省（2017b）『小学校学習指導要領（平成 29 年告示）解説 総則編』

文部科学省（2017c）『小学校学習指導要領（平成 29 年告示）解説 社会編』

文部科学省（2017d）『小学校学習指導要領（平成 29 年告示）解説 総合的な学習の時間編』

文部科学省（2017e）『中学校学習指導要領（平成 29 年告示）解説 社会編』

文部科学省（2019）「教育の情報化に関する手引（令和元年 12 月）」

文部科学省（2019）「小学校，中学校，高等学校及び特別支援学校等における児童生徒の学習評価及び指導要録の改善等について（通知）」（平成 31 年 3 月 29 日）https://www.mext.go.jp/b_menu/hakusho/nc/1415169.htm（2020 年 11 月 24 日最終閲覧）

文部科学省（2019/2020）『初等教育資料』東洋館出版社（2019 年 6 月号，2020 年 1 月号／10 月号）

文部省（1947）『学習指導要領一般編（試案）』

文部省（1949）『学習指導要領一般編（試案）改訂版』

文部省（1969）『小学校指導書社会編』

山根栄次（1982）「社会集団拡大法の論理―同心円的拡大論の再構成―」『社会科教育研究』第 48 号，pp.29-40

吉田和義（2018）『手描き地図分析から見た知覚環境の発達プロセス』風間書房

LoiLo 株式会社「【ロイロノート・スクール】1 人 1 台GIGA スクールに最適な授業支援クラウド」https://n.loilo.tv/ja/（2020 年 8 月 18 日最終閲覧）

Sobel, David（1998）*Mapmaking with children: sense of place education for the elementary years.* New Hampshire: Heinemann.

小学校学習指導要領（平成 29 年告示）（抄）

文部科学省

第2節　社　会

第1　目　標

　社会的な見方・考え方を働かせ，課題を追究したり解決したりする活動を通して，グローバル化する国際社会に主体的に生きる平和で民主的な国家及び社会の形成者に必要な公民としての資質・能力の基礎を次のとおり育成することを目指す。

(1)　地域や我が国の国土の地理的環境，現代社会の仕組みや働き，地域や我が国の歴史や伝統と文化を通して社会生活について理解するとともに，様々な資料や調査活動を通して情報を適切に調べまとめる技能を身に付けるようにする。

(2)　社会的事象の特色や相互の関連，意味を多角的に考えたり，社会に見られる課題を把握して，その解決に向けて社会への関わり方を選択・判断したりする力，考えたことや選択・判断したことを適切に表現する力を養う。

(3)　社会的事象について，よりよい社会を考え主体的に問題解決しようとする態度を養うとともに，多角的な思考や理解を通して，地域社会に対する誇りと愛情，地域社会の一員としての自覚，我が国の国土と歴史に対する愛情，我が国の将来を担う国民としての自覚，世界の国々の人々と共に生きていくことの大切さについての自覚などを養う。

第2　各学年の目標及び内容

〔第3学年〕

1　目　標

　社会的事象の見方・考え方を働かせ，学習の問題を追究・解決する活動を通して，次のとおり資質・能力を育成することを目指す。

(1)　身近な地域や市区町村の地理的環境，地域の安全を守るための諸活動や地域の産業と消費生活の様子，地域の様子の移り変わりについて，人々の生活との関連を踏まえて理解するとともに，調査活動，地図帳や各種の具体的資料を通して，必要な情報を調べまとめる技能を身に付けるようにする。

(2)　社会的事象の特色や相互の関連，意味を考える力，社会に見られる課題を把握して，その解決に向けて社会への関わり方を選択・判断する力，考えたことや選択・判断したことを表現する力を養う。

(3)　社会的事象について，主体的に学習の問題を解決しようとする態度や，よりよい社会を考え学習したことを社会生活に生かそうとする態度を養うとともに，思考や理解を通して，地域社会に対する誇りと愛情，地域社会の

一員としての自覚を養う。

2　内　容

(1)　身近な地域や市区町村（以下第2章第2節において「市」という。）の様子について，学習の問題を追究・解決する活動を通して，次の事項を身に付けることができるよう指導する。

ア　次のような知識及び技能を身に付けること。

（ア）　身近な地域や自分たちの市の様子を大まかに理解すること。

（イ）　観察・調査したり地図などの資料で調べたりして，白地図などにまとめること。

イ　次のような思考力，判断力，表現力等を身に付けること。

（ア）　都道府県内における市の位置，市の地形や土地利用，交通の広がり，市役所など主な公共施設の場所と働き，古くから残る建造物の分布などに着目して，身近な地域や市の様子を捉え，場所による違いを考え，表現すること。

(2)　地域に見られる生産や販売の仕事について，学習の問題を追究・解決する活動を通して，次の事項を身に付けることができるよう指導する。

ア　次のような知識及び技能を身に付けること。

（ア）　生産の仕事は，地域の人々の生活と密接な関わりをもって行われていることを理解すること。

（イ）　販売の仕事は，消費者の多様な願いを踏まえ売り上げを高めるよう，工夫して行われていることを理解すること。

（ウ）　見学・調査したり地図などの資料で調べたりして，白地図などにまとめること。

イ　次のような思考力，判断力，表現力等を身に付けること。

（ア）　仕事の種類や産地の分布，仕事の工程などに着目して，生産に携わっている人々の仕事の様子を捉え，地域の人々の生活との関連を考え，表現すること。

（イ）　消費者の願い，販売の仕方，他地域や外国との関わりなどに着目して，販売に携わっている人々の仕事の様子を捉え，それらの仕事に見られる工夫を考え，表現すること。

(3)　地域の安全を守る働きについて，学習の問題を追究・解決する活動を通して，次の事項を身に付けることができるよう指導する。

ア　次のような知識及び技能を身に付けること。

（ア）　消防署や警察署などの関係機関は，地域の安全

を守るために，相互に連携して緊急時に対処する体制をとっていることや，関係機関が地域の人々と協力して火災や事故などの防止に努めていることを理解すること。

（イ）見学・調査したり地図などの資料で調べたりして，まとめること。

イ　次のような思考力，判断力，表現力等を身に付けること。

（ア）施設・設備などの配置，緊急時への備えや対応などに着目して，関係機関や地域の人々の諸活動を捉え，相互の関連や従事する人々の働きを考え，表現すること。

(4) 市の様子の移り変わりについて，学習の問題を追究・解決する活動を通して，次の事項を身に付けることができるよう指導する。

ア　次のような知識及び技能を身に付けること。

（ア）市や人々の生活の様子は，時間の経過に伴い，移り変わってきたことを理解すること。

（イ）聞き取り調査をしたり地図などの資料で調べたりして，年表などにまとめること。

イ　次のような思考力，判断力，表現力等を身に付けること。

（ア）交通や公共施設，土地利用や人口，生活の道具などの時期による違いに着目して，市や人々の生活の様子を捉え，それらの変化を考え，表現すること。

3　内容の取扱い

(1) 内容の(1)については，次のとおり取り扱うものとする。

ア　学年の導入で扱うこととし，アの（ア）については，「自分たちの市」に重点を置くよう配慮すること。

イ　アの（イ）については，「白地図などにまとめる」際に，教科用図書「地図」（以下第2章第2節において「地図帳」という。）を参照し，方位や主な地図記号について扱うこと。

(2) 内容の(2)については，次のとおり取り扱うものとする。

ア　アの（ア）及びイの（ア）については，事例として農家，工場などの中から選択して取り上げるようにすること。

イ　アの（イ）及びイの（イ）については，商店を取り上げ，「他地域や外国との関わり」を扱う際には，地図帳などを使用して都道府県や国の名称と位置などを調べるようにすること。

ウ　イの（イ）については，我が国や外国には国旗があることを理解し，それを尊重する態度を養うよう配慮すること。

(3) 内容の(3)については，次のとおり取り扱うものとする。

ア　アの（ア）の「緊急時に対処する体制をとっていること」と「防止に努めていること」については，火災と事故はいずれも取り上げること。その際，どちらかに重点を置くなど効果的な指導を工夫すること。

イ　イの（ア）については，社会生活を営む上で大切な法やきまりについて扱うとともに，地域や自分自身の安全を守るために自分たちにできることなどを考えたり選択・判断したりできるよう配慮すること。

(4) 内容の(4)については，次のとおり取り扱うものとする。

ア　アの（イ）の「年表などにまとめる」際には，時期の区分について，昭和，平成など元号を用いた言い表し方などがあることを取り上げること。

イ　イの（ア）の「公共施設」については，市が公共施設の整備を進めてきたことを取り上げること。その際，租税の役割に触れること。

ウ　イの（ア）の「人口」を取り上げる際には，少子高齢化，国際化などに触れ，これからの市の発展について考えることができるよう配慮すること。

〔第4学年〕

1　目　標

社会的事象の見方・考え方を働かせ，学習の問題を追究・解決する活動を通して，次のとおり資質・能力を育成することを目指す。

(1) 自分たちの都道府県の地理的環境の特色，地域の人々の健康と生活環境を支える働きや自然災害から地域の安全を守るための諸活動，地域の伝統と文化や地域の発展に尽くした先人の働きなどについて，人々の生活との関連を踏まえて理解するとともに，調査活動，地図帳や各種の具体的資料を通して，必要な情報を調べまとめる技能を身に付けるようにする。

(2) 社会的事象の特色や相互の関連，意味を考える力，社会に見られる課題を把握して，その解決に向けて社会への関わり方を選択・判断する力，考えたことや選択・判断したことを表現する力を養う。

(3) 社会的事象について，主体的に学習の問題を解決しようとする態度や，よりよい社会を考え学習したことを社会生活に生かそうとする態度を養うとともに，思考や理解を通して，地域社会に対する誇りと愛情，地域社会の一員としての自覚を養う。

2　内　容

(1) 都道府県（以下第2章第2節において「県」という。）の様子について，学習の問題を追究・解決する活動を通して，次の事項を身に付けることができるよう指導する。

ア　次のような知識及び技能を身に付けること。

（ア）自分たちの県の地理的環境の概要を理解すること。また，47都道府県の名称と位置を理解すること。

（イ）地図帳や各種の資料で調べ，白地図などにまとめること。

イ　次のような思考力，判断力，表現力等を身に付けること。

（ア）我が国における自分たちの県の位置，県全体の地形や主な産業の分布，交通網や主な都市の位置などに着目して，県の様子を捉え，地理的環境の特色を考え，表現すること。

(2) 人々の健康や生活環境を支える事業について，学習の問題を追究・解決する活動を通して，次の事項を身に付けることができるよう指導する。

　ア　次のような知識及び技能を身に付けること。
　　（ア）　飲料水，電気，ガスを供給する事業は，安全で安定的に供給できるよう進められていることや，地域の人々の健康な生活の維持と向上に役立っていることを理解すること。
　　（イ）　廃棄物を処理する事業は，衛生的な処理や資源の有効利用ができるよう進められていることや，生活環境の維持と向上に役立っていることを理解すること。
　　（ウ）　見学・調査したり地図などの資料で調べたりして，まとめること。
　イ　次のような思考力，判断力，表現力等を身に付けること。
　　（ア）　供給の仕組みや経路，県内外の人々の協力などに着目して，飲料水，電気，ガスの供給のための事業の様子を捉え，それらの事業が果たす役割を考え，表現すること。
　　（イ）　処理の仕組みや再利用，県内外の人々の協力などに着目して，廃棄物の処理のための事業の様子を捉え，その事業が果たす役割を考え，表現すること。

(3) 自然災害から人々を守る活動について，学習の問題を追究・解決する活動を通して，次の事項を身に付けることができるよう指導する。

　ア　次のような知識及び技能を身に付けること。
　　（ア）　地域の関係機関や人々は，自然災害に対し，様々な協力をして対処してきたことや，今後想定される災害に対し，様々な備えをしていることを理解すること。
　　（イ）　聞き取り調査をしたり地図や年表などの資料で調べたりして，まとめること。
　イ　次のような思考力，判断力，表現力等を身に付けること。
　　（ア）　過去に発生した地域の自然災害，関係機関の協力などに着目して，災害から人々を守る活動を捉え，その働きを考え，表現すること。

(4) 県内の伝統や文化，先人の働きについて，学習の問題を追究・解決する活動を通して，次の事項を身に付けることができるよう指導する。

　ア　次のような知識及び技能を身に付けること。
　　（ア）　県内の文化財や年中行事は，地域の人々が受け継いできたことや，それらには地域の発展など人々の様々な願いが込められていることを理解すること。
　　（イ）　地域の発展に尽くした先人は，様々な苦心や努力により当時の生活の向上に貢献したことを理解すること。
　　（ウ）　見学・調査したり地図などの資料で調べたりして，年表などにまとめること。
　イ　次のような思考力，判断力，表現力等を身に付ける

こと。
　　（ア）　歴史的背景や現在に至る経過，保存や継承のための取組などに着目して，県内の文化財や年中行事の様子を捉え，人々の願いや努力を考え，表現すること。
　　（イ）　当時の世の中の課題や人々の願いなどに着目して，地域の発展に尽くした先人の具体的事例を捉え，先人の働きを考え，表現すること。

(5) 県内の特色ある地域の様子について，学習の問題を追究・解決する活動を通して，次の事項を身に付けることができるよう指導する。

　ア　次のような知識及び技能を身に付けること。
　　（ア）　県内の特色ある地域では，人々が協力し，特色あるまちづくりや観光などの産業の発展に努めていることを理解すること。
　　（イ）　地図帳や各種の資料で調べ，白地図などにまとめること。
　イ　次のような思考力，判断力，表現力等を身に付けること。
　　（ア）　特色ある地域の位置や自然環境，人々の活動や産業の歴史的背景，人々の協力関係などに着目して，地域の様子を捉え，それらの特色を考え，表現すること。

3　内容の取扱い

(1) 内容の(2)については，次のとおり取り扱うものとする。
　ア　アの（ア）及び（イ）については，現在に至るまでに仕組みが計画的に改善され公衆衛生が向上してきたことに触れること。
　イ　アの（ア）及びイの（ア）については，飲料水，電気，ガスの中から選択して取り上げること。
　ウ　アの（イ）及びイの（イ）については，ごみ，下水のいずれかを選択して取り上げること。
　エ　イの（ア）については，節水や節電など自分たちにできることを考えたり選択・判断したりできるよう配慮すること。
　オ　イの（イ）については，社会生活を営む上で大切な法やきまりについて扱うとともに，ごみの減量や水を汚さない工夫など，自分たちにできることを考えたり選択・判断したりできるよう配慮すること。

(2) 内容の(3)については，次のとおり取り扱うものとする。
　ア　アの（ア）については，地震災害，津波災害，風水害，火山災害，雪害などの中から，過去に県内で発生したものを選択して取り上げること。
　イ　アの（ア）及びイの（ア）の「関係機関」については，県庁や市役所の働きなどを中心に取り上げ，防災情報の発信，避難体制の確保などの働き，自衛隊など国の機関との関わりを取り上げること。
　ウ　イの（ア）については，地域で起こり得る災害を想定し，日頃から必要な備えをするなど，自分たちにできることなどを考えたり選択・判断したりできるよう

配慮すること。
(3) 内容の(4)については，次のとおり取り扱うものとする。
ア　アの（ア）については，県内の主な文化財や年中行事が大まかに分かるようにするとともに，イの（ア）については，それらの中から具体的事例を取り上げること。
イ　アの（イ）及びイの（イ）については，開発，教育，医療，文化，産業などの地域の発展に尽くした先人の中から選択して取り上げること。
ウ　イの（ア）については，地域の伝統や文化の保存や継承に関わって，自分たちにできることなどを考えたり選択・判断したりできるよう配慮すること。
(4) 内容の(5)については，次のとおり取り扱うものとする。
ア　県内の特色ある地域が大まかに分かるようにするとともに，伝統的な技術を生かした地場産業が盛んな地域，国際交流に取り組んでいる地域及び地域の資源を保護・活用している地域を取り上げること。その際，地域の資源を保護・活用している地域については，自然環境，伝統的な文化のいずれかを選択して取り上げること。
イ　国際交流に取り組んでいる地域を取り上げる際には，我が国や外国には国旗があることを理解し，それを尊重する態度を養うよう配慮すること。

〔第5学年〕
1　目　標
　社会的事象の見方・考え方を働かせ，学習の問題を追究・解決する活動を通して，次のとおり資質・能力を育成することを目指す。
(1) 我が国の国土の地理的環境の特色や産業の現状，社会の情報化と産業の関わりについて，国民生活との関連を踏まえて理解するとともに，地図帳や地球儀，統計などの各種の基礎的資料を通して，情報を適切に調べまとめる技能を身に付けるようにする。
(2) 社会的事象の特色や相互の関連，意味を多角的に考える力，社会に見られる課題を把握して，その解決に向けて社会への関わり方を選択・判断する力，考えたことや選択・判断したことを説明したり，それらを基に議論したりする力を養う。
(3) 社会的事象について，主体的に学習の問題を解決しようとする態度や，よりよい社会を考え学習したことを社会生活に生かそうとする態度を養うとともに，多角的な思考や理解を通して，我が国の国土に対する愛情，我が国の産業の発展を願い我が国の将来を担う国民としての自覚を養う。

2　内　容
(1) 我が国の国土の様子と国民生活について，学習の問題を追究・解決する活動を通して，次の事項を身に付けることができるよう指導する。
ア　次のような知識及び技能を身に付けること。

(ア)　世界における我が国の国土の位置，国土の構成，領土の範囲などを大まかに理解すること。
(イ)　我が国の国土の地形や気候の概要を理解するとともに，人々は自然環境に適応して生活していることを理解すること。
(ウ)　地図帳や地球儀，各種の資料で調べ，まとめること。
イ　次のような思考力，判断力，表現力等を身に付けること。
(ア)　世界の大陸と主な海洋，主な国の位置，海洋に囲まれ多数の島からなる国土の構成などに着目して，我が国の国土の様子を捉え，その特色を考え，表現すること。
(イ)　地形や気候などに着目して，国土の自然などの様子や自然条件から見て特色ある地域の人々の生活を捉え，国土の自然環境の特色やそれらと国民生活との関連を考え，表現すること。
(2) 我が国の農業や水産業における食料生産について，学習の問題を追究・解決する活動を通して，次の事項を身に付けることができるよう指導する。
ア　次のような知識及び技能を身に付けること。
(ア)　我が国の食料生産は，自然条件を生かして営まれていることや，国民の食料を確保する重要な役割を果たしていることを理解すること。
(イ)　食料生産に関わる人々は，生産性や品質を高めるよう努力したり輸送方法や販売方法を工夫したりして，良質な食料を消費地に届けるなど，食料生産を支えていることを理解すること。
(ウ)　地図帳や地球儀，各種の資料で調べ，まとめること。
イ　次のような思考力，判断力，表現力等を身に付けること。
(ア)　生産物の種類や分布，生産量の変化，輸入など外国との関わりなどに着目して，食料生産の概要を捉え，食料生産が国民生活に果たす役割を考え，表現すること。
(イ)　生産の工程，人々の協力関係，技術の向上，輸送，価格や費用などに着目して，食料生産に関わる人々の工夫や努力を捉え，その働きを考え，表現すること。
(3) 我が国の工業生産について，学習の問題を追究・解決する活動を通して，次の事項を身に付けることができるよう指導する。
ア　次のような知識及び技能を身に付けること。
(ア)　我が国では様々な工業生産が行われていることや，国土には工業の盛んな地域が広がっていること及び工業製品は国民生活の向上に重要な役割を果たしていることを理解すること。
(イ)　工業生産に関わる人々は，消費者の需要や社会の変化に対応し，優れた製品を生産するよう様々な工夫や努力をして，工業生産を支えていることを理

解すること。
　（ウ）　貿易や運輸は，原材料の確保や製品の販売などにおいて，工業生産を支える重要な役割を果たしていることを理解すること。
　（エ）　地図帳や地球儀，各種の資料で調べ，まとめること。
　イ　次のような思考力，判断力，表現力等を身に付けること。
　（ア）　工業の種類，工業の盛んな地域の分布，工業製品の改良などに着目して，工業生産の概要を捉え，工業生産が国民生活に果たす役割を考え，表現すること。
　（イ）　製造の工程，工場相互の協力関係，優れた技術などに着目して，工業生産に関わる人々の工夫や努力を捉え，その働きを考え，表現すること。
　（ウ）　交通網の広がり，外国との関わりなどに着目して，貿易や運輸の様子を捉え，それらの役割を考え，表現すること。
(4)　我が国の産業と情報との関わりについて，学習の問題を追究・解決する活動を通して，次の事項を身に付けることができるよう指導する。
　ア　次のような知識及び技能を身に付けること。
　（ア）　放送，新聞などの産業は，国民生活に大きな影響を及ぼしていることを理解すること。
　（イ）　大量の情報や情報通信技術の活用は，様々な産業を発展させ，国民生活を向上させていることを理解すること。
　（ウ）　聞き取り調査をしたり映像や新聞などの各種資料で調べたりして，まとめること。
　イ　次のような思考力，判断力，表現力等を身に付けること。
　（ア）　情報を集め発信するまでの工夫や努力などに着目して，放送，新聞などの産業の様子を捉え，それらの産業が国民生活に果たす役割を考え，表現すること。
　（イ）　情報の種類，情報の活用の仕方などに着目して，産業における情報活用の現状を捉え，情報を生かして発展する産業が国民生活に果たす役割を考え，表現すること。
(5)　我が国の国土の自然環境と国民生活との関連について，学習の問題を追究・解決する活動を通して，次の事項を身に付けることができるよう指導する。
　ア　次のような知識及び技能を身に付けること。
　（ア）　自然災害は国土の自然条件などと関連して発生していることや，自然災害から国土を保全し国民生活を守るために国や県などが様々な対策や事業を進めていることを理解すること。
　（イ）　森林は，その育成や保護に従事している人々の様々な工夫と努力により国土の保全など重要な役割を果たしていることを理解すること。
　（ウ）　関係機関や地域の人々の様々な努力により公害

の防止や生活環境の改善が図られてきたことを理解するとともに，公害から国土の環境や国民の健康な生活を守ることの大切さを理解すること。
　（エ）　地図帳や各種の資料で調べ，まとめること。
　イ　次のような思考力，判断力，表現力等を身に付けること。
　（ア）　災害の種類や発生の位置や時期，防災対策などに着目して，国土の自然災害の状況を捉え，自然条件との関連を考え，表現すること。
　（イ）　森林資源の分布や働きなどに着目して，国土の環境を捉え，森林資源が果たす役割を考え，表現すること。
　（ウ）　公害の発生時期や経過，人々の協力や努力などに着目して，公害防止の取組を捉え，その働きを考え，表現すること。

3　内容の取扱い
(1)　内容の(1)については，次のとおり取り扱うものとする。
　ア　アの（ア）の「領土の範囲」については，竹島や北方領土，尖閣諸島が我が国の固有の領土であることに触れること。
　イ　アの（ウ）については，地図帳や地球儀を用いて，方位，緯度や経度などによる位置の表し方について取り扱うこと。
　ウ　イの（ア）の「主な国」については，名称についても扱うようにし，近隣の諸国を含めて取り上げること。その際，我が国や諸外国には国旗があることを理解し，それを尊重する態度を養うよう配慮すること。
　エ　イの（イ）の「自然条件から見て特色ある地域」については，地形条件や気候条件から見て特色ある地域を取り上げること。
(2)　内容の(2)については，次のとおり取り扱うものとする。
　ア　アの（イ）及びイの（イ）については，食料生産の盛んな地域の具体的事例を通して調べることとし，稲作のほか，野菜，果物，畜産物，水産物などの中から一つを取り上げること。
　イ　イの（ア）及び（イ）については，消費者や生産者の立場などから多角的に考えて，これからの農業などの発展について，自分の考えをまとめることができるよう配慮すること。
(3)　内容の(3)については，次のとおり取り扱うものとする。
　ア　アの（イ）及びイの（イ）については，工業の盛んな地域の具体的事例を通して調べることとし，金属工業，機械工業，化学工業，食品工業などの中から一つを取り上げること。
　イ　イの（ア）及び（イ）については，消費者や生産者の立場などから多角的に考えて，これからの工業の発展について，自分の考えをまとめることができるよう配慮すること。
(4)　内容の(4)については，次のとおり取り扱うものとする。
　ア　アの（ア）の「放送，新聞などの産業」については，

それらの中から選択して取り上げること。その際，情報を有効に活用することについて，情報の送り手と受け手の立場から多角的に考え，受け手として正しく判断することや送り手として責任をもつことが大切であることに気付くようにすること。

イ　アの（イ）及びイの（イ）については，情報や情報技術を活用して発展している販売，運輸，観光，医療，福祉などに関わる産業の中から選択して取り上げること。その際，産業と国民の立場から多角的に考えて，情報化の進展に伴う産業の発展や国民生活の向上について，自分の考えをまとめることができるよう配慮すること。

(5)　内容の(5)については，次のとおり取り扱うものとする。

ア　アの（ア）については，地震災害，津波災害，風水害，火山災害，雪害などを取り上げること。

イ　アの（ウ）及びイの（ウ）については，大気の汚染，水質の汚濁などの中から具体的事例を選択して取り上げること。

ウ　イの（イ）及び（ウ）については，国土の環境保全について，自分たちにできることなどを考えたり選択・判断したりできるよう配慮すること。

〔第6学年〕

1　目　標

社会的事象の見方・考え方を働かせ，学習の問題を追究・解決する活動を通して，次のとおり資質・能力を育成することを目指す。

(1)　我が国の政治の考え方と仕組みや働き，国家及び社会の発展に大きな働きをした先人の業績や優れた文化遺産，我が国と関係の深い国の生活やグローバル化する国際社会における我が国の役割について理解するとともに，地図帳や地球儀，統計や年表などの各種の基礎的資料を通して，情報を適切に調べまとめる技能を身に付けるようにする。

(2)　社会的事象の特色や相互の関連，意味を多角的に考える力，社会に見られる課題を把握して，その解決に向けて社会への関わり方を選択・判断する力，考えたことや選択・判断したことを説明したり，それらを基に議論したりする力を養う。

(3)　社会的事象について，主体的に学習の問題を解決しようとする態度や，よりよい社会を考え学習したことを社会生活に生かそうとする態度を養うとともに，多角的な思考や理解を通して，我が国の歴史や伝統を大切にして国を愛する心情，我が国の将来を担う国民としての自覚や平和を願う日本人として世界の国々の人々と共に生きることの大切さについての自覚を養う。

2　内　容

(1)　我が国の政治の働きについて，学習の問題を追究・解決する活動を通して，次の事項を身に付けることができるよう指導する。

ア　次のような知識及び技能を身に付けること。

（ア）　日本国憲法は国家の理想，天皇の地位，国民としての権利及び義務など国家や国民生活の基本を定めていることや，現在の我が国の民主政治は日本国憲法の基本的な考え方に基づいていることを理解するとともに，立法，行政，司法の三権がそれぞれの役割を果たしていることを理解すること。

（イ）　国や地方公共団体の政治は，国民主権の考え方の下，国民生活の安定と向上を図る大切な働きをしていることを理解すること。

（ウ）　見学・調査したり各種の資料で調べたりして，まとめること。

イ　次のような思考力，判断力，表現力等を身に付けること。

（ア）　日本国憲法の基本的な考え方に着目して，我が国の民主政治を捉え，日本国憲法が国民生活に果たす役割や，国会，内閣，裁判所と国民との関わりを考え，表現すること。

（イ）　政策の内容や計画から実施までの過程，法令や予算との関わりなどに着目して，国や地方公共団体の政治の取組を捉え，国民生活における政治の働きを考え，表現すること。

(2)　我が国の歴史上の主な事象について，学習の問題を追究・解決する活動を通して，次の事項を身に付けることができるよう指導する。

ア　次のような知識及び技能を身に付けること。その際，我が国の歴史上の主な事象を手掛かりに，大まかな歴史を理解するとともに，関連する先人の業績，優れた文化遺産を理解すること。

（ア）　狩猟・採集や農耕の生活，古墳，大和朝廷（大和政権）による統一の様子を手掛かりに，むらからくにへと変化したことを理解すること。その際，神話・伝承を手掛かりに，国の形成に関する考え方などに関心をもつこと。

（イ）　大陸文化の摂取，大化の改新，大仏造営の様子を手掛かりに，天皇を中心とした政治が確立されたことを理解すること。

（ウ）　貴族の生活や文化を手掛かりに，日本風の文化が生まれたことを理解すること。

（エ）　源平の戦い，鎌倉幕府の始まり，元との戦いを手掛かりに，武士による政治が始まったことを理解すること。

（オ）　京都の室町に幕府が置かれた頃の代表的な建造物や絵画を手掛かりに，今日の生活文化につながる室町文化が生まれたことを理解すること。

（カ）　キリスト教の伝来，織田・豊臣の天下統一を手掛かりに，戦国の世が統一されたことを理解すること。

（キ）　江戸幕府の始まり，参勤交代や鎖国などの幕府の政策，身分制を手掛かりに，武士による政治が安定したことを理解すること。

（ク）　歌舞伎や浮世絵，国学や蘭学を手掛かりに，町人の文化が栄え新しい学問がおこったことを理解すること。

（ケ）　黒船の来航，廃藩置県や四民平等などの改革，文明開化などを手掛かりに，我が国が明治維新を機に欧米の文化を取り入れつつ近代化を進めたことを理解すること。

（コ）　大日本帝国憲法の発布，日清・日露の戦争，条約改正，科学の発展などを手掛かりに，我が国の国力が充実し国際的地位が向上したことを理解すること。

（サ）　日中戦争や我が国に関わる第二次世界大戦，日本国憲法の制定，オリンピック・パラリンピックの開催などを手掛かりに，戦後我が国は民主的な国家として出発し，国民生活が向上し，国際社会の中で重要な役割を果たしてきたことを理解すること。

（シ）　遺跡や文化財，地図や年表などの資料で調べ，まとめること。

イ　次のような思考力，判断力，表現力等を身に付けること。

（ア）　世の中の様子，人物の働きや代表的な文化遺産などに着目して，我が国の歴史上の主な事象を捉え，我が国の歴史の展開を考えるとともに，歴史を学ぶ意味を考え，表現すること。

(3)　グローバル化する世界と日本の役割について，学習の問題を追究・解決する活動を通して，次の事項を身に付けることができるよう指導する。

ア　次のような知識及び技能を身に付けること。

（ア）　我が国と経済や文化などの面でつながりが深い国の人々の生活は，多様であることを理解するとともに，スポーツや文化などを通して他国と交流し，異なる文化や習慣を尊重し合うことが大切であることを理解すること。

（イ）　我が国は，平和な世界の実現のために国際連合の一員として重要な役割を果たしたり，諸外国の発展のために援助や協力を行ったりしていることを理解すること。

（ウ）　地図帳や地球儀，各種の資料で調べ，まとめること。

イ　次のような思考力，判断力，表現力等を身に付けること。

（ア）　外国の人々の生活の様子などに着目して，日本の文化や習慣との違いを捉え，国際交流の果たす役割を考え，表現すること。

（イ）　地球規模で発生している課題の解決に向けた連携・協力などに着目して，国際連合の働きや我が国の国際協力の様子を捉え，国際社会において我が国が果たしている役割を考え，表現すること。

3　内容の取扱い

(1)　内容の(1)については，次のとおり取り扱うものとする。

ア　アの（ア）については，国会などの議会政治や選挙の意味，国会と内閣と裁判所の三権相互の関連，裁判員制度や租税の役割などについて扱うこと。その際，イの（ア）に関わって，国民としての政治への関わり方について多角的に考えて，自分の考えをまとめることができるよう配慮すること。

イ　アの（ア）の「天皇の地位」については，日本国憲法に定める天皇の国事に関する行為など児童に理解しやすい事項を取り上げ，歴史に関する学習との関連も図りながら，天皇についての理解と敬愛の念を深めるようにすること。また，「国民としての権利及び義務」については，参政権，納税の義務などを取り上げること。

ウ　アの（イ）の「国や地方公共団体の政治」については，社会保障，自然災害からの復旧や復興，地域の開発や活性化などの取組の中から選択して取り上げること。

エ　イの（ア）の「国会」について，国民との関わりを指導する際には，各々の国民の祝日に関心をもち，我が国の社会や文化における意義を考えることができるよう配慮すること。

(2)　内容の(2)については，次のとおり取り扱うものとする。

ア　アの（ア）から（サ）までについては，児童の興味・関心を重視し，取り上げる人物や文化遺産の重点の置き方に工夫を加えるなど，精選して具体的に理解できるようにすること。その際，アの（サ）の指導に当たっては，児童の発達の段階を考慮すること。

イ　アの（ア）から（サ）までについては，例えば，国宝，重要文化財に指定されているものや，世界文化遺産に登録されているものなどを取り上げ，我が国の代表的な文化遺産を通して学習できるように配慮すること。

ウ　アの（ア）から（コ）までについては，例えば，次に掲げる人物を取り上げ，人物の働きを通して学習できるよう指導すること。
卑弥呼，聖徳太子，小野妹子，中大兄皇子，中臣鎌足，聖武天皇，行基，鑑真，藤原道長，紫式部，清少納言，平清盛，源頼朝，源義経，北条時宗，足利義満，足利義政，雪舟，ザビエル，織田信長，豊臣秀吉，徳川家康，徳川家光，近松門左衛門，歌川広重，本居宣長，杉田玄白，伊能忠敬，ペリー，勝海舟，西郷隆盛，大久保利通，木戸孝允，明治天皇，福沢諭吉，大隈重信，板垣退助，伊藤博文，陸奥宗光，東郷平八郎，小村寿太郎，野口英世

エ　アの（ア）の「神話・伝承」については，古事記，日本書紀，風土記などの中から適切なものを取り上げること。

オ　アの（イ）から（サ）までについては，当時の世界との関わりにも目を向け，我が国の歴史を広い視野から捉えられるよう配慮すること。

カ　アの（シ）については，年表や絵画など資料の特性

に留意した読み取り方についても指導すること。
　キ　イの（ア）については，歴史学習全体を通して，我が国は長い歴史をもち伝統や文化を育んできたこと，我が国の歴史は政治の中心地や世の中の様子などによって幾つかの時期に分けられることに気付くようにするとともに，現在の自分たちの生活と過去の出来事との関わりを考えたり，過去の出来事を基に現在及び将来の発展を考えたりするなど，歴史を学ぶ意味を考えるようにすること。
(3)　内容の(3)については，次のとおり取り扱うものとする。
　ア　アについては，我が国の国旗と国歌の意義を理解し，これを尊重する態度を養うとともに，諸外国の国旗と国歌も同様に尊重する態度を養うよう配慮すること。
　イ　アの（ア）については，我が国とつながりが深い国から数か国を取り上げること。その際，児童が1か国を選択して調べるよう配慮すること。
　ウ　アの（ア）については，我が国や諸外国の伝統や文化を尊重しようとする態度を養うよう配慮すること。
　エ　イについては，世界の人々と共に生きていくために大切なことや，今後，我が国が国際社会において果たすべき役割などを多角的に考えたり選択・判断したりできるよう配慮すること。
　オ　イの（イ）については，網羅的，抽象的な扱いを避けるため，「国際連合の働き」については，ユニセフやユネスコの身近な活動を取り上げること。また，「我が国の国際協力の様子」については，教育，医療，農業などの分野で世界に貢献している事例の中から選択して取り上げること。

第3　指導計画の作成と内容の取扱い

1　指導計画の作成に当たっては，次の事項に配慮するものとする。
(1)　単元など内容や時間のまとまりを見通して，その中で育む資質・能力の育成に向けて，児童の主体的・対話的で深い学びの実現を図るようにすること。その際，問題解決への見通しをもつこと，社会的事象の見方・考え方を働かせ，事象の特色や意味などを考え概念などに関する知識を獲得すること，学習の過程や成果を振り返り学んだことを活用することなど，学習の問題を追究・解決する活動の充実を図ること。
(2)　各学年の目標や内容を踏まえて，事例の取り上げ方を工夫して，内容の配列や授業時数の配分などに留意して効果的な年間指導計画を作成すること。
(3)　我が国の47都道府県の名称と位置，世界の大陸と主な海洋の名称と位置については，学習内容と関連付けながら，その都度，地図帳や地球儀などを使って確認するなどして，小学校卒業までに身に付け活用できるように工夫して指導すること。
(4)　障害のある児童などについては，学習活動を行う場合に生じる困難さに応じた指導内容や指導方法の工夫を計画的，組織的に行うこと。
(5)　第1章総則の第1の2の(2)に示す道徳教育の目標に基づき，道徳科などとの関連を考慮しながら，第3章特別の教科道徳の第2に示す内容について，社会科の特質に応じて適切な指導をすること。

2　第2の内容の取扱いについては，次の事項に配慮するものとする。
(1)　各学校においては，地域の実態を生かし，児童が興味・関心をもって学習に取り組めるようにするとともに，観察や見学，聞き取りなどの調査活動を含む具体的な体験を伴う学習やそれに基づく表現活動の一層の充実を図ること。また，社会的事象の特色や意味，社会に見られる課題などについて，多角的に考えたことや選択・判断したことを論理的に説明したり，立場や根拠を明確にして議論したりするなど言語活動に関わる学習を一層重視すること。
(2)　学校図書館や公共図書館，コンピュータなどを活用して，情報の収集やまとめなどを行うようにすること。また，全ての学年において，地図帳を活用すること。
(3)　博物館や資料館などの施設の活用を図るとともに，身近な地域及び国土の遺跡や文化財などについての調査活動を取り入れるようにすること。また，内容に関わる専門家や関係者，関係の諸機関との連携を図るようにすること。
(4)　児童の発達の段階を考慮し，社会的事象については，児童の考えが深まるよう様々な見解を提示するよう配慮し，多様な見解のある事柄，未確定な事柄を取り上げる場合には，有益適切な教材に基づいて指導するとともに，特定の事柄を強調し過ぎたり，一面的な見解を十分な配慮なく取り上げたりするなどの偏った取扱いにより，児童が多角的に考えたり，事実を客観的に捉え，公正に判断したりすることを妨げることのないよう留意すること。

中学校学習指導要領（平成29年告示）　文部科学省
　下記URL／QRコードを参照。
　https://www.mext.go.jp/content/1413522_002.pdf

索　引

【編者紹介】

澤井 陽介（さわい・ようすけ）
大妻女子大学家政学部児童学科教授
文部科学省初等中等教育局教育課程課教科調査官，同局視学官を経て現職。
専門は，社会科教育，教育課程論。
主な著書：『澤井陽介の社会科授業デザイン』（東洋館出版社，2015年），『学級経営
　は問いが9割』（東洋館出版，2016年），『授業の見方』（東洋館出版社，2017年），『新
　学習指導要領社会の授業づくり』（明治図書，2018年），『教師の学び方』（東洋館
　出版社，2019年），『授業づくりの設計図』（東洋館出版社，2020年）ほか。

中田 正弘（なかだ・まさひろ）
白百合女子大学人間総合学部初等教育学科教授　博士（教育学）
帝京大学文学部教育学科准教授，帝京大学大学院教職研究科教授を経て現職。
専門は，社会科教育，教育課程経営論，教師教育学。2017年版学習指導要領（小学
　校社会）等の改善に係る検討に必要な専門的作業等協力者。
主な著書：『ポジティブ＆リフレクティブな子どもを育てる授業づくり』（編著，学
　事出版，2020年），『リフレクション入門』（共著，学文社，2019年），『ステップ
　解説社会科授業のつくり方』（共著，東洋館出版社，2014年）ほか。

実践・小学校社会科指導法

2021年2月25日　第1版第1刷発行
2024年1月30日　第1版第3刷発行

編　者　澤井陽介・中田正弘

発行者　田中　千津子

発行所　株式
　　　　会社 学 文 社

〒153-0064　東京都目黒区下目黒3-6-1
電話　03（3715）1501 ㈹
FAX　03（3715）2012
https://www.gakubunsha.com

印刷　新灯印刷
Printed in Japan

ISBN978-4-7620-3060-4